U0032695

明代的漕運

The Grand Canal During the Ming Dynasty

1368-1644

黃仁宇(Ray Huang) 著

張皓、張升 譯

撰寫此文，部分原因是爲了申請密歇根大學的哲學博士學位

1964年

博士學位答辯委員會主席及成員：

主席：費維愷(Albert Feuerwerker)教授

成員：趙岡副教授

　　　雅各‧M‧普里斯(Jacob M. Price)副教授

　　　余英時副教授

前言

　　從1959年起，我就決定撰寫明代的漕運。當時在亞利桑那大學任教，目前在奧克蘭大學任教的賀凱（Charles O. Hucker）教授，就不斷給予我幫助和鼓勵。在圖森時，賀凱教授寫了一封長信給我，建議列出一個文獻目錄，釐清研究方法與目的。他到密歇根後，把他個人收集的有關明代歷史資料供給我利用。對我來說，這些資料非常寶貴，十分受用。此外，在許多場合中，他花了自己非常寶貴的時間，耐心地傾聽我的想法，並給予我明智的忠告。在這裡要對賀凱教授要表示我心裡深刻而誠摯的謝意。

　　對於在明史研究領域的許多領導學者，雖然我與他們的聯繫並不像同賀凱教授那樣頻繁，他們也像賀凱教授一樣，對我的研究關懷備至。除了密歇根大學為我組成的博士學位論文答辯委員會的所有成員都不厭其煩地幫助我外，還有一些學者閱讀了我論文草稿的全部或其中一部分，做出評論並提出改進建議。這些學者包括：哈佛大學的費正清（John K. Fairbank）教授和楊聯陞教授、耶魯大學的約翰·W·霍爾（John W. Hall）教授、加利福尼亞大學巴納德學院的穆四基（John Meskill）教授，以及明史文獻研究項目小組的傅路特（L. Carrington Goodrich）教授。我要對他們表達深深的謝意。儘管他們提出了許多良好建議，論文中仍然存在著一些個人的錯誤，這些錯誤當然要由我自

己負責。這樣的承認並不能解釋我在最後定稿的論文中所表達的觀點，都得到了他們的贊同。

1959年的冬天在華盛頓哥倫比亞特區期間，我有機會拜訪了外交學院的韓丁(Harold C. Hinton)教授。他熱情地接待了我。雖然我們兩人在漕運的功能以及中國歷史的其他問題上看法不同，但這絲毫影響不了我個人對他的欽佩。我對他的尊敬具有深深的含義——他很早就在明史研究領域中涉獵，而我，才只是一個剛涉及的初新者。

在我論文寫作期間，還有許多人幫助了我。這些好心人包括：吉非爾斯與羅塞蒂有限公司的丹尼爾‧J‧博恩(Daniel J. Bohn)先生，他不斷地鼓勵和激勵我完成明代漕運的研究；博恩夫人閱讀了論文全部初稿，提出許多改進英語表達的建議；密歇根大學遠東圖書館的鈴木彥先生，他幫助我整理論文中的日文標題，並將之翻譯成拉丁語；安‧A‧科爾蒙內(Ann A. Kolmonen)小姐，她幫我列印了初稿；羅斯瑪麗‧J‧赫里恩(Rosemary L. Hering)夫人，她幫我列印了最後的定稿。我還要感謝如下人員：吉非爾斯與羅塞蒂有限公司的卡爾‧A‧吉非爾斯(Carl A. Giffels)先生，他是我現在的雇主，正是由於有了他的幫助和理解，這篇論文才得以完成；霍勒斯‧拉克漢蒙研究院的拉爾夫‧A‧索耶(Ralph A. Sawyer)院長和弗里曼‧D‧米勒(Freeman D. Miller)院長，他們兩人同意在1959年和1963年設置研究生研究基金，資助我到美國國會圖書館和其他大學圖書館查閱資料。

迄今為止，明朝的歷史仍然存在許多爭議，而且複雜。而一般說來，明代漕運問題涉及明代的許多因素，例如皇帝及大臣的性格和個人風格、政府機構、官場慣例、重大的全國性事件、財政制度、國民經濟、流行思維、地理和工藝技術等。關於這些問題的原始資料雖然很多，但其中大多數仍未被現代學者重新整理和修訂過。由於在許多

領域中仍然缺乏對此種整理修訂的評價，因而在寫作這篇論文時，我每時每刻不得不依靠自己的主觀判斷，匆忙翻閱，快速選擇。作為在一塊尚未被人研究的處女地的先驅者，論文中所提出的觀點不可避免地存在問題。我充分地意識到有許多錯誤極嚴重疏漏的可能，因此，任何使我能注意到某些特定錯誤的建議或評論，我都十分歡迎。

為了方便閱讀，我盡可能把中國度量衡單位換算為西方體系。不過，「兩」和「石」除外，因為它們是中國的常用單位，是中國式的「盎司」和「蒲式耳」。1畝大約是0.15英畝，2.7里為1英里。1斤轉換成1.333磅。15000斤是1噸。

黃仁宇

1964年3月31日

目次

第一章
京杭大運河的背景和本文研究的目的

　　許多常提出的誤解以為大運河是一系列連接華北和長江三角洲的人工水道。大運河體系是由幾個不同的河道組成的，擁有少數的共同特點，它們流經不同形勢的地域，各自的歷史起源也不同。若把不同的河道視為一條運河，那麼就會忽略許多相關且必要的細節。如果我們進行更進一步的研究，就會觀察到把運河體系稱為「大運河」是充滿懷疑的論證。大運河是歷史上獨一無二的水利工程，它並不全是具有其名字所賦予的輝煌和壯觀。

　　不過，這並未給製圖者帶來什麼嚴重的困難。在今天每一種質量較好的地圖上，大運河都被繪製為一條連接京師和南方的杭州的船道運河[1]。唯一的變化出現在漕河北部。由於漕河北段沿著兩條河流的自然水道延伸，因而有些地圖把它們視為自然河流；另一些地圖標上了人工運河的圖例。當然，這只是一個小小的技術性細節，製圖者有

1　參見：*Commercial Atlas And Market Guide*（New York, 1961），p. 532. *The Times Atlas of the World*（London: Times Pub., 1955），pp. 21-22. *Rand McNally Cosmopolitan World Atlas*（New York & San Francisco, 1962），p. 34. *ATLAC MNPA*（Moscow, 1954），pp. 153-154; pp. 147-148. *The American Oxford Atlas*（New York & Oxford, 1951），pp. 61-63. *Grosser Herder Atlas*（Freiburg, 1958），p. 169, 171.

權力在此作出專業的判斷。

　　在許多文字資料中都可以發現，大運河記載的不一致更爲嚴重。在一些有水準的參考著作中，不僅關於大運河長度的敘述差異極大，從850英里到1200英里不等；而且關於其最早的歷史起源的看法也極不相同，從西元前5世紀到西元7世紀皆有。一般認爲，把大運河開鑿成爲一條完整的運輸系統，是隋朝的隋煬帝（西元605-617年在位）、元朝的忽必烈汗（西元1279-1294年在位）和明朝的永樂皇帝（有關明朝皇帝的在位年份，參見附錄一）[2]。由於這些故事被傳爲不同的版本，許多重要資訊就在這混亂中遺失。寫於即將進入20世紀之前，有一位學者觀察指出：

　　就許多方面來說，世界上最值得注意的運河是中國的大運

2　　從下列幾段不同著作中可以瞥見相互矛盾的記述：*Encyclopedia Sinica*
　　(London, 1917), p. 216中認爲，大運河全長1200英里：「雖然人們常常認爲
　　完成大運河開鑿的是忽必烈汗，但是，大運河的一部分此前已經存在了1000
　　年……。兩條大河即黃河和長江之間的一段運河，最早開鑿於周代，大約
　　是西元前485年……。」
　　The *Columbia Encyclopedia*(New York, 1956), p. 804中記述說：「大運河……
　　長約850英里……。它最古老的一段連接黃河和長江，是在隋煬帝在位（西
　　元605-617）期間完成的。其餘部分（包括連接京師、今天爲水淹蓋一段）是在
　　元朝（1206-1368）時期開鑿而成的……。」
　　The *Encyclopedia Americana*(New York, 1962)5, p. 484中記載說：「中國同樣
　　開鑿了大批水道，其中包括大運河。它長約1000英里，大約於1289年完
　　成。」*Encyclopedia Britannica*(Chicago, Londan & Toronto, 1961)4, p. 728中
　　說：「……中國的大運河，連接了白河、黃河和揚子江。它在西元7世紀建
　　成使用。」
　　F.H. King, *National Geographical Magazine*, 23.10 (Oct. 1912), p. 940 提到：
　　「中國最美麗的河道……整個大運河……其中段據說是約在西元前6世紀開
　　鑿而成的。……」

河。它也是所有其他運河中，我們了解得最少的。[3]

　　本文雖然不打算否定大運河這一個已經爲世界廣泛接受的名稱，但是強烈地意識到該命名是不清楚的，如果未加保留就接受使用便會被引入歧路。

　　由於各種原因，我們認爲在開始探討本文主題之前，要把某些問題澄清。首先，我們必須認識到中國開鑿運河的歷史悠久。姑且不論那些認爲早在文明開端之前就已開鑿運河的眞僞參半的歷史記載，可靠的歷史資料清楚地表明，自西元前5世紀以來，中國就在利用運河進行運輸了。戰國期間（西元前480年—西元前220年），好幾條人工運河就出現在今天的江蘇、安徽、河南和山東等地[4]。自此以後，我們完全可以說任何一個標準意義上的朝代歷史，都有關於運河開鑿的記載。當許多著名計畫在軍事需求下執行的時候，另一些因運輸、灌溉和治水等需要也在施建。事實上，控制其管轄境內的水道是中國地方官員的重要責任。於16世紀晚期來到中國的一個耶穌會傳教士就評論指出：「這個國家（中國）完全爲一套相互交叉的江河和運河所組成的水網所覆蓋，無論何地，都可以通過水路到達。」[5]

　　通過上述事例，我們完全能夠了解到，在許多地區的地域性運河的流向是持續的。偉大的運河開鑿者，無須從頭開始修築。在大多數情況下，他們只是修整現存運河，改進以及將河道體系化。其結果

3　J. Stephens Jeans, *Waterways And Water Transport in Different Countries* (London, 1890), p. 232.

4　史念海，《中國的運河》（重慶：史學書局，1944），頁16-23。

5　Nicholas Trigault, *The China That Was*, trans, from the Latin by L.J. Gallagher (Milwaukee, 1942), p. 19.

是，任何一條特定的運河最早的開鑿日期，能很容易往後推算或往前
追溯到某個世紀的某個時候。

華東地區的地形特別，是屬於另一種情況，必須給予考慮。雖然
這種情況在之後的章節中要充分討論，但我們可以在這裡指出一種事
實，即大運河流經的幾個地方，在地理特徵上並盡不相同。適合開鑿
運河並維持其範圍的地形，從令人滿意的到完全令人失望的地形都
有。不用說，這種極端使混亂的情況增加了更多的複雜性。

比如，在長江三角洲，地下水位非常高，開鑿運河並不是一項震
撼世界的工程，而是相當普通。早期的耶穌會神父以及來自歐洲國家
的使者，經過這一地區時就注意到這一點[6]。近來的記述也證明這一
觀察是正確的。葛德石(Gerge Babcock Cressey)在描述這個地區時便
說道：「最引人注目的水道就是運河。那些運河取代了道路，只有少
數村莊不坐落在可以航行的運河上。」[7]另一個旅行者注意到，在上海
南面至杭州62英里的地方，不少於324條支運河進進出出主幹運河，這
些支運河的寬度平均達到19至22英尺。在南京和上海之間162英里的地
方，這種支運河數量達到593條[8]。由於這個地區的水源供應豐富，河
床相對穩定，所以維持主幹運河的水量並不困難[9]。歷朝史書和古籍
文獻在詳細記錄運河、江河中所出現的問題時，很少提到分布在長江
以南的運河幹線。

不過，從長江到淮河，湖泊、沼澤和溪流共同構成了一個奇怪的

---

6 Antoine Francois Prevost, *Historie Generale de Voyages* (Paris & Amsterdam, 1776 et ser.)5, pp. 337-343, 427-434.

7 George Babcock Cressey, *China's Geographical Foundation* (New York, 1934), p. 292.

8 F.H. King, "The Wonderful Canals," p. 931.

9 史念海，《中國的運河》，頁176。

迷宮。這一地區的地理似乎在過去的歲月裡經歷過無數次變化。古籍著作所提到的地形特徵，已經消失很長一段時期了[10]。按照記載所說，這一地區至少有6條運河把長江和淮河連接起來[11]。在這些運河中，最著名的是開鑿於西元前485年和西元587年的運河。今天，這幾條運河只能從地圖上找到，沒有明顯曾經存在的痕跡殘留。如果現在的大運河沿著與假想中它「祖先」的路線非常平行地前進，把它認爲是一條從未乾枯、一直在奔騰的運河，那麼它的全部歷史就要另外延伸1000年。

　　過了淮河往北，大運河系統就進入了黃河流域。只有中國學者才非常熟悉黃河的特徵。黃河攜帶著大量沉積，不但要把自己的河床填滿，而且把它所接觸到的其他地方變成淤泥。最糟糕的是，黃河淹沒大面積的土地。一般認爲，在1937年之前，黃河有6次改道。然而，這只是黃河的主要改道次數，那些規模較小的改道和地方性決堤並未考慮在內。近年來，學者們開始從各朝歷史中整理有關這種較小規模氾濫的記載，而重新建構的圖像看起來相當地令人吃驚。舉例來說，在明朝統治的277年時間裡，一項研究表明，在56年間，或是由於自然災害，或是政府所採取的水利控制措施，黃河改變其路線達到不同程度[12]。另一項研究表明，黃河在同一時期裡僅僅是因爲自然災害就改道58次[13]。由於大運河道必須穿越黃河流域，要維持其航行，一

10　史念海，《中國的運河》，頁13。

11　有關位在長江、淮河之間地區的幾條運河，可以參見 D. Gandar 的 *Canal Imperial*(Shanghai: Varietes Sinologiques No. 4, 1894)中的插圖(未標明頁碼)。

12　岑仲勉，《黃河變遷史》(北京：人民出版社，1947)，頁468-487。

13　申丙，〈黃河源流及歷代河患考〉，《學術季刊》5：1(台北，1956.09)，頁89-90。

直是一個令人痛苦的難題。蓋達神父(Father Gander)就概括指出：

> 大運河的危險地段就在黃河流域。它很快就要在這裡消失。
> 它的河床很容易被泥沙填滿。堤壩會被毀壞，航路可能會消
> 失。整個大運河會因此而亂七八糟。[14]

　　僅僅是一瞥此點，我們就足以認定大運河一直不是一個穩定的、持續不斷的並且統一的體系。它的一些組成部分一直是脆弱的。而且最重要的是，它的狀況每時每刻，從這段到那段，都在變化。

　　傳統上中國人認為隋煬帝是大運河的開鑿者。隋煬帝所設計和連接的大運河水道，與今天的大運河路線有所不同。人們常常認為此點無關緊要，可以不予考慮[15]。不幸的是，隋朝大運河是在什麼環境下開鑿的，我們最不清楚。極為簡短的朝代歷史，留下一些記載以重新建構隋朝大運河圖像。比如，就大運河連接黃河和淮河的一段來說，我們知道它是在605年開通[16]。隋政府投入了包括婦女在內、人數達100多萬的勞力。整個工程難以置信地在短短的5個月裡就完成了[17]。除此之外，我們實際上再也找不到什麼有關記載了。由於隋朝大運河

14　D. Gandar, *Canal Imperial*, p. 25.

15　關於隋朝運河情況，除了可以參考D. Gandar的著作外，還可以參考：Joseph Needham, *Science And Civilization in China*(Cambridge, 1954)1, pp. 123-124. Woodbridge Bingham, *The Founding of the Tang Dynasty* (Baltimore, 1941), p. 16. Albert Herrmann, *Historical And Commercial Atlas of China* (Cambridge, Mass., 1935), p. 16.　D.C. Twitchett, *Financial Administration Under The T'ang Dynasty* (Cambridge: University, 1963), map 5, pp. 84-85.

16　《隋書》(上海：商務印書館，1937，百衲本)卷3，頁5；卷24，頁16-17。

17　《隋書》卷3，頁6。

完工迅速，使得有的學者認為整個工程一定是採取了已有的渠道[18]。然而，我們並無什麼證據可以證明它是如何完成的。據說，隋朝大運河水道寬度為100英尺到200英尺不等[19]，但是至於深度和水位，我們知之甚少，也不能確定是否使用了閘門和船閘。《隋書》中記載隋煬帝下江南時說，船隊由6種不同等級的船隻組成，其中一些船隻是雙層的[20]。我們只能從此點記載推斷，隋朝大運河是在短時期內快速開鑿而成，是一項相當大的巨大工程。《隋書》中屢次提到船夫，這表明他們可能是推動船隻前進的主要動力。

在隋朝大運河整個體系中，淮河和長江之間的一段是隋煬帝的父親於587年開始開鑿的，目的是為了征服江南土地[21]。由於這是在軍事行動中臨時開鑿的工作，開鑿結果顯然不完全令人滿意。隋煬帝繼位以後，不得不進行大量整飭，其中一些河段的路線是重新設計的[22]。

連接洛陽和今天北京的北方運河，是608年開始開鑿的。此段運河的完工，表明整個隋朝運河網就形成了。608年可以充分地被視為是中國歷史上重要的一年。從這年起，不僅隋煬帝統治下的每一個行省都可以利用水路到達，而且到上一個世紀，中國任何一個統治者都離不開利用運河所建立起來的漕運制度。

隋煬帝開鑿大運河的動機是什麼呢？古籍文獻的記載一致認為，

18　史念海，《中國的運河》，頁79；全漢昇，《唐宋帝國與運河》（上海：商務印書館，1946），頁1。

19　全漢昇，《唐宋帝國與運河》，頁124。史念海，《中國的運河》，頁129的註腳。

20　這六種船是：龍舟、鳳舸、黃龍、赤艦、樓船、篾舫。參看《隋書》卷3，頁5；《隋書》卷24，頁17。

21　《隋書》卷1，頁23。

22　參見D. Gandar, *Canal Imperial*, pp. 8-13，以及未指明頁碼的插圖。

隋煬帝對長江三角洲的富庶和魅力的嚮往，激發他決定開鑿大運河的計畫。但是，如果把所有事實都考慮到，「個人興趣」理論現在看來不再禁得起批判。即使是《隋書》中的分散記載，顯然也反駁了這種解釋。

隋煬帝於604年繼位後，就馬上把首都從長安遷到洛陽，其遷都聖旨說：「(洛陽)控以三河，固以四塞，水陸通，貢賦等……。」[23]很難相信，這些話會出自於一個認爲個人享樂超越了政府需要的小人物腦袋。

如果我們進一步考察，就會發現，雖然隋煬帝爲追求舒適、奢侈，他的旅程有著更重要的目的。跡象表明，他爲了更野心勃勃的計畫，企圖把長江下游一帶的人力和物力組織起來[24]。而這一帶土地是隋朝新近征服的，幾個世紀以來，這一帶居民生活在獨立的南方朝廷統治之下。我們可以理解，他們對興起於北方的新的中央政府抱著懷疑的眼光。在605年下江南之前，隋煬帝就宣稱：「關河重阻，無由自達。朕故建立東京，……今將巡歷淮海，觀省風俗，眷求讜言。」[25]

有人或許會認爲，這些話聽起來是在唱高調，不應該承認其字面意義。但是在另一方面，我們應該注意到這個宣言與隋朝中發生的其他歷史事件非常吻合。正如前面所指出，華北地區的運河於608年開鑿

23　《隋書》卷3，頁2。

24　《隋書》卷3，頁5。

25　在591年，隋煬帝爲江南軍事統帥，坐鎮揚州。是時，他就已經開始設想如何安慰南方人，以及在土地上重組政府機構。正如Arthur F. Wright所指出：「總之，隋煬帝設想如何使江南富庶之地成爲隋帝國重要的組成部分。這一事業，占據了他後來的9年歲月。」參見Wright, "Sui Yang-ti Personality and Stereotype," *Confucian Persuasion* (Stanford, Calif.: Standford University Press, 1960), p. 51, 57.

而成。接著在610年，編年史就特別提到，隋煬帝舉行了一次宴會，招待來自淮河地區和長江地區的年長者，授予他們榮譽，贈送他們禮物。與此同時，由於揚州因地處大運河和長江之間中間運河匯合地段上，隋煬帝將揚州太守(the magistrate)的官品提高到同京兆尹(the magistrate of the imperial capital)一樣的品級[26]。在611年，由於要對高麗用兵，軍隊在今天河北省進行軍事集結。這些士兵中，有相當的部分來自淮河地區和長江地區。一支擁有船隻排列起來好幾百里(1里大約等於0.35英里)，裝滿軍糧的水師，駛越渤海[27]。當進攻戰爭次年爆發，武裝起來的士兵總數達到1,133,800人，後勤物資供應數是該數的兩倍[28]。雖然我們無法弄清戰爭期間是怎樣利用新近開鑿成的運河來運送士兵和物資。但是，如果這些水路所起的作用並不具有非常重要的意義，是難以令人想像的。顯然，從一開始，大運河就為維繫中國的統一和徵集軍事資源這一重大目的而服務。

　　十分清楚的是，隋煬帝開鑿一系列運河對後代的皇帝來說是一種無價遺產。在唐朝統治時期(618-907)，杜佑指出：「自是，天下利於轉輸。」[29]在宋朝時期(960-1279)，盧襄補充說：「今則每歲漕上給于京師者，數千百艘，舳艫相銜，朝暮不絕。蓋有害於一時，而利於千百載之下者。天以隋為吾宋王業之資也。」[30]

　　全漢昇在其大作《唐宋帝國與運河》中闡述了相同的觀點。在其

26　《隋書》卷3，頁15。(在隋朝官制中，揚州為上郡，太守為從三品。京兆尹為首都所在地的父母官，為正三品——譯者)

27　《隋書》卷24，頁18。

28　《隋書》卷14，頁17。

29　〔唐〕杜佑，《通典》(上海：商務印書館，1934，萬有文庫本)卷10，頁56。

30　轉引自全漢昇，《唐宋帝國與運河》，頁13。

著作中，不但提示了一套經濟數據，而且摘錄了一些歷史記載，以證明在唐宋時期長江下游已經發展成爲中國經濟最發達的地區[31]。中央政府是否能成功地統治全國，依賴於能否有效地利用長江下游的資源，並將物資迅速的通過運河運輸到首都通常所在的北方。他甚至進一步認爲，在唐宋時期的七百多年裡，不僅王朝的興衰，而且地方勢力的暫時高漲和中央政府的暫時軟弱，都能夠反映運河的實際情況。許多可以說明眞實情況的歷史事件，證明他的觀點是正確的。杜希德（D.C. Twitchett）所持觀點與此類似。在他的《唐朝的財政金融管理制度》一書中，有一章專門討論中國歷朝首都和長江之間的水路運輸。其中清楚地表明運河對於中國經濟發展來說具有非常重要的地位[32]。

上述情況在蒙古人征服了全中國並將北京定爲中央政府所在地之後就沒有多大改變。國家持續依靠長江下游的供應；只不過是運輸支線此時往北進一步延伸。隋煬帝所開鑿的北方運河，實際上未能維持幾個世紀，到元朝統治時期，不知能否使用。即使是淮河和長江之間的河段，由於完全被忽視，致使河床上房屋林立，長滿麥子[33]。是故，征服者不得不致力於從頭開鑿運河。

蒙古人對重鑿大運河的興趣亦極爲濃厚。建立一條連接華北和江南的運河幹線的打算，一直吸引著中央朝廷的注意。忽必烈於1279年成爲全中國的皇帝。4年後，他就下令在山東半島上開鑿一段運河。在1289年，臨清和東平之間的濟州河開挖。此段運河對直穿越一系列已有自然

---

31 全漢昇，《唐宋帝國與運河》，頁11。

32 D.C. Twitchett, *Financial Administration Under the T'ang Dynasty*, pp. 84-96.

33 Lo Jung-pang, "The Controversy Over Grain Conveyance During the Reign of Qubilai Qaqan," *Far Eastern Quarterly*, 13.3(May, 1954), p. 264. 全漢昇，《唐宋帝國與運河》，頁123。岑仲勉，《黃河變遷史》，頁464-465。

河流和人工水道，從而使北京到江南的直接旅行成爲可能。這條主幹線形成以後，就未發生太大的變化，成爲目前大運河的基礎。

忽必烈所開挖的濟州河（它是大運河最後開鑿的一段）雖然不過250里長，它的開鑿涉及極大的工程困難。地形起伏使得必須在運河上安裝閘門。水源供應問題似乎也是難以克服的。但是，儘管存在這些困難，第一階段的開鑿迅速地開始。在投入2,510,748個人工作日、開挖6個月後，地面基礎工程完成了[34]。但煞費苦心的改進接踵而來。到1325年，或者說在36年之後，整個濟州河開鑿工程才得以完成。在1296年、1299年、1302年、1321年和1391年，安裝了許多閘門[35]。

正因爲存在這些困難，整個元朝時期（1271-1368），海路在交通運輸中所起作用要大些[36]，而陸上水路僅僅作爲輔助性工具。儘管如此，馬可・波羅（Marco Polo）抵達瓜洲這個當時位於長江上的運輸站時，對運河工程留下了深刻印象，他寫道：

> 相當多的穀物運輸到瓜洲，準備通過運河運到大都（即北京）去，供忽必烈的宮廷食用。元朝宮廷所需穀物，全部來自中國這一帶地區。人們必須知道，忽必烈已經開通了從瓜洲到大都的水路。這條水路看上去是一條寬而深的航道，把江河、湖泊連接起來了。它猶如一條大河，能夠航行大型帆船。[37]

34　《元史》（上海：商務印書館，1937，百衲本）卷16，頁13。
35　《元史》卷16，頁14-16。
36　每年超過三百萬石。參看《元史》卷93，頁21-22。
37　Marco Polo, *The Book of Ser Marco Polo*, trans. by Colonel Sir Henry Yale, 3rd ed.(London, 1903)2. p. 174.

蒙古人的統治不到100年就被推翻。繼之而起的是朱元璋於1368年所建立，本文要充分討論的明代。經過深思熟慮後，朱元璋將南京定為國都[38]。但是其子燕王，也就是後來的永樂皇帝，遷都至北京。為了維持來自南方的供應，他同樣下令修復運河。在後面幾章中所提到的大運河，嚴格說來就是永樂帝開鑿的。在他之後的明朝皇帝，只是作了小範圍的修整。

應該指出的是，宋朝以來，大多數重要的政治事件和軍事行動都發生在大運河南北沿線地區。這一情況在明代非常明顯。其結果是，運河地區在明朝政治史中一直占有顯著地位。甚至在運河重新開鑿之前，洪武皇帝派出的北伐軍就是沿著未來的水道路線，而燕王起兵時也走的是這條路線。在後者事例中，燕王正是攻占了德州、濟寧和東昌——都是大運河沿線重要城市，才奠定了勝利的基礎。在起兵的最後一個階段，燕王大膽包抄，經過淮安，出其不意攻占揚州，從而奪取了南北大運河幹線上最後兩座堡壘[39]。而對於在南京的建文帝來說，意味著戰爭的完全失敗。在這關鍵時刻，陳瑄統率下的水師轉而效忠戰勝者，使得燕王能夠渡過長江宣告自己為永樂帝。為了獎賞陳瑄的倒戈，永樂帝任命他為第一任漕運總兵(the canal administrator)。

燕王造反之後，明朝歷史上又發生了兩次皇室成員企圖奪取帝位的政變，不過兩個籌劃者都失敗了。1425年，漢王企圖奪取帝位，明宣宗立即指揮鎮壓軍討伐叛亂。明宣宗確信自己採取的迅速行動會致命打擊叛亂者，因而下了一道作戰命令給陳瑄，指示他加強守衛水路

38　吳晗，〈明代靖難之役與國都北遷〉，《清華學報》，10：4(北京，1935.10)，頁917-923。
39　王崇武，《明靖難史事考證稿》(上海：商務印書館，1948)，頁81。

和附近陸路，防止漢王逃到南方[40]。在1519年，寧王造反。正德皇帝組織了類似的討伐軍，運河又一次因為作為軍事行動的路線而發揮作用。正德皇帝的水師開拔之前，政變就被鎮壓下去。正德皇帝喜歡浮誇的特質，或許勝過了英格蘭的查理二世。他根據原計畫，還要繼續前進。把這次軍事行動變成一次無憂無慮的巡遊，最終，正是在一次垂釣遊行程中，他落入水中，導致生病，便即早逝[41]。

作為一條重要的戰略道路，大運河同樣經歷了眾多內憂外患。於1511年和1642年爆發的兩次暴動，都發生在運河地區；這兩次都導致運河航運暫時中斷[42]。16世紀中葉，日本海盜在華東猖獗時，也侵襲了淮安地區，大運河航運一度又受到嚴重威脅。運河地區許多城鎮保留至今的城牆，就是在這一時期修建或加強[43]。在明朝即將崩潰的幾年裡，滿族人任意地入侵明帝國；有好幾次，運河地區受其鐵騎蹂躪。在1639年，清軍還未到達徐州就停止下來。在攻占北京後，征服者的下一步就是繼續發揮早先的成就，沿著水道南下攻占南京。正是在運河同長江相匯合的揚州，清軍遭到了明朝軍隊最激烈的抵抗。揚州城的陷落，擊破了明朝官員堅守江南的念頭，明確地終結了明朝最後的希望。

從經濟角度來說，大運河成為明廷的命脈。雖然我們早已知道這

40　孟森，《明代史》(台北：中華叢書委員會，1957)，頁123。

41　實際上，正德帝是在落水後六個月駕崩的。但人們一般認為，正是由於掉進水中，才導致他患上了致命的疾病。參看《明史》(上海：商務印書館，1935，百衲本)卷16，頁12。

42　《明史》卷16，頁5；卷24，頁6。

43　〔清〕顧炎武，《天下郡國利病書》(上海：商務印書館，1936，四部叢刊本)卷11，頁1、45。〔清〕陳夢雷等編，《古今圖書集成》(上海：中華書局，1934，據清雍正間內府銅活字排印本縮小影印)卷121，頁1。

條水道在國家財政經濟中起著主要作用，但是，明代朝廷對它的依賴
程度遠遠超過了歷代王朝。不像元朝時期的運河是海運的一種無關
緊要的輔助；在明代，大運河是京城和江南之間唯一的交通運輸
線，所有供應都要經過它。在供應名單中，除了穀物占據首要地位
外，其他物品包括新鮮蔬菜和水果、家禽、紡織品、木料、文具、
瓷器、漆──幾乎全國所產的各種物品都通過大運河進行輸送。甚至
是諸如箭杆和制服之類的軍需品，掃帚和竹耙之類的家用器具，也經
過運河運送到北京去。整個明代，這種依賴性一直存在，並且從未中
斷。

所有這些聽起來有趣，但同時，我們不得不問：大運河有什麼歷
史意義？我們從世界歷史發展角度審視一系列歷史事件時，提出更多
稀奇古怪的問題。無論從哪個角度來說，這都是一個重要的時代。在
1368年至1644年間，發生了許多變化。比如，西歐把中世紀拋在身
後，邁步踏入現代。僧侶和舊貴族將領導權讓予新興的士紳階級。路
德的理智的力量號召人們追求新自由的需要，這推動了宗教改革運動
的發展。同時，西歐興致勃勃地致力於發現和擴展。從而奠定了未來
幾個世紀現代科學發展的基礎。而科學技術的發展，又不可避免地創
造了工業革命和資本主義興起的成果。進入同一時期的中國，在任何
意義上來說，政治環境和社會環境任何方面並非皆不利，為什麼完全
錯過了這一段令人奮發的歲月呢？人們不要期望有什麼研究，比如本
文的研究，能夠直接解答這一深邃而又難以回答的問題。不過，我們
期望本文的研究能夠發現一些線索，為人們的思考提供幫助。概括大
運河的背景情況，就是以一種特定方式把一個國家的輪廓描繪出來。
從明代帝王、大臣管理漕運的方法中，我們可以推斷描繪明代的政治
體制、政府模式、財政政策以及社會習俗和統治思想。即使這種推斷

描繪只是部分的，我們也要設法這樣做。由於這是一個相對來說尚未被深入研究的問題，我們希望本文後面幾章中對大運河所進行的全景描繪，能夠對進一步和更全面的研究提供一點幫助。在這裡，我們不打算接受令中國歷史不同於世界其他國家歷史的任何個別因素。不過在將來，如果有更多的材料可以利用，那些被遺漏的線索自己會展現在學術研究中。本文的研究，雖然仍不完全，但希望能更接近這種結果。

　　我們要設法探討在設置漕運體系中所關涉到的經濟意義。大運河這條水路能夠活躍國家經濟嗎？它促進了物資交流並因此刺激工業和商業的發展嗎？在國家財政範圍內，漕運體系是否是一種靈活的制度，可以使其運作能夠重新適應諸如人口增長、政府預算增加和保衛國家新領土之類的新情況嗎？近年來，許多學者認為每個王朝崩潰時，政府機器毀壞的第一個跡象就出現在忽視水利問題上。在大運河的運作中，我們能夠找到多少證據證明這種觀點是否正確？由於漕運不能再進行正常的輸送，造成大明帝國失去活力，直至最後理所當然地崩潰。這是真的嗎？下面幾章，就要設法回答這些問題。

　　當然，漕糧是我們研究的中心問題。原因非常簡單：大運河開鑿的首要目的就是要把糧食輸送到位於北方的京師去。由於大運河真是名副其實的大運河，它存在長達1000年，直到20世紀初仍然苟延殘喘，漕糧是中國政治和經濟歷史的發展中一個重要的因素。但是，我們在探討大運河的年運輸量和運輸程序之前，必須首先簡略地了解一下大運河沿線的地形特徵，因為地理的確對大運河的運作產生了一定的限制。通過對制度的研究取徑，我們還可以概括漕運行政管理機構。只有這樣，我們才能將漕糧情況清楚地、恰當地展現出來。在探討漕糧運輸之後，我們要列舉探討通過水路運輸的其他宮廷貢品。在

進行這樣的討論時，我們應該設法概括明廷的物品採辦政策。為了使討論更加完全，我們還要探討同漕運管理有關的其他幾個問題，其中包括稅收、商業、旅行和勞役。最後，本文結束時要作出一些總括的結論。

關於明代之外其他時期的大運河，韓丁全面地敘述了清朝時期（1644-1911）的情況[44]。基本上，滿洲人對大運河主幹線只做了一些改進，其管理沿襲了明代的規定。由於大運河對中國來講仍然是一條非常重要的交通大動脈，因而在1840年爆發的第一次英國與中國的戰爭（即鴉片戰爭）中，英軍採取包圍鎮江的戰略，以阻斷大運河上長江以北的交通[45]。不僅如此，還封鎖了長江。滿洲人因而很快就答應了英人所提條件，簽署了《中英南京條約》。

在19世紀向20世紀轉變之際，中國建造了南北鐵路交通幹線。1901年，終於採取了以錢幣支付的方式來代替實物繳納[46]，大運河因此喪失了存在的理由，只能被拋棄。在中華民國時期，於1912年和1917年，兩次設法改進大運河，以及排乾散布在淮河流域的湖蕩裡的湖水，中國政府和美國國際公司簽訂了一系列合約，授權後者為此募集貸款[47]。大概是由於中國政治動盪不安，這項計畫從未付諸實施。不過，一項未公布的關於擬議中計畫的報告，於1921年指出：「實際上，在過去幾年裡，山東省境內沿著舊水道流通、長約250英里的大運

44　Harold C. Hinton, *The Grain Tribute System of China, 1845-1911*(Cambridge, Mass., 1956).

45　H.B. Morse, *The International Relations of the Chinese Empire* (London; New York: Longmans, Green, 1910)1, p. 294, 296.

46　張其昀等編，《清史》（台北：國防研究院，1961），頁1577。

47　Edward Thomas Williams, *A Short History of China*(New York: Harper & Brothers, 1928), pp. 505-506.

河不再起什麼作用。」[48]該報告還指出，沿著衛水河道奔騰的大運河北段仍然可以通航。在上面來往的船隻，有的有90英尺長，12英尺寬，吃水深度為4英尺或5英尺。不過，大多數船隻的大小只有這種的三分之二[49]。

然而在1937年，一個美國旅行者經過衛水河段的漕河之後繼續往南設法前進時，就發現僅僅在天津以南6英里處，河道就完全乾枯了。即使如此，此行未竟後不久，他便報告，只有在驅使20,000名勞力把堆積起來的淤泥清理乾淨後，漕河才能再一次用於航行[50]。

除了中國近年來出版的資料外，今天關於大運河最可靠的資料，或許就是美國軍隊L-500系列地圖。這套地圖中所包含的資料，是以第二次世界大戰後從空中和陸地進行的測量為依據。在大運河中段，即黃河和夏鎮之間的一段航程，地圖上標明是「能夠航行」的。而其他河段，則無這樣的標記。

1961年5月22日，一家經常獨家發表來自中國消息的中國報紙即《紐約中國每日新聞》，在第一版上插入了一條電訊，稱位於江蘇省北部的一段長400公里(大約為250英里)的大運河，完全恢復了原貌。

48　John R. Freeman, Review of Investigations of the Improvement of the Grand Canal, p. 6. 此報告是在1917年10月20日中國政府和美國國際公司簽訂合同後所寫的(未公開發表出版的複寫副本，存密歇根州安阿伯密歇根大學運輸圖書館)。

49　John R. Freeman, Review of Investigations of the Improvement of the Grand Canal, p. 6.

50　Willard Price, "Grand Canal Panorama," *National Geographical Magazine*, 71.4 (April, 1937), p. 513. 此句邏輯有問題，原文為 though, he reported, soon after his unsuccessful trip, "20,000 men had been pressed into service to dig out the accumulated silt," and the canal was in operative condition again。這裡直譯——譯者

在現有河段基礎上,又新修了70多公里(大約等於45英里)的新水道。河港設備建造了,用於指示夜航的電標也安裝上了。電訊繼續說道:「自1958年以來,此段運河的泥土開鑿量超過了巴拿馬運河的總量。」這裡所指出的地段,是位於淮河和長江之間。在第二次世界大戰後,中國的國民政府就在聯合國的幫助下,在此段已經做了一些工程。這一工程不僅可以提高水道的運用,而且能夠消除對整個地區持續不斷威脅的水災。國民政府的工作,因內戰而中斷。現在的中國政府可能是在此基礎上繼續進行,將之完工。

然而在今天,尚未有人建議將全段大運河修復。即使製圖者在地圖上仍然繼續把大運河繪成一條綿延不斷的水路幹線,但是,大運河作為南北交通幹線的功能不復存在。自從最後一支裝滿漕糧的船隊通過大運河後,大運河發生了許多變化。

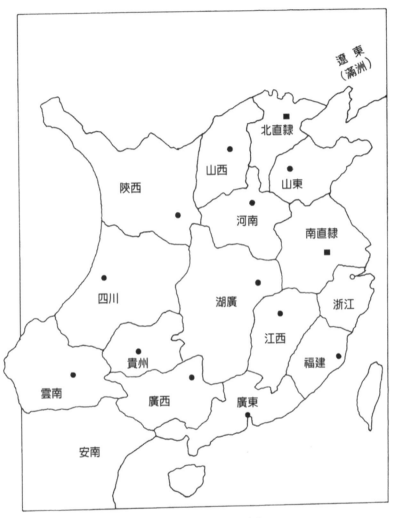

明代行省和特別區域

第二章

京杭大運河的地形概況

　　永樂皇帝於1421年的中國新年宣布遷都北京後，南京實際上變成了中央政府的後方組織，明廷在北京和南京這兩個首都都設置了官品相等的部級大臣。大運河，按照當時明人所稱，就是漕河（用於運輸的河流）。它作為這兩個都市之間的官道而發揮著重要作用。我們很容易理解，就明代朝廷而言，河道及長江的會合點是運河南端。其分支，從長江出發，繼續往南延伸，把杭州連接起來。但該分支並不被認為是大運河主幹線的一部分。從這種角度來說，無論是政府文件還是零星的記載，所指的漕河，指的就是大運河運輸主幹線[1]。本文將採用這一說法。

　　從長江出發，船隻可以從三條入口處進入漕河：東邊，是白塔河；中間是瓜洲；西邊是儀眞。由於漕河的水位高於長江水位，因而入口處用石頭修建，形狀為斜坡。為了進入漕河，船隻首先要卸下貨物，由苦力將貨物溯著漕河運到岸上。然後，用絞盤把船隻提起來，

1　《明史》這樣描寫漕河：「南極江口，北盡大通橋，運道三千餘里。」見《明史》卷85，頁1。王瓊在他的《漕河圖志》中稱漕河為：「自通州至儀眞。」見〔明〕王瓊，《漕河圖志》（美國國會圖書館縮微膠捲第534號，據1496年刻本拍攝）。《皇明世法錄》稱運河為：「自江口至長江，再至南京。」見〔明〕陳仁錫，《皇明世法錄》卷55，頁1a。

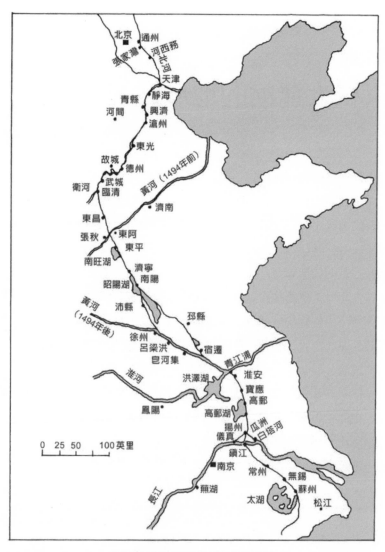

1610年時的漕河(黃仁宇繪製)

拖過斜坡。船隻為此等上十天半月，並不奇怪[2]。而且，操縱絞盤並不平順，時人明顯誇張地說：「起若凌空，投若入井，財廢船壞，不可勝算。……船過必損，須辦灰麻備捻。」[3]

在1687年，或者說在本文所探討的時期43年之後，路易十四派遣一名神父到中國。這名神父就是李明(le Comte)。他指出：跨越水位之上的斜坡，落差有15英尺之多。斜坡用砍鑿加工過的石頭修建而成，兩個石頭之間有兩個斜面和一個頂端。用絞盤把船隻提升到頂端，然後從頂端處利用自己的重量滑入漕河水中[4]。

不過在大約一個世紀後，馬嘎爾尼使團所作的描述指出，至少有一個地方的斜坡只是用一個斜面構成，位於長江之上的漕河水被強固而嚴密的石牆圍住。用石頭修建而成、向低水位的長江延伸的斜面，傾斜度為45度，落差有10多英尺。在這種地方，安裝了雙重絞盤機，由多達100人負責操縱。在轉換的過程中，可以看到船隻在落入較低的水面時所產生的巨大衝擊力。在把船隻提升到漕河水面時，船頭安裝欄杆，並用堅固草蓆繫在船頭上，保護船隻，避免水浪飛濺[5]。

直到15世紀末，入口處才安裝上「閘」，或稱「水門」。安裝在儀眞附近的幾個閘門，是1474年到1501年間製造的；安裝在瓜洲附近的兩個閘門，則是1526年[6]。閘門的用處就在於，它們節省了卸貨和

2　〔清〕顧炎武，《天下郡國利病書》卷12，頁64。

3　〔清〕顧炎武，《天下郡國利病書》卷12，頁64-65。

4　Antoine Francois Prevost, *Historie Generale de Voyages*(Paris & Amsterdam, 1776 et Ser.), Vol.5. J.B. Du Halde, *Descritpion, Geographique, Historique, et Physique de L'Empire de La Chine*(Paris, 1736)1, pp. 93-97. 另有英文譯本可供參考。

5　按照William Chapman所引，參見Robert Fulton, *A Treatise on the Improvement of Canal Navigation* (London, 1762), p. 82.

6　〔清〕顧炎武，《天下郡國利病書》卷12，頁68、79。

重新載貨所需花費與等待的時間。但是，它們不能一直開著。夏季期間，即長江通常漲洪水時期，提起水閘，不會引起什麼嚴重後果。而在冬季水位很低的時候，閘門的使用就受到限制。大概寫於1577年，儀眞縣令的一份上奏，就報告說，上千艘裝滿漕糧的船隻在入口處拋錨，等候水閘打開。由於提起水閘要同長江浪潮發生時間吻合，所以打開時間很短。該上奏繼續說道：「計一月朔望前後，潮頗盛大，一日一夜可進百餘艘。其他日雖拾數艘，亦必挑盤殆輕而後能入。」[7]

船隻穿過閘門時，要勞力幫助。李明神父發現，同時有500人被派給一艘船。剛開始，裝置運轉得非常順利。鑼鼓用於協同出力。隨著水流增大，鑼鼓的敲打也隨著加快。在這時，水手必須一鼓作氣，把力量發揮到最大限度。這位耶穌會傳教士記載說：「水流的速度大得難以相信，很難保證船隻不會離手被翻倒成碎片。」[8]

李明神父認爲，雖然漕河船閘的質量不如當時歐洲所用的船閘，但是其大小按照今天的標準來看也十分令人印象深刻。據記載，有一個建造於1474年的水閘，高10英尺，底部寬50英尺，水閘墩長達220英尺[9]。另一座建造於1496年的水閘，據說有9塊厚板，連接厚板的繩子有18根，分派68個勞力永久地負責操縱[10]。李明的同事阿蒙爾德·蒙坦那斯（Arnold Montanus），根據彼得·馮·霍姆（Peter van Hoom）1665年所率領的荷蘭使華團所寫日誌（這些日誌最早發表於1670年），對漕河作了描述性的記載。他以一種讚美的口氣評論了水閘上的「巨

---

7 〔清〕顧炎武，《天下郡國利病書》卷12，頁64-65。(應爲頁74——譯者)。

8 參見 Antoine francois Prevost, *Historie Generale de Voyages*, Vol. 5, p. 434. Bernard Forest de Bolidor, *Architecture Hydraulique* (Paris, 1735)4, pp. 354-355.

9 〔清〕顧炎武，《天下郡國利病書》卷12，頁64。

10 〔清〕顧炎武，《天下郡國利病書》卷12，頁68。

大厚板和龐大頂柱」。他進一步證明說：「用一種類似輪子的機器裝置，水閘很容易地打開了。如果不充分地肯定中國人那無與倫比的能力，歐洲人不能意識到這些良好的水閘和高大而厚實的防護欄的堅固性。」[11]

　　雖然有關水閘的技術優點的評論不一，但是水閘出現在漕河上，證明了大運河絕對不是一條暢通無阻的通道。除了自然帶來的困難外，官員的玩忽職守也常常阻滯水道的暢通。在1527年，由於負責管理儀真水閘的官員「偏聽腳夫店家之言，指以泄水爲由，不肯開放」[12]，皇帝下旨干預。然而在其他時候，朝廷命令看起來顛倒了這種干預立場，要求嚴格控制開放。在1573年，明廷規定，瓜洲水閘每年只能開放3個月，只讓裝卸貢糧的船隻通過[13]。到明朝統治末期，幾個水閘在收取過高的通行費[14]。

　　進入漕河後，船隻就能夠順利地朝著淮河揚帆前進。起初，這條水道穿越了幾個湖泊。浩瀚湖水上的強風，對船隻來說是個威脅。從陳瑄於1451年開始沿著湖泊東岸開築堤道時起，漕河就逐漸與這些湖泊分離開來。隨後在1489年、1582年、1585年和1600年，又開鑿了一些堤道。此後，漕河河道就加深了，整個漕河被認爲不會受到湖泊波浪的威脅[15]。不過在一些河段，堤岸高於水位不過3英尺，因而必須時

11　參見 Antoine francois Prevost, *Historie Generale de Voyages*, Vol. 5, p. 434. Bernard Forest de Bolidor, *Architecture Hydraulique* 4, p. 345.

12　〔清〕顧炎武，《天下郡國利病書》卷12，頁73。

13　〔清〕顧炎武，《天下郡國利病書》卷12，頁79。

14　參見第五章討論旅行部分。

15　史念海，《中國的運河》，頁154。但是朱偰在其《中國運河史料選輯》中指出，那些堤岸修建於1478年、1584年、1587年、1589年、1600年和1612年，見朱偰，《中國運河史料選輯》（北京：中華書局，1962），頁80、89-90。

刻注意維修[16]。

此段漕河河段不斷受到來自西面的威脅。在這裡洪澤湖同淮河中段相連。在1494年，黃河改道，湧入淮河。如此一來，由於淮河河道不得不容納額外的水量，它的中段部分在一定程度上就受到了限制。水流速度一旦緩下來，過多的河水就堆積在洪澤湖裡，致使洪澤湖大為擴張[17]。隨後，開鑿了一條巨大的河堤，把漕河地帶同洪澤湖湖水隔開。隨著時間推移，洪澤湖不斷變大，溝渠就不斷變高[18]；潛在的威脅從未被消除。這種危險的形勢不僅引起了明代漕河管理者的極大擔憂，而且對隨後的時代來說，也一直是個問題。在清代，它引起了相當程度的注意，乾隆皇帝在1751年親自檢查了堤道情況，指示要維持其狀況[19]。這條堤道至今仍然存在。在1952年，現在的中國政府在制定治淮計畫時，對它也進行了相當的治理[20]。

此外，這段漕河河段顯得直而寬，像一個傾斜的水槽：西北段高，中段水平，東南段低。雖然北段的水量過多，會淹沒[21]整個河

16　《明史》卷209，頁1。來自歐洲的旅行者也指出了溝渠所在地勢低於湖泊，參見 Antoine Francois Prevost, *Historie Generale de Voyages*, Vol. 5, p. 343. 但是，李明發現這些作為堤道的溝渠，有30英尺寬，10到12英尺高。參見 Antoine Francois Prevost, *Historie Generale de Voyages*, Vol. 5, p. 435.

17　史念海，《中國的運河》，頁153；申丙，〈黃河源流及歷代河患考〉，頁89-90。

18　這條溝渠，或稱堤道，名叫高家堰。其歷史可以追溯到西元2世紀。但是，現在的高家堰看起來最早是陳瑄於15世紀初期開鑿的，潘季馴於1578年重修。它有20英尺高。參見朱偰，《中國運河史料選輯》，頁88；史念海，《中國的運河》，頁153。

19　朱偰，《中國運河史料選輯》，頁164。〔清〕顧炎武，《天下郡國利病書》卷11，頁20、23。

20　治淮委員會(Committee on the Rehabilitation of the Huai River)，《偉大的治淮工程》(上海，1952)，頁56-57。

21　原文為indundate，有錯，應為inundate。──譯者

道，但是，北段的運河水迅速沖向南段，同樣會使水道乾枯。在1577
年，由於高郵的水位過高，南段的所有水閘都被打開，放水入長江。
然而，如果高郵湖水位下降大約3英尺，揚州附近的漕河水道就會乾
枯。返回的貢船就會擱淺，相互堵塞，塞滿漕河，長達10英里[22]。

明代找到了一種解決方法，可以把過多的漕河水轉向東面而不是
南段。在漕河東堤道，修建了一系列的疏洪道與防洪閘。漕河水位達
到7英尺高時，便啓動安全閥分流[23]。在1538年漕河河道加深後，最高
水位升到9英尺[24]。

這種側面分洪，是以犧牲漕河水道東面地區爲代價的。當分洪
時，東面地區的田土、房屋和道路無可倖免地被水淹覆。位於海岸
的產鹽地區同樣會遭到毀滅[25]。在400年裡，當地居民不得不承受這
種犧牲。近來，有人批評這種分洪爲「充分暴露了反動統治的猙獰
面目」[26]。

儘管如此，防洪水閘得以保留到近代。即便存在於20世紀防洪水
閘可能與以前的存在著重大區別，但是，從現在的水閘用途，在一定
程度上有作爲例證的效用。最近的一項研究指出，在高郵南面漕河東
堤道上分布著五座這樣的水閘。平時它們被用泥土和圓石堵住，只有
在急需時才打開。在1916年打開時，其中一座水閘每秒分出的洪水達

22　根據漕運總督吳桂芳所寫奏摺。轉引自〔清〕自顧炎武，《天下郡國利病
　　書》卷10，頁57。

23　〔清〕顧炎武，《天下郡國利病書》卷10，頁24。

24　〔清〕顧炎武，《天下郡國利病書》卷10，頁40。

25　《明史》卷221，頁3。歐洲旅行者也發現，整個地區都被淹沒（原文爲
　　indundate，有錯，應爲 inundate。——譯者）了。參見 Antoine Francois
　　Prevost, *Historie Generale de Voyages*, Vol. 5, p. 343.

26　朱偰，《中國運河史料選輯》，頁91、108。

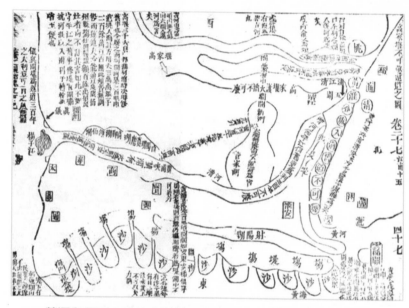

黃河和長江之間的水道草圖(轉引自《天下郡國利病書》)

說明：圖的底段的方向為東，箭頭是本文在轉錄時補充上去的。從原草圖繪製的目的來看，作者似乎打算反對有人修建一條穿越高家堰到黃海、同漕河垂直的新運河。注意儀真和清江浦的水閘(即用黑色箭頭標明的)和高家堰(用白色箭頭注明的)。

1300立方碼。1921年，五座水閘中有三座打開，它們總共分出的洪水每秒爲5200立方碼[27]。

繼續往北，漕河河水就流入了淮河。在1494年黃河奪淮而入後，淮河也就是黃河。在這裡，地形與漕河進入長江處的入口處相反。黃河的水位高於漕河的水位10英尺[28]。問題不再是如何把水鎖在裡面，而是如何防止黃河超過漕河。如果黃河沒有攜帶過量的泥沙而造成格外的困難，情況就不會變得那麼複雜。

一般來說，黃河攜帶大量泥沙是可以理解的，但是，黃河水的真正含沙量仍然令人吃驚。1598年，在漕河地區旅行過的利瑪竇（Matteo Ricci）在其遊記中偶然提到，黃河水的含沙量不少於三分之一[29]。但是，總督河道的潘季馴於1578年上奏指出情況更爲嚴重：「河水一斗，沙居其六（夏季），伏秋則居其八。」[30]近年來所作的觀察更爲精確。1934年到1941年間，從單縣附近溪流中所提水質進行測量，發現含沙量按重量計算高達46%。在夏季，黃河的3條主要支流攜帶泥沙達42%到63%[31]。

在黃河和漕河的匯合處，安裝了5座水閘。只有那些裝卸貢糧和運載給朝廷消費而中途容易腐爛的物品的船隻，才能通過。只有在相當多的船隻在匯合處等待時，水閘才被打開，最早規定是每3天到5天打

27　宋希尚，《中國河川誌》（台北：中華文化出版事業委員會，1954)1，頁128。

28　〔清〕顧炎武，《天下郡國利病書》卷11，頁15。

29　Mattew Ricci, *China in the Sixteenth Century: The Journals of Mattew Ricci, 1583-1610*, trans. from the Latin by L.J. Gallagher(New York, 1953), p. 305.

30　《明史》卷223，頁8。

31　宋希尚，《中國河川誌》1，頁19。

開一次。水閘的鑰匙由漕運總督負責掌管[32]。其他船隻能通過緩衝水道至東面，並必須在那裡卸下所載物品。隨後，此規定雖然有所放鬆，但是在1575年，朝廷下旨重申，在夏季的幾個月裡，必須嚴格控制水閘的開放次數。即是說，水閘板的提起次數不過兩天一次，主要是方便返回的貢船往南駛去[33]。

因此，在只有160英里長的河段上，就有兩大容易阻塞的狹口。而且，這只不過是個開始。

在徐州，黃河與漕河匯合，然後出發往東南方向奔騰。此段漕河以黃河為河段，大約長170英里。黃河帶給船夫的困難有三：泥沙淤積，易使船隻擱淺；冬季，河水結冰；在急流處，河水奔騰。

1570年此段黃河無數次中的一次改道時，沛縣附近30英里長的一段漕河河段完全乾枯。幾百艘官船、私船和930隻運載著40萬石漕糧的小船擱淺了[34]。與此同時，在另一河段，有800艘船隻被急流傾覆[35]。

徐州附近，分布著系列著名的急流，總稱百步洪。於1507年以副都御史銜總督河道(Imperial Canal Commissioner)的王瓊，對這些急流作了如下的描述：

---

32 〔清〕顧炎武，《天下郡國利病書》卷11，頁16。
33 〔清〕顧炎武，《天下郡國利病書》卷11，頁16。
34 〔明〕馮敏功，〈開復邳河記〉，收於〔清〕顧炎武，《天下郡國利病書》卷11，頁25。此句有問題，原文為：Several hundred vessels of official and private ownerships, along with nine hundred vessels of official and private ownerships, along with nine hundred thirty boats carrying 400,000 piculs of tributary grain, ran aground.——譯者
35 《明史》卷225，頁5。但是，其他資料表明，在1572年，損失了800艘船隻。參見〔清〕陳夢雷等編，《古今圖書集成》卷689，頁42；〈名山藏漕運記〉，轉引自吳緝華《明代海運及運河的研究》(台北：中央研究院歷史語言研究所，1961)，頁200。

洪在州城東南二里，皆巨石盤踞地中，長百餘步，河流必經
其上，號為洪。每歲水漲深闊，石沒入水，舟行不為害。水
半清分為三派，……皆可行舟。水全消，惟正洪可行。……
石或出水面，或隱水半，舟行誤觸之，輒覆溺。[36]

關於呂梁洪，王瓊寫到：

呂梁洪在州治東南六十里，上下相距七里餘，其險如百里洪
而過之。[37]

高麗官員崔溥1487年在高麗內海旅行時，不知不覺漂流到海洋，
最後在中國東海岸登陸。他接著就看到了這些急流，並在日記中作了
如下描述：

洪在呂梁山之間，洪之兩旁水底亂石，巉岩峭立，有起而高
聳者，有伏而森列者。河流盤折至此開岸，豁然奔放，怒氣
噴風，聲如萬雷，過者心悸神怖，間有覆舟之患。[38]

另一描述，雖然表達得更清楚有力，精確性卻差了些。這段描述
來自唐龍。他也曾經一度(1528)擔任河道總督。這段描述轉錄如下：

36　〔明〕王瓊，《漕河圖志》卷1，頁34。
37　〔明〕王瓊，《漕河圖志》卷1，頁34。
38　崔溥，《漂海錄》。John T. Meskill 翻譯並編輯的草稿本(刊印在美國科學院
　　系列專題中)在頁182中說，這天是1488年陰曆三月初三日(應為初二日——
　　譯者)。

夫洪多巨石，胚腪岩崿，長如蛟蜒，伏如虎豹，糾錯如置
碁，盤旋如輪轂，廉稜如踞牙、如劍戟。……漕萬三千艘，
胥於是乎進。每一艘合數艘之卒，夾洪夫挽之。敝肩傷臆，
蹠足揮汗，咸畢力以赴。然懸崖躐級，蟻行蝸引，得寸而寸
焉，得尺而尺焉，一弗戒，則飄忽瞬迅，猶夫駟馬脫銜，非
窮日之力不可回也。[39]

15世紀早期，急流處用水牛來幫助航運，以取代船夫[40]。但是到
該世紀末，「河溢洪溜，牛不可支」[41]。

崔溥經越這一地區時，在日記中寫道，在百步洪，「用人工百
餘，徇兩岸牽路，以竹索縛舟，逆挽而上」[42]。不過在呂梁洪，除了
普通的船夫外，還添用10頭水牛加強力量[43]。

即使在那些並無常在障礙的河段，巨浪飛速翻滾，有時也會給船
隻帶來危險，耽擱航行。在1576年，巡漕御史就報告說，在曲頭，由
於波浪太大，每隻小船必須由200名苦力用繫在大船上的40多根纜繩拉
著前進[44]。在1614年，類似情況出現在劉口，每天只能通過幾艘船
隻。在1623年和1624年，在王家集和磨莊(這些地方都位於徐州和淮安
之間)，等候通過的船隻多達千艘，河道總督本人親自前去處理。然

39 〔明〕唐龍，《漁石集》，收於《叢書集成》，第2150-2155冊(上海：商務
　　印書館，1935，據金華叢書本排印)卷2，〈呂梁洪志序〉，頁23b。
40 《明宣宗實錄》(1940年影印本)卷26，宣德二年三月壬子條，頁12a。
41 〔清〕顧炎武，《天下郡國利病書》卷11，頁59。
42 崔溥，《漂海錄》，頁184，1488年陰曆三月初三日。
43 崔溥，《漂海錄》，頁182，1487年陰曆三月初三日(應為初二日——譯者)。
44 《明神宗實錄》卷50，萬曆四年五月癸巳條，頁1a。

而，只有在農曆十月初期，擁擠現象才能得以解決[45]。

在1488年初崔溥的旅行，是在正常情況下進行的。他對這段黃河河段作了這樣的描述：「河廣可十餘里，深無底，水流暴急。」[46]

從徐州出發往北，沿著漕河河段的水道最早是蒙古人開鑿的，宋禮於1412年加以修復。當宋禮開始修復時，其設計方案的基本思想是在南旺（位於濟寧以北）把流自山東省幾條溪流的河水積聚起來。由於南旺所處地勢高，因而河道路線從其相對方向經過。南旺以北的河段，帶著占積聚起來的河水的60%，下降90英尺，流向臨清。自臨清而北，會衛河，沿著衛河自然河道北上。南旺以南河段，帶著其餘40%的河水，下降160英尺，至徐州附近[47]。

維持此段漕河航運，被證明是最困難的任務之一。在開鑿時，就安裝了38座水閘。隨後，水閘安裝數量又逐漸增多，明人因而稱此段運河為「閘河」，或稱「水閘之河」。這些水閘，促進了航運暢通。不過，雖然一段河道暢通無阻，而其他河道的水量卻不足。在一些地方船隻擱淺，就會同時使整個運輸停滯不前。

雖然文獻紀錄表明閘河河段有32英尺寬，13英尺深[48]，但實際上，此段河道水量卻少了許多。1665年，彼得‧馮‧霍姆使團經越這一地區時，旅行日誌提到河水僅有3.5英尺深。使團走完這長達60里格（league）的河段，用了32天時間。不過，旅行日誌指出：「中國人認為經越此段河道感覺愉快、順利，因為在幾年前所需時間要45天到50

45　〔清〕顧炎武，《天下郡國利病書》卷11，頁27。

46　崔溥，《漂海錄》，頁179。

47　《明史》卷85，頁2。

48　《明太宗實錄》卷77，頁5。

天。」[49]

　　清朝時期所寫一本著作，描述閘河說，「兩舟難併魚貫逆溯」，「一夫大呼，萬櫓俱停；一舟遭觸，數舟並壞」[50]。在1489年間，山東巡撫表示：「自天井閘至塌場口，不滿百里，建閘十一座，每年四五月間，河水淺澀，船隻至此少則六七日，多至五十五六日方得經過。」[51]

　　爲了維持正常水量，明朝官員設計了許多方案。其中一個方案就是發掘地下水，開渠將之輸送進漕河。在1595年，南旺主事[52]胡瓚自己就發現了幾百處地下水，最後徵發勞役發掘這些水源。從此記述中可以看到這些勞役全天都在勞作：「冬則養其餘力，不徵於官。」[53]勞役的總數(在下一章中會以更全面地加以討論)，在今天看來或許令人吃驚地高。據文獻記載，僅在山東省一地，漕河沿線就徵用了14150名勞力，其中大多數充當「泉夫」[54]。

　　黃河在改道往南奔去之前，不時橫衝直撞，通常讓此段河道造成危害，特別是在濟寧附近地區。當此種情況發生時，整個漕河幹線就癱瘓了。在1448到1498年間，威脅持續不斷[55]。在徒然奮鬥了半個世

49　Antoine Francois Prevost, *Historie Generale de Voyages*, Vol. 5, pp. 347-349.

50　〔清〕傅澤洪，《行水金鑑》(1725年刊本)卷156，頁20b。傅澤洪還指出，在濟寧附近，每艘船隻由幾百船夫拉著前進。〔清〕傅澤洪，《行水金鑑》卷147，頁12b。

51　〔明〕王瓊，《漕河圖志》卷2，頁40。

52　原文爲Supervisor of Water Control。明制，在濟寧、南旺這些地方設置主事，「各自駐紮汛地，具體負責所屬河道或工程的管理」。見彭雲鶴，《明清漕運史》(北京：首都師範大學出版社，1995)，頁125。──譯者

53　《明史》卷223，頁19。

54　〔清〕顧炎武，《天下郡國利病書》卷15，頁9；〔清〕陳夢雷等編，《古今圖書集成》卷77，頁30。

55　吳緝華，《明代海運及運河的研究》，頁147-149。

紀之後,明朝官員終於找到了一種解決方法,即「導淮分黃」,完全封閉黃河的北邊支流,使之永久地流入淮河。此項工程完成後,終明之世就奉行「導淮分黃」政策,不再准許黃河走其北部河道。這既有效地治理了兩條人工水道間的運輸,也不會對其中任何一條水道帶來什麼危害[56]。

「導淮分黃」方案絕不是全然安全的。的確,直到1855年以前,黃河沒有發生較大範圍內的改道。但在同時,它仍然持續不斷製造小範圍的決堤。黃河河道總督(Imperial Commissioner for Yellow River)戴時宗於1532年上奏嘉靖皇帝,對這種情況作了充分的描述:「今北自天津,南至豐沛,無尺寸地無黃河故道。」[57]在16世紀晚期和17世紀早期,黃河自己分成為七八條小河,接著又分成為十多條支流[58]。

位於徐州和濟寧之間的漕河河段受到黃河下游支離破碎直接的危害。此段漕河的西側是一片開闊地,因而不斷遭受洪災[59]。由於局面變得難以控制,有人建議在漕河東側開鑿一條新運河,利用昭陽湖來防洪災。「用湖避黃,鑿嶺避湖,而運道實賴之矣。」[60]整個建議聽起來簡單,符合邏輯,但是推行起來遇到了無數個障礙。由於一路上有相當多的石塊必須開鑿移開,當徵用的勞力超過原先計畫時,河道總督就會遭到責難。這項工程時斷時續地進行,總計有7位河道總督參與其中。從1593年開始開鑿,到1604年才完工[61]。

56　吳緝華,《明代海運及運河的研究》,頁152-153;史念海,《中國的運河》,頁151。
57　轉引自〔清〕傅澤洪,《行水金鑑》卷157,頁2a。
58　岑仲勉,《黃河變遷史》,頁523。
59　《明史》卷223,各頁。
60　〔清〕陳夢雷等編,《古今圖書集成》卷77,頁34。
61　參見〈夏鎮漕渠志〉,收於《天下郡國利病書》卷15,頁40-46。史念海在《中

　　上述說明了漕河體系中的大多數人工河道。從臨清到天津，漕河利用了衛河的自然河道。從通州到天津，對現有的白河作了改進。本文在第一章提到美國旅行者的經歷時，已經指出了衛河很容易淤泥沉積。至於今天的情況，雖然仍然可以通航，但是衛河河道極端地彎曲[62]。美國軍用地圖社所繪水文圖也表明，在臨清以上，漕河成「之」字形，像一條迴紋飾[63]。在早期，人們對衛河和白河的主要抱怨是它們容易結冰，許多旅行日誌都提到了它們在冬天由於結冰而難以航行[64]。在1598年，利瑪竇第一次到北京期間，他所乘船隻就在臨清附近一個地方完全因河水結冰而難以通過。他在《札記》中記載說：「一旦冬季來臨，中國北方地區所有的河流都結厚冰，河上航行已不可能，車子則可以在上面通過。」[65]蓋達神父也指出，在1893年2月間，這兩條河流結冰大約20天，冰層很厚，行人能夠在上面行走[66]。

　　舉出這些地形困難，可能使人感到陳腐、厭倦。但是，如果不討論地形輪廓，我們要具體探討漕河運作時就會感到困難。或許有人認為，上面述說是從負責漕河的官僚所作記載中得出的，而這些官僚由於顯而易見的原因，將情況誇大了。無論怎樣，不是任何時候所有困難都是同時存在。這種看法或許正確，但是，漕河體系的內在棘手問題不能低估，我們必須從它所能帶來的運輸量的角度，考察其麻煩的

（續）────

　　　國的運河》，頁151-152中，對該文獻也作了介紹。

62　John R. Freeman, *Review of Investigations of the Improvement of the Grand Canal*, p. 6.

63　美國國防部軍用地圖社：L-500系列地圖，I-AMS。

64　〔明〕王瓊，《漕河圖志》卷2，頁14-15。

65　Mattew Ricci, *China in the Sixteenth Century: The Journals of Mattew Ricci, 1583-1610*, trans. from the Latin by L.J. Gallagher, p. 315.

66　D. Gandar, *Canal Imperial*, p. 58.

情況。當成千上萬艘船隻擁擠在河道時，任何耽擱都不可避免地會引起連鎖反應。這就是為什麼有些船夫運送貢糧到京師來回需用整整一年時間的原因。他們剛回到出發地，下一年的運輸任務就已經準備好了。在1473年間，漕運總督報告說，一些船夫有4年時間未見過家人一面[67]。

漕運管理一直受到朝廷關注。由於運輸困難巨大而難以解決，有名官員名叫徐貞明，於1575年提出建議，把華北旱地改成水稻田，完全免除漕糧運輸[68]。45年後，一名更有地位的官員左光斗，提出同樣建議[69]。雖然這些方案只限於書面提議，但是反映了明廷對漕河河道所帶來的無限困難感到煩惱[70]。

利瑪竇神父對此作了客觀的觀察，並作了如下的評論；我們就以此評論來概括本文對有關問題的看法：

維持這些運河的費用，主要在於使它們能夠通航，如一位數學家說，每年達到一百萬。所有這些對歐洲人來說似乎都是非常奇怪的，他們可以從地圖上判斷，人們可以採取一條既近而花費又少的從海上到北京的路線。這可能確實是真的，但害怕海洋和侵擾海岸的海盜，在中國人的心裡是如此之根深柢固，以致他們認為從海路向朝廷運送供應品會更危險得多。[71]

67　《明憲宗實錄》卷120，成化九年九月戊申條，頁7a。還可參見第四章關於漕糧運輸情況部分。

68　《明史》卷223，頁20。

69　〔清〕孫承澤，《春明夢餘錄》(古香齋袖珍本)卷36，〈屯田水利疏〉，頁29a-37b。

70　原文為chargrin，推敲文中意思，應為chagrin之誤，譯為「煩惱」。──譯者

71　Mattew Ricci, *China in the Sixteenth Century: The Journals of Mattew Ricci, 1583-1610*, trans. from the Latin by L.J. Gallagher, p. 306.

第三章
明代管理大運河的行政機構

　　要研究明代的漕運管理機構的職能，有必要從整體上考察一下明王朝的政府機關組織。明廷及其特派官員的運作，涉及許多獨特的實際做法和習慣；如果未對此加以考慮，就很難解釋其中一部分政府機器是怎樣工作的[1]。

　　在這裡應該指出的是，整個明代時期，明廷是在沒有宰相的情況下運作。自洪武皇帝於1380年廢除其「丞相」(Chief Assistant)以後，就未再設置丞相一職[2]。因此，在1380年後的兩個半世紀裡，不同政府部門的長官直接對專制君主負責。

　　在明朝中央政府，設置了六個部，即吏部、戶部、禮部、兵部、刑部和工部(Personnel, Finance, Rites, War, Justice, and Public Works)。與六部地位相等的是通政使司(the Office of Transmission)、大理寺(Grand Court of Revision)和都察院(the Censorate)。這些部門的首腦，在習慣上常常合稱「九卿」(Nine Ministers)。

1　Charles O. Hucker對明代政府機構作了綜合性考察。參見他的："Governmental Organization of the Ming Dynasty," *Harvard Journal of Asiatic Studies*, 21. 1/2, pp. 1-66; *The Traditional Chinese State in Ming Times, 1368-1644* (Tucson: Univeristy of Arizona Press, 1961). 毫無例外，本文關於明代職官的英文譯文，都來自Hucker教授的研究。

2　《明史》卷72，頁5。

洪武皇帝在處置國家事務時，也需要人數不等的大學士(Imperial Grand Secretaries)協助。大學士雖然是皇帝的親近助手，但在設置初期，地位低於九卿[3]。

明代軍隊，陸軍和水師之間並無多大區別，其組織單位稱為「衛」(Guards)——一種自給自足的組織。在法律上，世襲軍戶必須世世代代為國家提供兵員。為了解決這種世襲軍戶的衣食問題，每衛分派一定數量的公有地。衛所的省級管理機構是都指揮使司(Regional Commissioners)，它們在京師的五軍都督府(the Five Field Marshals)轄下。五軍都督府的辦公處所，分別稱為中、前、右、左和後軍都督府[4]。有時，五軍都督被任命為駐外軍隊統帥。比如，擔任駐在南京的後軍都督，傳統上兼任專門負責漕運的總兵官[5](the

---

[3] 錢穆，《國史大綱》(台北：國立編譯館，1953)，下冊，頁479。

[4] 《明史》卷76，頁4；《明史》卷89，頁1；《明史》卷90，頁1。

[5] 作者對 the Commander in Chief, the Canal Commissioner, the Imperial Commissionee for Canal Administration 的設置情況似乎不太清楚。明廷中央對漕運的最高管理機構是總督河道衙門，長官為總督河道，即 the Canal Commissione，簡稱「總河」，但此職始設於1471年。後來在1505年，明廷一般以都御史銜總理河道，即 the Imperial Commissionee for Canal Administration。1451年，明廷才設置固定的專職文官，即「漕運總督」，簡稱「總漕」或「漕標」，英文亦是the Canal Commissione，專門職管漕糧的徵收、解運和入倉三大環節。作者認為明廷於1450年設置the Canal Commissione，應該指的就是漕運總督。1404年，明廷開始設置武職「漕運總兵官」，「領十二總，共十二萬軍隊，專職負責漕運」，因而英文應為the Commander in Chief。該職與漕運總督的關係是：「總漕、總兵每年八月赴京，會商明年漕運事宜。次年『正月，總督巡揚州，經理(漕船在)瓜(洲)、淮(安)過閘』之事。總兵(分)『駐徐、邳，(催)督(漕船)過洪入閘，同理漕參政管押赴京』。」(彭雲鶴著，《明清漕運史》，頁139)這和作者隨後所講總兵擔任「副總督」的意思相吻合。根據這些情況，我們下面將 the Canal Commissioner譯為「漕運總督」，將the Commander in Chief譯為「漕運總兵官」。——譯者

Commander-in-Chief of the Transportation）。隨後，漕運總兵官擔任副
總督（Vice Commander）或助理總督（Assistant Commander）。

　　在1421年之後，明廷確立了兩都制。雖然留都通常安置閒散退休
或被裁撤的官員，但南京和北京都設置了同樣一套職官，即是說，六
部九卿及其下屬機構和職能部門有兩套[6]。五軍都督府的設置也是如
此。後來，南京被忘卻，在這個「南都」的大多數官員無事可做，五
軍都督也是「日乘馬，具名剌相過從，飲酒遊山而已」[7]。

　　在省級政府機構，明朝也未設置首席官員。相反，設置了3名官
員，以之分掌省最高行政長官之權。這3名官員就是承宣布政使、提
刑按察使和都指揮使（the Provincial Administrator, the Provincial
Surveillance Officer, the Regional Military Commissioner）。前兩者職責
區別並不十分明顯，雖然布政使被認爲是法律頒布者，在布政司履行
自己的職責，而提刑按察使在某種程度上像一個巡迴判案的法官。布
政使負責執行日常事務；提刑按察使負責緩解民怨，並偶爾對法律作
修正。在重要事務上，這3名官員相互協商，並向六部、五軍都督府
和都察院報告[8]。

　　官僚體制一旦建立起來之後，沿襲日久，從未有人設法對之進行
改革。即使發現缺點時，也只是進行細小的修補，如此一來，政府的
上層建築至少在表面看來從未有什麼變化。建立這種官僚體制，可以
藉由指定擔任符合政府組織表的職務，並規定他們實際的職責範圍，

6　Charles O. Hucker, "Governmental Organization of the Ming Dynasty," p. 6.
7　〔明〕歸有光，《震川先生集》（上海：中華書局，1936，四部叢刊本）卷9，
　　〈送南京虎賁衛經歷鄭君之任序〉，頁16a-16b。
8　楊子六，《中國歷代地方行政區劃》（台北：中華文化出版事業委員會，
　　1957），頁298。

而此職責同前者並無任何聯繫。舉一個實例，可以幫助說明此點。戶部，按照字面意思，是人口部。其內設機構，根據13個行省而分設13個司。涉及兩個行省以上之間的事務，如鹽稅收入、內河航運稅收和政府契約等等，雖然未規定由何司職掌，但任意地分派給幾個部門。這種設計消除了一個部內同時按照地理疆界和職能需要組織各司的可能性。在15世紀，有一名在戶部供職的小官員，他最初分派到南京戶部陝西司任職，但他實際上負責駐紮在南京附近衛所的穀倉；接著，他雖然轉到北京戶部浙江司任職，但其實際職責是監督長城上的糧倉。隨後，他升官擔任貴州司員外郎，但同時，一道非正式命令要他駐紮在天津[9]。

是故，如果一省行政長官出缺，可以用這種方法進行補救：派出都察院左右副都御史，到不同省份擔任「巡撫」（Grand Coordiators）。一段來自非官方文獻的資料指出，起初，巡撫經常由六部侍郎擔任。只是在他們一再遭到地方官員反對之後，明廷才決定，他們在被派到各省省會之前，首先委任御史頭銜[10]。可以理解的是，由於擁有了監察的權力，明廷可以期待巡撫得到所管地方官員的敬重。是故，巡撫代天子巡狩，而無固定辦事機構[11]。或許，明廷從未打算永久地設置此職。明廷的整個設想是：即使設置巡撫這種臨時性的官職，也不能違反不能將權力集中在一人手中的原則。但在實際上，一旦被任命，巡撫就能把自己手中監察權轉變為執行權力，並成

9　唐順之，《荊川文集》(上海：商務印書館，1965，四部叢刊本)卷14，〈戶部郎中林君墓誌銘〉，頁21b。

10　陳洪謨，《治世餘聞》，收於《叢書集成》，第2822冊(上海：商務印書館，1936)，下篇卷1，頁3a。

11　Charles O. Hucker, "Government Organization of the Ming Dynasty," p. 41.

爲行政長官，卻無其名。

　　簡單說來，明政府傾向於在前台維持一套僵硬的外表，在後台進行重新調整和操作。雖然受限於實際情況，明廷盡力維持已經設置起來的官僚體制，甚至在某種程度上放棄某些官員的職能。是故，雖然增加了一些臨時性機構，但明廷從未設法對政府機構作定期性改組，總是維持著官僚體制表面的連續性。的確，此種政策產生了許多異常情況。在官僚體制中，存在著職責規定不明、職務斷裂、雙套中央政府機構、機構疊床架屋之類毛病。

　　不過，在漕運管理體制的開始階段，問題並不複雜。它在軍隊單獨的控制之下。漕河體系在建立之初，就被當作一項軍事工程。建立該體系，是爲了把糧食輸送到北方。在建立之前，沿著海岸線輸送糧食的人員，即是來自軍事常備單位。當漕運開通後，全部運輸隊就完全地移向內陸[12]。陳瑄擔任漕運總兵官後，管理、控制漕河地區達30年（1404-1433年）。他的個人影響和威望，毫無疑問地提高了漕運總兵官一職的重要地位[13]。

　　漕運重開，是在工部尙書宋禮計畫和監督管理下進行的。但是，漕運投入運行後不久，宋禮自己就離開了漕運舞臺。由於缺乏文職官員參加管理，陳瑄的權力就從軍事領域大爲擴充，延伸到民用和其他性質漕運的範圍內。在陳瑄的管理下，開鑿了新的渠道，建造了新的堤岸。另外，在河道沿線派駐勞役以維持漕運的命令，以及關於船隻

12　關於漕運體制早期階段的運作，可以參見星斌夫，〈明初の漕運について〉（上），《史學雜誌》，68：5（東京，1937），頁557-610；星斌夫，〈明初の漕運について〉（下），《史學雜誌》，68：6，頁720-768。Edwin O. Reischaucer對星斌夫的文章作了概括說明，見*Harvard Journal of Asiatic Studies*, 3.2(1938), pp. 183-185.

13　《明史》卷153。

通過水門和水閘的調節條例—這些明顯屬於文職官員的職能範圍，在陳瑄的統籌下發布和加強[14]。在1421年間，濟寧附近的水門和徐州附近的急流，由軍職官員管理[15]。這反映了當時軍事集團的主導地位[16]。

到了15世紀中葉，軍方逐漸失去領導權，文職官員的影響日益加強。在1439年，以濟寧爲分界線，漕河分爲兩段。南段由一名侍郎(Vice Minister)總理，北段由一名都察院副都御史管轄[17]。

在1450年間，明廷設置漕運總督一職。此職的地位實際上與漕運總兵官相等，兩者對於漕糧的運輸監督擁有同等的權力。明廷諭令甚至授權漕運總督監督從事漕運的高級軍官。在履行職責時，漕運總督要和漕運總兵官協調。不過，明廷並未劃分兩者的職責和職能[18]。

我們今天可以利用的文獻表明，在各種問題上，明廷同時向漕運總督和漕運總兵官下達聖旨[19]。同樣地，在上奏皇帝時，漕運總督要和漕運總兵官共同署名。起初，漕運總兵官的名字總是在漕運總督之

---

14 《明史》卷85，頁5-6；〔明〕潘季馴，〈遵旨議黃運兩河疏〉，收於〔清〕清高宗編，《明臣奏議》收於《叢書集成》，第913-922冊(上海：商務印書館，1935，據聚珍版叢書本排印)卷29，頁17a-17b。

15 〔清〕傅澤洪，《行水金鑑》卷165，〈官司〉，頁23a。

16 在明朝統治早期，軍職的地位高於文職。到明朝統治中期，軍職地位優越性讓位於文職。參見Charles O. Hucker, "Grernment Organization of the Ming Dynasty," p. 22.

17 《明史》卷85，頁7；〔清〕傅澤洪，《行水金鑑》卷165，〈官司〉，頁14a-14b。

18 關於漕運總督一職的設置，參見吳緝華的大作《明代海運及運河的研究》，頁114。星斌夫認爲，漕運總督負責處理漕運組織的外在事務，而漕運總兵官職掌內在事務。參見其大作《明代漕運の研究》(東京，1963)，頁114、140。但是，我們並未發現兩職之間存在此種職責區別。

19 這些文件可以在《明實錄》中找到。其中一些文件在〔明〕黃訓所編《皇明名臣經濟錄》(1551年刊本)中也可發現。《漕船志》在第六部分記載了這些文件。星斌夫和吳緝華在他們各自的著作中，也引用了這些文件。

前；但是隨著時間推移，署名順序經常顛倒過來。從所有事實中，我
們可以得出結論，該兩職設置之初，他們的地位應該是相等的。其中
的差別要視任職者的年紀和個人威望而定[20]。

　　在15世紀以後，漕運總兵官的地位明顯地為漕運總督超越。同
時，從事漕運的所謂軍役，也為普通的勞役所取代。軍事性質的降低
是清楚的且明顯的。當倭寇搶劫長江下游地區時，甚至由漕運總督負
責軍務，從而進一步降低了漕運總兵官的威望和地位。結果，漕運總
督一職在接下來的時間裡，同時負責兩項職能，即「提督軍務兼理
海防」。有一些資料指出，提督軍務兼理海防一職的設置，始於
1561年[21]。不過，《明實錄》中至少有一處記載指出，早在1523年就
俞諫就擔任漕運總督，同時提督山東、河南、北直隸和南直隸等省
軍務[22]。然而，直到1561年，提督軍務的職能才可能永久地劃給漕運
總督職掌。

　　在這段時間內，現有的軍事建制太過敗壞，以至於漕運總督在組
織區域防禦時，不得不依靠輔助性軍隊和新募士兵。在一些情況下，

20　嚴格說來，根據官品，漕運總兵官應該位於漕運總督之上，因為前者的實
　　際官品不是正一品、從一品，就是正二品，而後者或者是正二品，正三
　　品，或者是正四品。不過，這種高下之分常常被忽視。《罪惟錄》中提
　　到，擔任漕運總兵官的爵位為「伯」或高於伯時，他的座位在左，或者說
　　在年長者方位。參看〔清〕查繼佐，《罪惟錄》(上海：商務印書館，
　　1936，四部叢刊本)卷27，頁70a。然而，龍文彬在他的《明會要》中指
　　出，儘管如此，在明朝統治後期，漕運總兵官的地位總是從屬於漕運總
　　督。前者向後者彙報時，要敬禮，甚至叩頭。參看〔清〕龍文彬，《明會
　　要》(北京：中華書局，1956)卷2，頁754。
21　《明史》卷73，頁6中指出，在1557年，明廷單獨設置了負責軍務的「巡
　　撫」。在1561年，明廷廢除了此職，其職能由漕運總督負責。關於此點，
　　還可參見〔清〕顧炎武，《天下郡國利病書》卷11，頁24。
22　《明世宗實錄》卷23，嘉靖二年二月壬辰條，頁12b。

甚至尋求鹽業走私者——他們類似於西方世界的海盜——的幫助[23]。
這或許可以解釋爲什麼要在常規軍事組織之外設置新型職務的原因。
更進一步來說,在1551年到1566年間,至少有4名兵部侍郎受命擔任
漕運總督一職。另外一名兵部侍郎雖然未擔任漕運總督,但是他受命
巡撫漕運[24]。地區防務在他們領導之下是不全然缺乏軍事專業特長。

可以說,漕運總兵官所起角色只是漕運總督的一個小夥伴,其職
責是每年在徐州處理漕船運輸[25]。然而,雖然這個職務是多餘的,明
廷亦如此認爲;但是,僅僅是由於傳統,漕運總兵官得到繼續設置。
直到1621年,或者說,直到明朝本身崩潰前不到25年,才被廢止[26]。

今天,我們至少在兩本可以利用的文獻中發現完整的歷任漕運總
督名單。王世貞在其《弇山堂別集》列出了71名漕運總督的名字,他
們的任職期間爲從1451年到1575年[27]。《淮安府新志》所列名單與此差
不多,此外還包括了建文帝在位期間的24名漕運總督的名字[28]。從《明
史》中,我們還可以發現另外4名官員的名字,他們也受命擔任漕運總
督[29]。這樣,從1451年到1644年,總共任命了99名漕運總督[30],他們的

---

23 《明史》卷199,頁18-19;《明史》卷205,頁18-19。
24 李遂是侍郎,同時擔任巡撫,但是未擔任漕運總督。參見《明史》卷205。
25 〔明〕申時行等編,《大明會典》卷27,頁11。
26 《明熹宗實錄》卷6,天啓元年二月戊申條,頁6a-6b。
27 〔明〕王世貞,《弇山堂別集》(1590年刻本)卷61,頁1a-9a。
28 〔天啓〕《淮安府新志》(美國國會圖書館縮微膠捲第348號,1648年初刻本)卷4。
29 《明史》卷260,頁22;《明史》卷274,頁2;《明史》卷276,頁19。
30 任何一份有關文獻都不可避免存在著錯誤。《弇山堂別集》所列漕運總督中有4人的名字,在《淮安府新志》中就沒有。而《明史》中所列,有1名在《明實錄》中就沒有。有4名漕運總督的名字,在不同的文獻中都出現。至於歷任漕運總督的任期,《明史》和《明實錄》的記載,出入較大。同樣,呂兆熊作爲漕運總督,寫了一篇文章,說他自己是第86任。依此推

平均任期將近2年。如果把由於一系列原因，如奔喪、生病、退休、特殊改任和免職等而導致任期中斷這一因素考慮進去，那麼這種平均任期看起來同文官三年輪換的政策是一致的。

在《弇山堂別集》所列70名漕運總督中，全部是科舉考試出身。前兩名漕運總督，即王竑（1451年受命擔任）和陳泰（1464年任職），是舉人出身。名單中所列的其他68人，無一例外皆是進士出身。雖然這些人的資料並不詳細，但是，根據官員任免制度逐漸緊縮的情況來看，任何未通過舉人以上的科舉考試者，能否期望擔任漕運總督，是值得懷疑的。

漕運總督有御史的實際職位。按照慣例，他是右副都御史。在一些情況下，他是由較低的級別，如左僉都御史擔任。只有在一些罕見的狀況，才可以由高一級的御史，如右都御史擔任。

漕運總督一職出缺時，就由吏部從候選人中任命。通常，吏部要呈上兩名候選人，由皇帝選擇。吏部在此任命上所有著相當大的影響。這可以從一個事例中看到：在1524年，皇帝駁回兩名候選人名單，要求吏部另提不同的推薦後；吏部雖另提了一份名單，其中將先前名單上出現的一名候選人，仍再次出現在新的名單上。到此時，皇帝讓步了，任命吏部明確建議的官員擔任漕運總督[31]。

在擔任漕運總督之前，候選人的官職通常是各部侍郎。他們受命擔任漕運總督後，保持原有職務的情況並非不尋常。有一些人甚至擔任尚書，同時署理漕運總督。在這些人中，陶琰（1510年任漕運總督）和楊一鵬（1633年任職）是戶部尚書，高友璣（1527年任職）和吳桂芳

(續)————

　　斷，漕運總督人數總共只有94名。〔清〕顧炎武，《天下郡國利病書》在
　　卷11，頁24中收錄了呂兆熊的這篇文章。

31　《明世宗實錄》卷45，嘉靖三年十一月庚午條，頁5b。

（1575年任職）是工部尚書，凌雲翼是兵部尚書。在那些署理漕運總督同時又官任侍郎的人中，應檟（1551年任職）、吳鵬（1553年任職）、鄭曉（1553年任職）和張翰（1566年任職），都是兵部侍郎；絡顯（1551年任職）、王廷（1562年任職）、趙孔昭（1569年任職）、王紀（1617年任職）、史可法（1639年任職），都是戶部侍郎；姚莫（1524年任職）和劉東星（1598年任職）都是工部侍郎。

一般認為，漕運總督的官品低於尚書。然而，由於是皇帝任命的，漕運總督履行職務時與尚書是處於同一地位。他向尚書行文時，用「咨」，而不是「呈」。事實上，他們之間的直接聯繫非常少，通常只是一些例行公事或微不足道的問題。至於任何事體甚大的問題，通常要直接上奏皇上，向皇上提出建議；在皇帝採納後，直接下旨給那些被認為是合適的官員去執行[32]。

漕運總督一職設置伊始，就承擔起地方性職責[33]。在1450年此職開始設置時，就同時擔任巡撫。但是，他所負責巡察的地區，絕不是明確的運河地帶。這一地帶由位於長江以北的7個府以及轄下的縣所組成。雖然這些府縣包括漕河穿越的揚州、淮安和徐州，但是其餘府縣與大運河體系並無直接的聯繫。讓問題變得更為複雜的是，七個府的其中一個是鳳陽——明王朝建立者的出生地。由於皇帝的祖墳就在當地，其安全問題非常重要，漕運總督通常十分注意。有名漕運總督被永久罷職，不得再入仕途；另一名則被砍頭，因為他們任職期間，皇陵有一次被洪水淹沒，另一次，皇陵聖祠被造反者放火焚燒[34]。

在許多時期，明廷設法免除漕運總督的地方性職責，為此另外設

32　參見本章註腳18。
33　《明史》卷177，頁9。
34　《明史》卷218，頁11；《明史》卷260，頁23。

置了巡撫。在1472-1473年、1513-1517年和1557-1561年幾個時期，明廷任命不同的官員擔任此職[35]。很明顯地，此種制度的實行並不令人滿意，因而除了上述的極短時間外，漕運總督仍然同時兼任巡撫。

在理論上，漕運總督在地方上並無辦公處所。但是，工部在臨清、濟寧、徐州、揚州、夏鎮、南旺和清江浦設有分支機構，負責官員由工部尚書任命，三年一任。在他們的任期內，要秉承漕運總督的命令行事，工部尚書反而對他們沒有什麼控制[36]。在一定範圍內，他們作為漕運總督的地方代表。

上述制度在永久地設置負責黃河的河道總督後被極大地推翻了。在1471年以前，對黃河的治理，明廷不時需要任命一名重要的地方官員前往負責。有時這名官員來自內閣，但其任期短暫。在1471年，對王恕的任命是第一次將河道總督一職制度化[37]。由於黃河河段部分併入漕河系統，對前者的管理，不可避免地要涉及後者。更糟糕的是，在大多數情況下，皇帝的欽命相當模稜兩可地表達[38]。漕運總督和河道總督旗鼓相當，職能競爭，職責分裂。有時，當兩人吵得不可開交，明廷不得不免去一人職務，以平靜另一人。即使是明代時人，也

35　《明史》卷73，頁6；〔明〕王世貞，《弇山堂別集》卷61，頁8。後者所列時期有幾個，即1472年到1473年，1518年到1521年，1557年到1561年。

36　〔明〕何士晉，《工部廠庫須知》（北京：中央圖書館，1947，玄覽堂叢書本）卷9；〔清〕顧炎武，《天下郡國利病書》卷15，頁31-32。也可參看〔明〕周之龍，《漕河一覕》（美國國會圖書館縮微膠捲第582號，1609年初刻本）卷7。

37　岑仲勉，《黃河變遷史》，頁512-513。

38　〔清〕傅澤洪在《行水金鑑》卷165，頁14-15中，概括了欽命情況。《明孝宗實錄》卷72，弘治六年二月丁巳條，頁6a-6b中，收錄了1493年對劉大夏的類似欽命。

抨擊批評了兩者之間的混亂[39]。

　　在今天看來，可以說漕運總督的職務是相互矛盾的網絡。漕運總督雖然屬於地方的行政官員；但是如同其他巡撫一樣，他們擁有公眾默認的執行權。在傳統上，漕運總督可以像省行政長官一樣行使權力，但明廷絕對沒有正式賦予他這種權力。他所負責的區域，並不全是漕河地區，而是半段漕河(其中包括入口處和重要水門和水閘)。漕運總督主持各部在漕河沿線的分支機構。這些分支機構的主事者必須接受他的管理，人事上卻不是他正式的職員，他不能任命，也不能免除他們的職務。他名義上雖然屬於都察院成員，但是在擔任漕運總督期間，根本很難行使監察權力[40]。具有諷刺意義的是，他經常成爲監察系統中活躍的成員——給事中與朝議大夫[41](按：這裡是說監察系統，不是都察院，所以應該是給事中跟朝議大夫而不是譯者註腳的說明)——的批評目標。而有時，這些指控瑣碎而膚淺。漕運總督還有軍事職責，但是在他對面，無所事事地坐著一位來自軍事機關的對應

39　關於漕運總督和河道總督兩者之間的職責混亂(原文爲disoutes，無此詞。按照正文意思，指的是混亂。——譯者)，可參見《明史》卷223，頁13和〔明〕焦竑《國朝獻徵錄》卷59，〈贈太子少保工部尚書兼都察院右副都御史吳公桂芳行狀〉，頁85a；卷59，〈工部尚書兼都察院右副都御史晉川劉公東星行狀〉，頁104a。也可參看〔清〕傅澤洪，《行水金鑑》卷165，頁9a-15a；〔明〕孫承澤，《春明夢餘錄》卷37，頁6b-7a。

40　關於都察院的組織和職能，參看Charles O. Hucker, "Confucianism and the Chinese Censorate System," *Confucianismin Action*, ed. Nivison & Wright (Stanford, 1959), pp. 182-208.

41　原文爲 the Supervising Secretaries and Grand Remonstrants。按明制，都察院設左右都御史、左右副都御史、左右僉都御史及浙江、江西等十三道監察御史共110人。前面已經提到的右副都御史、左僉都御史和右都御史，原文分別爲Junior Associate Chief Censor、Senior Associate Chief Censor和Junior Chief Censor。這裡的the Supervising Secretaries and Grand Remonstrants不知所指到底是何官職，只好直譯。——譯者

人，其官品還通常較高。

　　既然漕運總督一職的職責沒有清楚地規定，漕運總督擔任者便有機會顯示自己的個人特質。既然此職的職掌五花八門，這就需要任職者的才能全面，能夠發揮自己的創造力。事實證明，作為一個群體來看，擔任此職者，都是一些精力充沛、處理果斷的官員。首任者王竑，未經明廷批准，就打開徐州糧倉，賑濟洪災[42]。大約12名的漕運總督，在軍事活動中展現其才能。其他的總督，為修建漕河作出重大貢獻而被記載，為世人稱道。還有一些任職者，因沉著地處理有權勢的宦官——當時一種值得注意的特殊人物——勢力而揚名天下。在所有任職者中，最具有色彩的是李三才，擔任漕運總督一職長達12年（1599-1611年），據說，他對待國庫就像自己的家財一樣，隨便支取，慷慨分發。然而，無論是在他所管轄的百姓中還是在東林黨中，他都頗得人心。當他想辭官時，包括都察院御史在內的同事，一致請求皇帝下令他繼續留任。他提出辭職不少於15次。在萬曆帝還未答覆時，他在沒受到批准的情況下離開了[43]。

　　在明代後期，除了滿族人控制的地區外，漕運總督可能是京師之外所有地區最有影響的官職。它是明朝官員仕途生涯中最重要的踏板。我們可以發現，事實上，在99名漕運總督中，有32名隨後成為內閣成員。當考慮到明代內閣職位經常被勢力強大的人物長時期獨占，這個紀錄就值得注意[44]。

42　《明史》卷177，頁9-10；〔明〕唐龍，《漁石集》卷1，〈遺愛祠記〉，頁25a-25b。

43　《明史》卷231，頁4；卷232，頁8-9；〔清〕谷應泰，《明史紀事本末》（上海：商務印書館，1934，萬有文庫本影印）卷10，頁8-9。

44　關於7名尚書的任職期限表，參看〔清〕龍文彬，《明會要》卷2，頁810-812；《明史》卷111。

　　與漕運總督一職相比，負責漕軍的漕運總兵官所任角色並不重要。此職並非被覷覦，對軍事官僚來說，是可以達到的最高級別駐外官職之一。不過，由於軍隊集團的地位總體上下降，致使這一度令人相當注意的官職不再引人注目。雖然此職到1621年才廢除，但我們僅找到1589年前的任職人員名單[45]。在185年裡，提到的任職者只有29人。他們的平均任期為6年又4個月；這種情況又一次背離了文官服務制度的常規——一種實行更嚴格的輪換政策的制度。在這29名漕運總兵官中，顧仕隆(1511年任職)和顧寰(1538年任職)是父子倆。陳瑄是1404年任職的首任漕運總兵官，而陳銳(1464年任職)、陳熊(1508年任職)和陳王謨(1577年任職)，分別是陳瑄的第四代、第五代和第七代後裔。這種從同一個家庭任命，很明顯是由於軍事系統中世襲制度的影響，而這在文官服務制度中是前所未聞的。

　　與漕運總督一樣，漕運總兵官同時享有多種頭銜。但是，這樣的頭銜本質上是名譽性的。無論什麼時候，都找不到證據證明漕軍是他統率下的軍隊建制。雖然漕軍淵源於分布全國的衛所軍隊，但屬於獨立的軍隊組織。即使沿著漕河每年來回時，他們也從未免除保護漕河渠道的一般職責。在1499年、1528年和1535年，明廷多次下令指示，負責漕軍運輸的官員，必須是那些漕運當局所要求的人物；如無適當理由，衛所軍隊不應該豁免或轉換職責[46]。如果這樣的指示必須簽發，那麼就由原先衛所的長官來進行，而不是與軍隊較密切的聯繫的漕運總兵官的職責。

　　的確，漕運總兵官根本不可能有效地控制軍隊。漕軍在漕河上不

45　〔天啓〕《淮安府新志》中收錄了任職者名單。
46　〔明〕申時行等編，《大明會典》卷27，頁788-789。

停地護衛著漕糧,而漕運總兵官不能隨便離開住所。無論是在出發地還是目的地,漕軍和漕運總兵官之間並無什麼聯繫。在明王朝統治史上,負責運輸的漕軍有好幾次因戰鬥的任務而動員。在1449年間,當北京受到蒙古族部落威脅時,整個漕軍都被召集以保衛京師[47]。在1511年,為了防備漕河沿線的叛亂,兵部下令每艘漕船派出一名士兵,獨立於原建制之外,組成新的戰鬥單位。這樣,就從這些士兵中組織起一支執行特殊任務的力量,護衛運河地區[48]。在1555年,由漕運總督張經的率領下,一些漕軍被動員,與倭寇作戰[49]。但奇怪的是,在上述事例中,漕運總兵官都未積極參與其中。在這般情況下,漕運總兵官最多能做的,不過是處理漕河沿線一些雜七雜八的漕糧運輸事務。在17世紀,即使是瑣碎的事情,漕軍也越過漕運總兵官,直接向漕運總督報告[50]。

除了與吏部協商漕運總兵官人選之外,兵部對漕運管理不能產生什麼影響。有關職掌漕糧運輸官員的升遷、降職和資深官員轉任他職之類事務,涉及的則是戶部[51]。

南京兵部所起作用則較為積極。該機構保持著相當數量、以「馬船」和「快船」而著稱的船隻[52]。馬船最初供部落、屬國進貢使者乘坐到西南,總共有817艘,雇用20,360名水手。快船被設計出來為水

---

47 《明史》卷79和卷170。

48 《明史》卷182,頁2。

49 《明史》卷205,頁7。

50 這些瑣碎事情,正如〔明〕周之龍《漕河一覷》收錄的一些文件中所表明。(但是,目前美國國會圖書館縮微膠捲是根據散裝原件製成的,頁碼排列不正確。)

51 〔明〕申時行等編,《大明會典》卷27,頁789。

52 〔明〕申時行等編,《大明會典》卷200,頁4003。

師部隊提供後勤支援，雖然在明代後期，其數量大幅度減少，但是根
據各種文獻的記載，總數在750艘到958艘之間[53]。漕運誕生後，無論
是馬船還是快船，都被用於宮廷服務，爲宮廷運輸物資和生活用品。
負責馬船和快船的士兵，則來自南京附近的幾個衛所；而南京兵部車
駕司則負責派遣他們。

此外，工部也擁有30到60艘稱爲「黃船」的船隻。黃船爲供皇帝
使用而準備，但在大多數時間裡，也常被用來運輸貢品。它們不同於
兵部管理的船隻，因爲它們所運輸的物品，諸如龍袍，通常供皇帝個
人享用。(參見附圖對黃船的描述)

由於多達12,000艘的船隻用於運輸漕糧，另外有2,000艘用於運輸
各種各樣的物品，如何維持這些船隻，便是一大難題。從船板的使用
來看，船隻的平均使用年齡爲5到10年[54]。這樣，每年需要填補進大
約2,000艘新船。爲了打造新船，工部在臨清、南京和清江浦，各自
建立了一個船塢。在宣德皇帝在位期間，由衛所調遣分布在長江以南
的船隻，規定就地打造；上面提到的三大船塢限於打造漕河體系和沿
線船隻[55]。在1524年，臨清船塢關閉，而其打造船隻的任務轉給清江
浦船塢，因爲後者獲取原料較爲簡單[56]。在1600年以後，南京船塢只
打造戰船以及兵部管轄下的船隻。至於爲漕糧船隊打造船隻的任務，
也同樣由清江浦船塢負責[57]。

53 〔明〕李昭祥，《龍江船廠志》(北京：中央圖書館，1947，玄覽堂叢書本)卷
  1，頁5a；卷1，頁13a-15b；卷2，頁34a-34b。有關這些性質船隻的管理，參
  見〔明〕祁承爜，《南京車駕司職掌》(上海：商務印書館，1934)。
54 《明史》卷79，頁8；〔明〕李昭祥，《龍江船廠志》卷1，頁5a。
55 〔明〕席書，《漕船志》(上海：1941，玄覽堂叢書本)卷1，頁3。
56 〔明〕席書，《漕船志》卷1，頁4；卷4，頁26-27。
57 〔清〕顧炎武，《天下郡國利病書》，卷8，頁47-48。

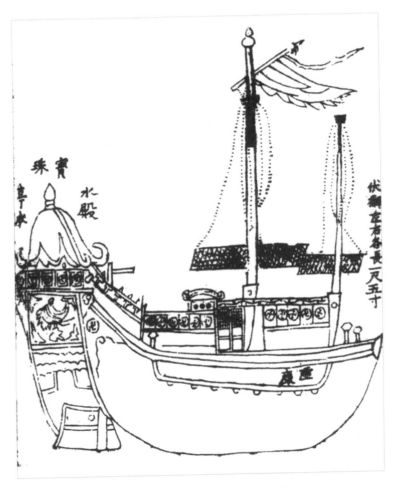

黃船模型(轉引自《龍江船廠志》)

說明：原圖的標題說，黃船的橫梁有15英尺。這看來同《天工開物》中所說
大多數水閘寬12英尺是矛盾的(參見本文第四章注24)。但是，《古今圖書集
成》在第63冊頁57中清楚地指出，黃船停泊在位於北京附近的香河縣。很有
可能，這兩部著作所用的尺度標準是不同的。

　　在這期間，政府所擁有的造船設備分散在不同地方。運輸漕糧的船隻，由安慶、蘇州、北新關、九江、樟樹鎮和饒州等地船廠打造[58]。但是，這些地方沒有一個能在規模上同清江浦船塢相比。很多當時有關船塢的文獻得到保留下來。有些關於船塢組織的部分，對此領域的學者來說或許特別感興趣，因為它們提供了許多關於下層官僚體制如何運作的內幕資料[59]。

　　船塢管理由清江浦工部分司郎中(the director)負責。郎中要履行的職責有幾項，他必須維持其轄下的河道暢通。黃河上5座水閘的運作也是他的責任。但是，打造運輸漕糧的船隻是他最主要的職責。

　　為了收集打造船隻的材料，明政府在清江浦設有檢查站。它攔阻所有過往的私有船隻，以實物徵收打造船隻原料的貨物稅，這些實物包括木材、竹子、鑄鐵、石灰、麻、煤和桐油。至於這些實物以外其他物品，則以不同的方式進行分類，由淮安府負責徵收通行稅。雖然戶部在淮安設有自己的機構，但是與通行稅的徵收並無關係[60]。

　　檢查站由有關各方共同管理，淮安府派一名官員作為其代表負責，清江浦工部分司郎中派一名官員作為助手參與負責。由於該郎中只有一個基本人員，所以小官員和職員由淮安府提供，而衛兵和勤雜工由山陽縣從一般勞役中提供[61]。檢查站全部職員大大超過了100名，工部所派的代理人僅僅只有3名官員。

　　無論是檢查站徵收的實物通行稅，還是淮安府徵收的其他貨物通

58　〔明〕申時行等編，《大明會典》卷27，頁813；〔清〕席書，《漕船志》卷6，頁29-30。

59　這一材料主要是根據《漕船志》和《漕河一覕》而得出的。

60　〔清〕顧炎武，《天下郡國利病書》卷11，頁43-44。

61　〔明〕席書，《漕船志》卷4，頁9；卷5，頁12。

行稅，均受到漕運總督嚴密地監督。收據和帳簿由他簽發，所有的紀錄都壓上他的官印。所得收入則由淮安府通判負責保存，分配用來打造船隻的資金同樣由他經手，從來不直接交給造船廠[62]。

　　僅在這種制度建立後不久，實物徵收就為錢幣徵收所取代。由於所得收入仍滿足不了需要，明政府不得不從其他檢查站收集額外資金[63]。清江浦工部分司郎中從各種管道負責收集資金，購買木材和其他必需原料，然後分發到他監督管理下的各單位。編組工人，分到各船塢亦是他的責任。這些工人，不是勞役，就是被雇用前來代替服役的。

　　當然，船塢沒有一個類似裝配線的生產設備；廠房甚至並不集中建造。它的場地，由幾塊長地構成，雖然長2.5到3英里，但僅有30碼寬。每塊長地，都被分成小塊，供各個單位使用，這些單位各自所需房屋由自己解決[64]。有82個衛需要建造船隻，與此相應，總共就有82個單位。指揮這些單位的通常是一名軍官的臨時性職責。他來自各衛，級別相當於百戶長[65]。

　　船塢布局清楚地表明，船塢坐落在水邊，各個單位作為其「半自給」的組成部分而工作，每個部分或許包括下水設備和停泊設備。船塢工作人員來自行政官僚的兩個部門。上層管理人員來自文官系統，而下層工作人員來自軍事系統。在16世紀80年代後，已經組成四大集團的82個單位，重新組成為兩大部分。4名軍事指揮官由2名文官所取

62　〔明〕周之龍，《漕河一覕》卷7；〔明〕席書，《漕船志》卷4，頁9。
63　參見第四章註腳89和90。
64　〔明〕席書，《漕船志》卷1，頁5-9。
65　〔明〕席書，《漕船志》卷1，頁4-8；卷5，頁6。

代。是故,進入了由文官支配的時代[66]。

由於能夠控制的人員很少,要監督管理的船塢的範圍又相當大,因此清江浦工部分司郎中不太可能把每個運作的細節都處理得恰當。然而,在成化年間,如果該郎中必須爲其打造的船隻不斷出現交通事故,而原因又明顯地是由於原料不完全、工藝出差錯負責[67]。毫無疑問,維持適當的技術水平是他的責任。然而在明王朝統治日漸衰弱的時期裡,資金不足,嚴格的技術水準不能再加強,所有細節又是由各個單位來處理。

這裡引起我們注意的是,儘管明代官僚體制被嚴格地劃分爲幾部分——文官系統和軍事系統之間,京官和地方官之間,行政官員和朝廷特派官員(commissionary)之間,顯而易見地存在著不可跨越的鴻溝;然而下層官僚體制,比如我們上面提到的分支機構,卻表現出足夠的靈活性,使各個機構能夠和諧地運作起來。來自各個對立系統的官吏能夠組織在一起,官方文書不必經過不必要的渠道而暢通無阻,資金和材料無阻地從這個管道流動到另個管道。關於這一點,我們不禁要問:爲什麼明代官員不在事實上接受這樣最後的組織體系呢?爲什麼不把分散的機構組成一套完整的漕運體以完全地避免附屬設置和派遣呢?毫無疑問,官員的心理盤算仍然是最重要因素。這種自主性因素的出現,就會傾覆政府機構設置的前景。單單是這個因素,就可能是充分的理由拒絕改革政府的計畫。從實際看法的角度考慮,明代官員的確認爲他們維持現存組織體制是情有可原的。官僚體制太過於龐大,以至於難以用一套面面俱到的全面性

---

66 〔明〕孫承澤,《春明夢餘錄》卷37,頁12a-12b;〔清〕顧炎武,《天下郡國利病書》卷11,頁12。

67 〔明〕孫承澤,《春明夢餘錄》卷37,頁11a。

架構管理，特別是考慮到當時不發達的通訊。某種程度的垂直分配
是必要的。為了達到某種類似權力分割的目的，設置了相互競爭的
管道和網路。但是在實際運作層面，這種壁壘分明的分割難以存
在。因此，為了滿足地方需要，來自不同系統的有關人員，不得不
與它們原先組織分離，再一起整合成新的機構。其結果是，工作程
序並非建立於組織圖而是在非正式的約定與理解上建立。其他工部
所設分支機構，除了臨清分司也經營磚廠(其運作與漕河管理沒有什麼
關係)[68]、揚州分司在進入漕河處徵稅外[69]，其組織情況並不怎麼複
雜。

　　對漕河河道的維修，由勞役來承擔。管理勞役者是所謂的「老
人」[70]。管理老人的，是判官和主簿。這些官員中，有一些清楚地被
指明擔任管河通判和管河主簿。

　　在有關整治水利的事務方面，這些官員要聽從清江浦工部分司的
安排[71]。這展現了另一種事例，反映了河道管理從現存模式中分離出
來了，跨越了不同體系之間的界限。

　　還有一名官員——漕運理刑主事——也在漕運總督領導下工作。
雖然該官員由刑部任命，三年一任，但是明確規定在處理民事和刑事
案件時，他必須聽從漕運總督的指示[72]。

　　戶部對漕運管理的興趣，主要在兩大方面：漕糧是國家收入的一

68　〔清〕顧炎武，《天下郡國利病書》卷16，頁13-14。
69　〔清〕顧炎武，《天下郡國利病書》卷12，頁6。
70　關於「老人」，可以參看岑仲勉，《黃河變遷史》，頁513的註腳。
71　〔清〕顧炎武，《天下郡國利病書》卷15，頁37；〔清〕傅澤洪，《行水金
　　鑑》卷165。
72　〔明〕申時行等編，《大明會典》卷27，頁783；頁817。也可參看〔明〕唐
　　龍，《漁石集》卷3，〈清議篇〉，頁19a-19b。

大部分，沿著河道徵收通行費是另一大重要部分。漕糧無須什麼計畫，它或多或少遵循常規辦理即可，因而無須多大的書面作業。在1590年以前，漕運總督每年秋季要在北京同九卿討論下一個財政年度的營運[73]。這一會面還可省略許多在外聯繫。但是，由於不明的原因，這種會議在之後的時代沒有舉行。

戶部自己對漕糧關心的主要原因，是其爲漕糧的接受者。事實上，戶部設置了許多糧倉，統計有多少漕糧輸入。由一名戶部侍郎，有時甚至由戶部尚書本人，負責管理位於北京及其附近的糧倉。倉場侍郎的辦公場所由於並不在戶部裡，因而他擁有很大的自主權行使職責[74]。由戶部管理的其他糧倉，分布在臨清、德州、徐州和淮安。在明王朝統治後期，天津也有糧倉。

運河通行費既不同於工部所負責徵收的貨物稅，也不同於地方政府代表中央政府所負責徵收的貨物稅。通行費費率，根據船頭的寬度而定，因爲在運河上來往的船隻都是方形的。同設在港口徵收通行稅的400餘收稅站相比，明王朝在不同時期，設置在內河和運河上的收稅站數目不等，大致爲7到12個。這種收稅站爲7個時，其中4個設在我們正在討論的漕河上，另外2個坐落在長江以南的運河上。爲12個時，有6個分布在漕河上；另外還有1個位置儘管不在漕河上，但具有戰略性，因而毫無疑問地，其收稅也影響了漕河交通。我們可以說，在明王朝統治的整個時期裡，運河體系所設定的徵稅口岸，比中國其他任何地方都要多[75]。

---

73 《明史》卷79，頁9；〔清〕顧炎武，《天下郡國利病書》卷11，頁12。

74 《明史》卷72，頁16。

75 關於這一時期稅收徵收詳細情況，參見《明史》卷81，頁17；〔明〕申時行等編，《大明會典》卷35。關於淮安府稅收徵收的個案情況，參見〔清〕顧

　　受命管理糧倉和徵稅的官員，任期通常只有1年。根據當時官員的看法，任期之所以這麼短，是爲了防止個人利益的漸增，而不可避免地導致貪污發生[76]。

　　大致來說，都察院對漕運管理體制的總體運作，尤其是對貢糧管理，進行了細密的詳察。都察院的成員，通常作爲「督倉御史」和「儧運御史」而被派到漕河上。雖然沒有明確規定他們的職責，但是，他們似乎積極地參與漕運管理。在1610年，戶部尚書李汝華在提交的一份請求摺中就抱怨說，由於還未任命督倉御史，致使接踵而來的船隊不能卸貨，造成漕河末端的船隻擁擠不堪[77]。大體而言，在明王朝統治後期，特別是在萬曆帝在位期間，這些監察御史逐漸擴大了手中的權力。他們不僅有權監察日常行政事務，而且對政策的制定擁有發言權[78]。

　　在以上的概述中，我們還未討論宦官的情況，而他們的影響絕不能忽視。總體而言，明代皇帝把宦官當作一種必要之惡；雖然他們惡名昭彰的性格眾所周知，卻離不開他們的效勞。在明王朝統治的整個時期，文官經常與這些宮廷侍從對抗，而皇帝經常站在後者這一邊。宦官每一次獲勝，他們的權力就得到進一步加強，他們便更加傲慢自大[79]。導致這種結果的原因之一是：官僚體系對自己的成員堅持傳統

（續）─────────
　　　炎武，《天下郡國利病書》卷11，頁43-44。
76　關於內閣大學士應震於1614年陰曆二月初三日上奏萬曆皇帝的奏摺，
　　　參見〔明〕董其昌輯，《神廟留中奏疏彙要》（北京：燕京大學，1937）卷5。
77　〔明〕鹿善繼，《認眞草》收於《叢書集成》，第2451冊（上海：商務印書
　　　館，1936，據畿輔叢書本排印）卷6，頁65-66。
78　星斌夫，《明代漕運の研究》，頁137-140。
79　洪武皇帝和永樂皇帝都設法限制宮廷的宦官，但是他們倆都違背了自己的
　　　規定。崇禎帝雖然清楚地認識到相信並讓宦官處理國務必然產生惡果，但
　　　他在位後期，也嚴重地依靠宦官，授權他們監督軍事指揮官和文職官員。

的標準與原則，進行思想灌輸、吸收和維持。他們不願意與他人妥協，甚至為了維護信條而挑戰皇帝的權威。皇帝雖然總是能使自己的意志貫徹下去，但有時，只有在壓服儒家官員那所謂「效忠」的反對後，才能得到執行。藉由指派宦官擔任行政職務，皇帝才能全然避免這些麻煩[80]。當官僚和宦官兩大勢力進行鬥爭時，皇帝傾向於支持與自己密切接觸但無什麼原則的內侍。雖然在明朝統治日益崩潰時期，內侍被任命擔任各領域重要職位，但早在此前，就已經侵犯了官僚系統對公共事務的控制權。在1494年，有一份建議設置工部3個分司的上奏，就是由一名宦官、漕運總兵官和副都御史衙河道總督3人聯合署名的[81]。宦官李興，在二十四衙門[82]裡雖然只是正四品，但是在一份重要官文中，其名字列在一名大都督(a Military Commander，其官品為正一品)、一名副都御史(an Imperial Censor，其官品為正三品)名字之前，深刻地反映了李興享有的實際地位。我們之所以指出這樣的細節，是因為當時這些細小俗套有其意義。有人認為，早在1468年，宦官就積極插手國家糧倉事務[83]。正德皇帝在位期間，有55名宦官在漕糧運輸系統中工作[84]。

(續)

參見〔清〕谷應泰，《明史紀事本末》卷11，頁71、74。

80　還可參見Hucker, *Traditional Chinese State*, p. 56.

81　〔清〕顧炎武，《天下郡國利病書》卷15，頁31-32中收錄了此文件。也可參看《明史》卷15，頁5。

82　原文為the civil service。明代中央官制，分文官系統、武官系統和宦官系統。宦官系統即「二十四衙門」，因而the civil service應譯為「二十四衙門」。──譯者

83　〔清〕永瑢，《歷代職官表》(上海：中華書局，1936，據四部叢刊本影印)卷8。

84　《明史》卷194，頁5。

　　派遣宦官作爲欽差到各省辦事始於1598年[85]。運河沿線地區所受
影響尤爲嚴重。直到1620年召回他們時，在許多地方，他們個人的和
專斷的統治已經取代了原先文官統治的專門職能。在漕河管理系統
裡，他們左右了糧倉、補給倉庫、收稅站。不過在其他機構和系統，
比如造船系統、水利系統和處理貢糧的軍事單位，看起來仍然擁有相
當的自主權，仍未受到宦官的干涉。

85　《明史》卷81，頁20，以及卷305；〔清〕顧炎武，《天下郡國利病書》卷
　　12，頁6-7。

第四章

漕糧運輸

　　由於學位論文的性質和可以利用的資料種類，決定了我們在探討漕糧運輸時，既要避免嚴格的課題式討論，也要避免編年式的研究取徑。相反地，我們要設法把這兩種方法結合起來研究。當我們在概括漕運制度的基本設計時，需要設法探討其早期運作情況。此後，我們要探討漕軍組織的情況。這會是一種代表性的研究，但是我們的重點在於探討明代中葉運輸組織實際運作情況。在本章最後一部分裡，我們要探討北京糧倉是以何種方式撥付糧食的；與此同時，我們還要評價明代後期的漕運制度運作情況。這種時代分期絕不是嚴格的，必然有一定的交叉和重疊。但是，這反而可以使我們達到雙重目的——既可以對漕運作出大致敘述，又可以同時對此作出分析。

一、漕糧制度的發展

　　在明代，漕糧是土地稅制度不可分割的部分。在徵收土地稅時，明廷最初是按照如下規則行事的：首先，徵稅通常是以實物進行，只有在特別情況下才採取錢幣繳納形式。其次，通常稅收運交到明廷認為合適的地方保管；至於運輸費用，則由納稅人負責。再次，規定每府要徵收的總額。數量定好之後，只是偶爾作一些調整，稅額就永久

固定下來[1]。

在實施這一基本規則時，明政府作了一次大規模的人口普查，登記人口總數。居民一旦登記註冊後，未經官府批准，既不能隨意改換職業，又不能隨意遷移住所。他們的子嗣，也只能沿襲戶籍和父業[2]。就明王朝建立者來說，是將國家形塑成一個永久的模範。人民從事永恆不變的工作性質；政府則以固定的收入經營。

在明王朝統治早期，明廷規定用糧食來呈交土地稅，全國稅額總數接近2,950萬石。其中，大約1/5是小麥和大麥，於夏季徵收。其餘部分主要是稻米，於秋季徵收。除了徵收糧食外，明政府還要徵收絲綢、大麻、棉花和布匹等等[3]。

在理論上，2,950萬石永遠是最高限額。在整個明王朝統治時期，都不應該突破此限額。基本稅率經常下降，很少上升。在明王朝統治後半期，由於花費超過了收入，明政府徵收一些新稅，稱爲「附加稅」、「額外稅」，或「特別稅」。但是，明政府從未打算把這些新稅種永遠固定下來。

在2,950萬石中，有1,200萬石由地方政府支配，作爲官俸、行政費、撫恤金養老金之類、賑濟費、官府學校費和地方糧倉儲存費之

1　明政府雖似乎未正式頒布這些地方性法規，但是自始至終都在推行。關於土地稅以實物徵收的情況，參見《明史》卷78，頁1-3；《明會要》卷2，頁1010。關於運輸費由納稅人承擔的情況，參見《明律解附例》（1908年重印本）卷7，頁5-6；《明史》卷79，頁1。關於各州縣承擔稅額永久固定的情況，參見下列事例：揚州：218,896石。見〔清〕顧炎武，《天下郡國利病書》卷2，頁97；武進：正常徵收54,581石，額外徵收糧食25,102石，銀9,151兩。見〔明〕唐順之，《荊川文集》卷9，〈與李龍岡邑令〉，頁23b-24a。
2　《明史》卷77，頁2；卷77，頁5；韋慶遠，《明代黃冊制度》（北京：中華書局，1961），頁22。
3　《明史》卷82，頁18。

用 [4]。另外800萬石，主要在華北徵收，以供應駐守西北前線軍隊的軍糧 [5]。其餘不到1,000萬石的稅糧，可由中央政府利用。在從這1,000萬石支出128萬石給南京後 [6]，北京所得總數在820萬石左右。所謂漕糧，就是土地稅的一部分。除了這820萬石以及用錢幣交付稅額外，貢糧實際上移交到皇帝的糧倉。

納稅人到規定地點交稅的義務，始於1368年，即明王朝建立的這一年。在該年，明政府規定長江以南9府的人民呈交300萬石稅糧到河南，支持明軍在北方的作戰。後來，隨著軍事行動向北進一步延伸，明政府命令陝西、山西兩省居民同樣履行納糧義務 [7]。

明政府設置運輸組織始於1370年。許多軍船，由10,000名士兵駕駛，從淮河和長江入海口出發，沿著海岸向北航行，到達東北西南段。到14世紀末，每年沿著海岸航行運輸的糧食，達到700,000石。從事海運的士兵，逐漸增加到80,000名 [8]。

在永樂期間，北京首先成為明王朝的中心，接著成為全國的首都。明廷還發動幾次針對內蒙古游牧民族的懲罰性軍事行動。由於這兩個原因，南方供給的需求加遽。由軍隊承擔的海運仍在繼續，另外，明廷下令河南、山東和淮河地區的納稅人向北京提供糧食 [9]。構想漕運體系正是為了促進陸上交通。

在1415年間，明王朝開濬運河水道用於交通；船隻經越陸上水路

4 《明史》卷82，頁18。
5 《明史》卷214，頁6。
6 〔明〕黃光昇，《昭代典則》(1600年刊本)卷28，頁54b。
7 《明史》卷79，頁1。
8 〔明〕申時行等編，《大明會典》卷27，頁777。
9 《明史》卷79，頁1；〔明〕申時行等編，《大明會典》卷27，頁777。

運輸，海運不再繼續。送往北京的糧食，全部走內陸水路[10]。百姓把承擔的糧食運送到淮安，由軍隊運輸單位接收。徐州、德州和臨清是漕河上幾大運輸中間站，運來的糧食從這裡轉運到北京。明人稱此手續為「支運」[11]。

在1429年，明廷規定納稅人必須將稅糧進一步向北方運輸。只有來自江西、湖廣和浙江的轉運，與以前一樣在淮安卸貨。從長江中游府縣運來的稅糧，在徐州交卸。來自南京附近和長江以北府縣的稅糧，在臨清交卸。來自河南和山東兩省的稅糧，則在北京交卸[12]。

兩年後，負責漕軍運輸的漕運總兵官陳瑄上奏，大意是建議解除百姓長途奔波運輸的負擔和痛苦，在更有利於納稅人的地點交卸稅糧，由官軍來運輸。在明廷最終採納推行時，百姓的運輸負擔並沒有解除。只是到此時，明廷規定在正常稅額之外又徵收額外費用，以補助運輸的花費和損失。但是，那些自願運輸的納稅人，允許自己運輸。這種新手續，稱為「兌運」[13]。

「兌運」推行到1474年。是年，成化皇帝下旨規定，此後所有糧運任務由官軍承擔。直到此時，仍有700,000石糧食透過「支運」方式進行。官軍原地接收任務時，這700,000石糧食計畫以「改兌」方式運輸。之所以稱為「改兌」，是為了與軍隊在幾個省的不同口岸已經承擔運輸的糧食的「正兌」相區別[14]。「改兌」這種新政令規定實行

10 《明史》卷85，頁6；〔明〕申時行等編，《大明會典》卷27，頁778。

11 《明史》卷79，頁2；〔明〕申時行等編，《大明會典》卷27，頁778。

12 《明史》卷79，頁2；〔明〕申時行等編，《大明會典》卷27，頁778。

13 《明史》卷79，頁3；〔明〕申時行等編，《大明會典》卷27，頁779；《明宣宗實錄》卷80，宣德六年六月乙卯條，頁7b-8a。

14 瞿同祖在其大作 Local Government in China Uunder the Ching (Cambridge, Mass., 1962)中，把「正兌」稱為「直接的納貢」(direct tribute)，把「改

後，漕糧運輸就進入了「長運」時期。自此之後，除了短期被中斷外，「長運」一直推行到明王朝崩潰，未發生什麼變化[15]。

額外費的徵收情況非常複雜[16]。大體說來，其費率多少是根據運輸路程長短而定的。這看起來符合邏輯，但是，額外費不僅未清楚地規定同運輸量相加的百分比；相反，還被分成12個左右的不同項目進行徵收。比如，就渡過長江進行運輸的漕糧來說，增加了擺渡費；對從江西開始起運的漕糧來說，由於不得不渡過鄱陽湖，也徵收了類似的擺渡費。從某些地區運輸糧食，所需費用要少些；而在其他地區則不是。我們認為最不合理的是徵收的「正兌」額外費一般遠遠超過「改兌」額外費。部分原因在於，到1474年，漕河運輸環境已經改進

（續）

兌」稱為「間接的納貢」（indirect tribute）。他還指出，前者運到北京交卸，後者運到通州。參見上書，頁140。韓丁的見解與此相同。參見氏著：“The Grain Tribute System of the Ch'ing Dynasty,” *The Far Eastern Quarterly*, 11.3 (May 1952), p. 340. 這或許是清代官員採取的政策，但不是明代所確定的。在明王朝統治時期，無論是「正兌」，還是「改兌」，不是運到北京，就是運到通州。它們所建立的時期是不同的，而不是運往目的地不同。在1470年代之前，由官軍運輸單位負責運輸的漕糧，稱為「正兌」；到此後才由官軍接管承擔運輸的，才稱為「改兌」。按照規定，對後者徵收的額外費，比前者要少。關於此點，還可參見星斌夫，《明代漕運の研究》，頁64-68。

15　明廷規定推行「改兌」、終止「支運」的具體時間，不能確定。在當時的幾種文獻中，要麼說是1471年、1474年，或是1475年。見吳緝華，《明代海運及運河的研究》，頁127-128。很有可能的是，「改兌」開始推行時，只在幾個府縣進行，隨後才延伸到其他府縣。在這幾年裡，明廷還推翻了自己的命令，引起政策動搖不定。參見星斌夫，《明代漕運の研究》，頁66-67。本文根據當時大多數文獻的記載，把1474年當作分界線。即使在這年，「支運」也未完全終止。直到1507年，還有漕糧通過轉運方式進行。參見《明史》卷79，頁6。

16　關於額外費徵收的種類，參見〔明〕申時行等編，《大明會典》卷27，頁797。

了，並且已在儀眞裝上水門，運輸所需費用大幅度地減少了。是故，「改兌」額外費根據新比率而定；同時，「正兌」額外費徵收的高比率，由於已經推行了40多年，似乎沒有令人信服的理由將之降下來。更重要的是，程序上發生了變化。徵收「正兌」稅糧時，無論是以什麼容器徵收，都需讓糧食溢滿出來；而在徵收「改兌」糧食時，溢滿部分是要拿掉的。這些區別也影響到額外費的徵收。整個朝代這種不平等未曾消除，即使改用錢幣徵收後，也仍然如此。在16世紀50年代的揚州府，徵收1石「正兌」稅糧，納稅人要繳納1.73石；而徵收1石「改兌」稅糧，納稅人只需繳納1.27石。用錢幣繳納後，前者1石糧食兌換爲1.2兩銀子，後者僅僅爲0.7兩[17]。

最終，額外費經常徵收的變化幅度，在最重的「正兌」80%到最輕的「改兌」17%之間，這意味著土地稅的等級是不同的。由於明廷關心的僅是完成稅額的徵收，至於如何徵收則交由地方政府處理；如此一來，就爲各省官員及其附屬人員任意處理額外費徵收打開了方便之門。一位巡撫任意地命令一個縣的百姓根據「正兌」規模繳納土地稅，同時卻又可以命令另一個縣的百姓根據「改兌」來繳納。

幾個明代皇帝都設法減少和限制額外費。但是，根據當時的事證表明，他們的旨意並未得到全面執行，濫徵和過度徵收情況仍然持續[18]。到明王朝統治末期，高出基本稅額70%的情況在南方省份非常普遍。在蘇州府，一些額外費加起來是基本稅額的216%；不過，這

---

17 〔清〕顧炎武，《天下郡國利病書》卷12，頁95。《明史》卷79，頁5中記載道，在1492年後，從未超過1石糧食、1兩銀子的比率。這種情況只有在不考慮額外費的情況下才是事實。

18 《明史》卷78，頁3-4。

是一個極端的事例[19]。這種複雜情況，不僅在明代一直存在，而且爲清代所沿襲，繼承下來[20]。

漕糧制度也在其他層面影響了國家財政與土地稅收入。在1436年間，正統皇帝下旨創設了所謂「金花銀」。在福建、廣東和廣西等省徵收，由北京接收的土地稅；以及在南直隸、浙江、江西和湖廣等省一些特定府州徵收的土地稅，總數超過400萬石的稅額，規定永遠用錢幣繳納。以0.25兩銀子兌換1石糧食的統一稅率，此筆收入可得100萬兩銀子。「金花銀」一詞也因此出現了[21]。

粗略看來，金花銀似乎同漕糧和漕運並無什麼關係。但實際上，它們的關係非常地密切。在其他原因中，以主要採用錢幣繳納的原故是因無法將糧食節約地運到北京。政策制定者指出，漕糧出發地不是離京城太遠，就是不能經由內陸水路運輸。他們沒有提到是運輸的糧食的數量，在任何情況下都會超過漕河體系所能承受的運輸能力。關於此點，我們可從如下解釋：正如各種文獻資料中都提到，在漕河上從事運輸的船隻總數超過11,600艘[22]。在繁忙季節裡，如果這些船隻都來往於漕河上，那麼平均密度就爲每英里10艘船。由於船隻的標準長度爲52英尺[23]，船隻之間距離就大約爲9艘船的長度。這種距離長度，是以這種情況爲假設的，即這10艘船隻同時朝著一個方向行駛，

19　〔清〕顧炎武，《天下郡國利病書》卷6，頁13。
20　Ch'u T'ung-tsu（瞿同祖），*Local Gorernmentin China Under the Ching*, pp. 140-142；〔清〕董恂，《楚漕江程》（1852年刊本）卷1，頁43-44。
21　《明史》卷78，頁3-4。
22　在《明史》中所列船隻總數爲11,770艘。但是在《大明會典》中提到，從事海運的船隻爲525艘，漕運船隻爲11,618艘。見《明史》卷79，頁7；〔明〕申時行等編，《大明會典》卷200，頁4006-4007。
23　〔明〕席書，《漕船志》卷3，頁15。

相互之間的距離相同，行駛速度相同；既沒有受到其他類型的船隻帶來的妨礙，一路上也未受阻於任何障礙。如果某段河道發生擁擠，出現的情況就會比此幅草圖竭力要描繪的情況糟糕。正如我們在第二章中所指出，狹窄的水門經常阻礙船隻順利航行。雖然漕船的標準寬度為9.2英尺，但是，由於在建造時缺乏工廠管理，常常超過此限度，其中一些船隻的最大寬度達到11.2英尺。它們幾乎是緊縮著身子，才能穿過寬度僅為12英尺的水門[24]。我們很容易想像到，這種情況很容易導致延誤和擁擠。利瑪竇就在其《札記》中指出：「船的數量是如此之多，經常由於互相擁擠而在運輸中損失許多時日，特別是在運河水淺的時候。」[25]

標準漕船的載物量，通常為400多石。但是，如果整船裝滿，遇到漕河沙堤處和淺水處，便難以通過。若再加上額外漕糧和私人貨物，整個運載量就超過了規定的數額。這些資料表明，就漕糧運輸來說，漕河最大的運輸承受能力在每年400萬石到500萬石之間。在由中央政府接收的820萬石中，大約有400萬石不能從漕河運輸到北京。因此，永久地規定用錢幣繳納，是勢在必行的。

大體來說，納稅人是歡迎以錢幣繳納的。嘉定府規定用銀子繳納土地稅時，百姓就樹立了一塊石碑，表達他們的感激[26]。在明廷宣布永久地用錢幣繳納後，土地價格經常急遽地上升。在特定地區，由於許多借款者先前以自己的土地所有權作為借貸擔保，此時要求收回；

24 〔明〕宋應星，《天工開物》（上海：商務印書館，1933，萬有文庫本）卷中，頁30a-30b。

25 Mattew Ricci, *China in the Sixteenth Century: The Journals of Mattew Ricci, 1583-1610*, trans. from the Latin by L.J. Gallagher, p. 306.

26 〔清〕陳夢雷等編，《古今圖書集成》卷690，頁34-35。

這導致糾紛不斷發生，明政府隨即頒布了許多適用性法令規章[27]。在明史上，1436年公布施行的「金花銀」，是一項具有重大歷史意義的事件，但是，兌換比率應給予某種程度的批評。

洪武皇帝於1376年設置土地稅制度時，規定糧食和錢幣的兌換率為1石稻米兌換1兩銀子，1石小麥兌換0.8兩銀子。在1397年，下降為1兩銀子兌換4石糧食[28]；不過，這是一項短暫性的措施，目的在於解除華北地區貧困百姓拖欠稅款的負擔。在1436年「金花銀」頒布後，恢復了1397年的低比率，並將兌換率永久地規定下來。到正統帝在位期間，明廷的慷慨措施肯定是眾所周知的了。但是，這種慷慨行為同樣不可避免地導致後來好幾代皇帝的國庫收入減少[29]。奇怪的是，在明王朝統治後期，明廷討論如何增加全國附加收入時，也沒有人建議提高金花銀的比率。明代官員或許認為早期皇帝的寬大行為不應該被廢止。他們不是沒有發現，就是故意忽視這樣一個事實，即1436年頒布「兌換法」的意圖雖好，但只是有利於有些其後所承擔的稅款，通常是按照0.7兩或1兩銀子兌換1石糧食比率的納稅人；而未照顧到另一些納稅人，他們繼續以實物繳納額外費比例占非常高的土地稅。總而言之，從稅額規定好之日起，隨著時間的推移，一些納稅人不得不繳納高出原先規定的1.5倍以上的負擔，另一些納稅人則僅僅繳納原來份額的1/4。產生這種差別的主要原因，是當時普遍的運輸環境和當時政府的徵收方便。在其後的年代，金花銀落入皇帝手中，專門供他個人花銷，進一步減少了國庫收入。

---

27 〔清〕顧炎武，《天下郡國利病書》卷6，頁35。

28 作者未指明是大米還是小麥。——譯者

29 《明史》卷78，頁3。還請參見Marianne Rieger, "Zur Finanz und Agrarge-schichteder Ming Dynastie, 1368-1643," *Sinica*, 12(1937), pp. 130-143, 235-252.

在1472年，成化皇帝發布上諭，規定運往北京的漕糧永久地固定在400萬石。另外的190,000石運到臨清和德州，作為緊急儲備糧。如果400萬石數目中出現任何短缺，就用緊急儲備糧來填補這些赤字[30]。這道上諭是明廷所頒發的一系列規定漕糧運輸命令中的最後一道。而規定的420萬石，不過是對已有漕糧運量的確認。先前規定的運輸數額和漕河所能承受的運輸量，就是期望漕河水道所能運輸的數量。事實上，在1472年之前的30年裡，明廷還未規定數額時，每年運往北京的數量自然而然地達到400萬石(參見附錄二)。

在這一關係上，我們可以進一步指出穩定性就是漕運體系運作的一大顯著特點。它基本上反映了明廷努力固定國庫收入和支出在原先預定的水平上。即使在漕運體系的早期運作中，亦即在運往北京的漕糧的數量變化極大時，明廷的基本政策也是朝著這個方向發展的。

有些文獻表明，早期運往北京的漕糧數量，在1416年為280萬石，次年上升到500萬石，接著在1420年突然下降到60萬石。在短暫下降之後，又開始上升，並在1432年達到空前的670萬石。直到1435年，年運輸總量才接近固定在400萬石上。這種數量波動，發引發許多的推測。不過，如果將之連同其他歷史事件，並在一個更廣大的關係架構加以探討，就能很容易理解出早期上下波動的原因。

在漕運體系運作的早期階段，漕糧運輸需要中轉。分布在漕河沿線的許多朝廷糧倉，維持大量的糧食儲藏量。漕河全線很靈活地運作。運往北京的漕糧每年實際數量，既不一定反映當年糧食收入情況，也不一定與京城的花費比例相吻合。進一步而言，明史上幾次重大的全國性事件影響了漕糧的運輸。很明顯地，在1420年間北京漕糧

---

30 《明史》卷79，頁4；〔明〕申時行等編，《大明會典》卷27，頁779。

急劇下降的原因，就是明廷準備於1421年新年將北京定為國都，而漕河的人力和運輸船隻被占用。在1432年創下紀錄、此後從未超過的670萬石，是在漕軍運輸組織設置起來之後出現。這顯示新的程序可能影響了漕運運量上升，雖然我們並不知道這是如何達成的。清理各省的朝廷糧倉的積儲，可以使漕糧運輸量上升；或是百姓與政府的雙重運輸機制也可以使漕糧運輸數量上升。不過，這並不表明整個670萬石都是在漕糧原地徵收，通過漕河全線運輸到北京的。

從總體上說，在漕運的前19年(1416-1434年)間，每年的漕運數量很不相同，沒有證據證明運輸量波動是供應情況引起的，還是需求狀況引起的。如果把這19年裡的每年運輸量加在一起，總數量為7,335萬石，年平均則為386萬石。這一平均數，接近於後來時期的年運輸量。即使在這19年的前8年(即永樂皇帝在位的最後幾年)裡，總數量達到2,560萬石，年平均量為308萬石。此一年平均量，略低於後來出現的紀錄，但整體而言並未完全超過可以比較的範圍。

導致漕運運量上下急劇起伏的原因是由於不尋常的環境，可以說漕糧的流動非常穩定。在明王朝統治的整個中期，在任一方面，漕糧年平均運量都未過於超過或少於400萬石的標準。在1435年到1486年間，最大的運輸量是1445年的460萬石，最少的是1464年和1469年的335萬石。從1487年到1520年的34年內，每年的運輸量均為400萬石，從未中斷過。

漕糧毫無例外地來自6個省份，即南方的南直隸、浙江、江西和湖廣，北方的河南和山東。400萬石裡有3,244,400石來自前4省，755,600石來自後2省(參見附錄三)。在各省承擔份額中，南直隸的負擔尤其沉重，要承擔1,791,430石；或者說，要承擔占全國總數的44.78%。在南直隸境內，只是蘇州一府就承擔了697,000石，占全國總數的17.3%。

同蘇州府相連的松江府，承擔了232,950石，占全國總數的5.82%。這兩府的承擔份額，超過了在所有幾個邊遠省份徵收的土地稅的總和。在明代159個府州中，這兩府的地位是獨一無二的。在整個明王朝統治時期，許多官員都替這兩府的納稅人說話，主張減輕他們過重的負擔。

不過，近來的研究看來是找到了證據，證明明政府在減輕過重的稅徵。根據1491年調查，蘇州府在冊人口為2,048,097人，占全國總人口的3.84%。政府所徵收的全部土地稅，不包括雜七雜八的稅種在內，總數為2,091,000石，占全國總數的7.80%。松江府在冊人口為627,313人，占全國總人口的1.17%。政府所徵收的全部土地稅，也不包括雜七雜八的稅種在內，總數為1,031,000石，占全國總數的3.69%[31]。表面上，這兩府的稅徵，以人口為基礎計算，超過了全國平均數的兩倍。但是，一些學者指出，這兩府擁有大片的官地，它們是明王朝建立者沒收其政治反對者的土地。迄今為止被混亂地稱為土地稅者，實際上包括應該歸於政府的租金[32]。此外，在上述的徵稅中，大部分是用金花銀交付的；而金花銀，正如我們在前面指出，意味著土地稅繳納的比率實際上在減少。在1621年，地方巡撫上的一道奏摺，提到蘇州、松江、鎮江和常州等府繳納上來的金花銀，總數為365,136兩[33]。按照4兌1的比率，這一數目應該完成的稅額為

31　土地稅定額是根據《大明會典》中的記載而得出的。而人口數亦是以該文獻的記載為根據的。土地稅見〔明〕申時行等編，《大明會典》卷24，頁641-668；人口見〔明〕申時行等編，《大明會典》卷19，頁498-516。

32　〔清〕顧炎武，《天下郡國利病書》卷6，頁94；卷7，頁4；卷8，頁52；周良霄，〈明代蘇松地區的官田與重賦問題〉，《歷史研究》，10(北京，1957)，頁65-66。

33　〔清〕顧炎武，《天下郡國利病書》卷6，頁47。

1,460,556石。分配給這4府的土地稅，連歸政府的租金包括在內，爲4,064,900石[34]。這樣綜合起來的稅額，其中有36.93%用金花銀形式交付。而與此同時，同應繳納的土地稅全國總額相比的金花銀(金花銀爲糧400萬石，土地稅收入總額爲糧2,950萬石)來說，其在全國範圍內的比率，僅僅爲13.56%。換句話說，雖然分配給前面提到的幾府地區的稅額，按照基本份額規定似乎太多，但是，納稅人從某種潛在的有利條件獲利，他們實際繳納數因徵收比率而大大減少了。

　　至於添加到土地稅上的運輸費的徵收，我們也沒有找到證據表明前面幾府地區所繳納的比自己應承擔的份額要多。我們在前面已經指出，在明政府所徵收的2,950萬石的土地稅中，運往前線衛所的，運往首都和留都的，以及儲藏在臨清和德州的，加起來爲13,470,000石。這說明，在全國範圍徵收的土地稅中，有45.66%部分給明政府帶來了某種的運輸負擔。從蘇州起運的稅糧，在所徵收的土地稅中占33.33%；從松江起運的，占22.59%。儘管這兩府還必須應付其他的負擔，比如爲宮廷提供去掉殼的稻米；但是，它們的負擔並不比必須向前線衛所供應800萬石糧食的北方省份要重。更重要的是，長江三角洲的經濟環境在這一時期穩定地提升；其發展動力，大部分是絲織業與紡織業[35]。明廷希望這一地區能夠承擔更多的稅額。在1626年間，蘇州遭受一次史上最糟的洪災侵襲，莊稼遭受嚴重災害，然而知府同本地士紳協商

---

34 〔明〕申時行等編，《大明會典》卷24，頁641-668。

35 宮崎市定，〈明清時代の蘇州と輕工業の發達〉，《東方學》，2(東京，1951.08)，頁64-73。西嶋定生，〈支那初期棉業市場の考察〉，《東洋學報》，31：2(東京，1947.10)，頁262-288。傅衣凌，《明代江南市民經濟試探》(上海：上海人民出版社，1957)。尚鉞，〈中國資本主義生產因素的萌芽及其增長〉，《歷史研究》，3(北京，1955)，頁89-92。劉炎，〈明末城市發展下的初期市民運動〉，《歷史研究》，6(1955)，頁29-59。

收集資金，從湖廣購買稅糧。當地十分平靜地完成了自己的承擔份額，沒有在官方管道表達任何抱怨[36]。其中原因，可能是由於當地社會總體上來說是繁榮的。

儘管如此，在長江三角洲地區、尤其是在蘇州府和松江府任職的官員，似乎在完成年復一年的份額任務時，遇到了實際[37]困難。這種情況不僅存在於明代，在清代也很難改變[38]。導致拖欠稅收的根本原因是什麼呢？難道是因為政府土地被既不繳納政府租金又不繳納土地稅的當地士紳侵占了，而正如一些資料表明[39]，將負擔轉嫁到農人身上了？或者是由於長江三角洲的可耕地數量大幅度減少了？城鎮工業化與這一切有何關係？在能確切地回答這些問題之前，我們必須作更全面的探討。此時，即使我們知道是由於長江下游地區接近漕運體系，使得該地所承擔的稅糧百分比要高，也不能將此當作確切的證據，以證明該地百姓所承擔的稅額過重了。

概括而言，我們認為漕糧是明代土地稅中不可分割的重要組成部分。雖然漕糧是作為土地稅的延伸而開始徵收的，但是在實際發展中，變成了一個決定性因素，極大地控制了整個稅收體制的發展。「正兌」、「改兌」和「金花銀」──不是直接起源於運輸方式，就是間接受其影響──仍然是財政收入的一部分。比較起來，漕運體制在穩定性方面表現出它具有強有力的特點。但是，它同樣給明王朝財政經濟政策的制定帶來了一些限制因素。由於要處理相當數量的稅

---

36 〔清〕顧炎武，《亭林餘集》（上海：商務印書館，1929，四部叢刊本），〈中憲大夫山西按察司副使寇公墓誌銘〉，頁12b-13a。

37 原文為 geniune，有錯，應為 genuine。──譯者

38 Ch'u T'ung-tsu（瞿同祖），*Local Gorernmentin China Under the Ching*, p. 133.

39 〔清〕顧炎武，《天下郡國利病書》卷7，頁3；卷7，頁4。

糧，政策制定者總是未曾把自己從農業經濟的觀念中解放出來。僅僅
從這一因素，我們就可以推斷明政府的財政經濟是極端保守的。在
1436年、1472年和1474年發布一系列諭旨之後，整個漕運體制深深地
樹立起來。隨後的歷代皇帝將之完全繼承。不僅從未嘗試進行任何重
大的改革，而且連細小的修改，都難以推行。額外費的徵收，不得不
遵循早些時候的先例。幾種土地稅之間的差別，從未得到消除。在一
定程度上，漕糧體制和漕運管理也影響了中央政府和各省之間的關
係。在傳統的中國，朝廷總是掌握著無限的權力，它沒有必要爲確立
中央和地方的權力關係而同各省協商。但在事實上，由於距離遙遠，
缺乏適當的通訊，通常限制了中央政府全面地發揮和使用手中權力。
某些處理慣例接踵而來，雙方最終根據慣例達成默契。在看似嚴密的
集權體制下，地方取得了相當程度的自主權[40]；財政方面的權力也是
如此。從理論上來說，天底下的事物都歸皇帝所有。他那收歸國有和
沒收的權力，從未遇到挑戰；他的徵稅權從來就是毋庸置疑的。但
在實際上，他只能得到其代理人和船隊所能帶來的東西。由各省永久
地分擔的稅糧，其數額是不可改變的。金花銀徵收的制度化，是明廷
將漕糧分成兩部分的最後一次嘗試。該制度一旦設置起來之後，明廷
就未採取什麼措施加以修改。在許多地方，賦稅上繳中央政府之後，
留下來的就成爲擁有自己的帳房的當地士紳和官吏收入及掠奪的對
象[41]。在明王朝統治後期，中央政府未能成功地增加收入，雖然這毫
無疑問就是眾多供應制度崩潰的結果，但也反映了明廷無力取消自己
先前規定固定收入最大限額的政策。

40　Edwin O. Reischauer & John K. Fairbank, *East Asia: The Great Tradition*
　　(Boston, 1960), p. 304.
41　請參見 Hucker, *Traditional Chinese State*, pp. 34-35.

二、軍運組織──漕軍

在漕糧年運數額、徵收比率和各地承擔份額這些所有問題解決之後，就需要121,500名漕軍來負責運輸。這些士兵來自124個衛。來自各衛的分遣隊(detachment)，擁有自己的管理機構和船隻，仍然作爲一個獨立的建制。由6到19支分遣隊組成1總(division)，專門負責某地的漕糧運輸。總共有12總[42]。「把總」通常是由「指揮」或「都指揮僉事」擔任。在一些情況下，「把總」則是由「都指揮使」擔任[43]。

如何組織漕軍，是根據有關運輸漕糧的省份的情況而定。湖廣、山東和江西的把總，除了聽從設在鳳陽的「中都留守司」指揮外，還須聽從設在各自省份的指揮使的指揮。浙江省設有2個總，同樣聽從指揮使的指揮。但是設在南京地區的2個總，卻在留都兵部的指揮下。有4個總是由駐紮在北京的中軍都督的指揮下；其中有2總設在淮河下游地區，另外有2總設在長江下游地區[44]。

各總「屬於」誰，由中國軍事傳統所特有的常規所決定。一個軍

---

42 〔明〕申時行等編，《大明會典》卷27，頁784-788；〔清〕永瑢，《歷代職官表》卷60，頁2-3。但是，《古今圖書集成》中指出，牽涉到的衛有140個。此外，該文獻還列出了從事運輸的漕軍人數爲126,800人。《明史》也給出了一個數字，爲120,000人。參見〔清〕陳夢雷等編，《古今圖書集成》卷690，頁20；《明史》卷79，頁7-8。

43 關於這些軍職的英文，由本人負責。

44 〔明〕席書，《漕船志》卷6，頁17-18。明廷設置了一個獨立的軍事組織，稱爲「遮洋總」(Shadowing-the-Ocean Division)。它在天津、德州和徐州設有分隊，負有在渤海灣進行短途運輸的任務。1458年，海運中斷。在1567年，「遮洋總」正式解散，人員爲其他組織所吸收。參見星斌夫，《明代漕運的研究》，頁320-356。

事單位從其母體組織中分離出來從事另一性質的任務時，它與母體組織的關係並未完全斷絕。就「總」的設置事例來說，12總組成了一支獨立的漕軍組織。在野外，各個把總享有很大程度上的自主權。在處理有關漕糧運輸事務時，他們要向漕運總督和漕運總兵官彙報。不過，在處理有關一般人事行政時，如提升、降職、退休、職務轉任等，有關文件就必須呈交給原先的機構來處理。

分遣隊的指揮官有「指揮」、「千戶長」、「百戶長」和「總旗」。這些職務如何設置，取決於分遣隊的大小；這在各衛是不同的。最大的分遣隊，擁有336艘漕船，最小的僅有5艘[45]。每艘船設1名「小旗」負責，一般管轄9名水手，其中一名是「綱紀」[46]。

每年漕糧運輸分擔數額的命令，經由行政管道(command channel)下發。每項命令，指明了漕船數、船隊所屬的特定的衛、運到何地及所運漕糧數量。漕糧轉運和裝上船後，只有小旗和綱紀才能上岸，其他船員必須留在船上。在處理有關運輸事務時，漕軍要把一種特殊的官文交給當地知縣，由知縣簽名確認，然後迅速呈交到淮安。漕軍不論在任何的環節有什麼過失，都必須向漕運總督報告，相應的處罰是必不可少的。不過，地方官是無論如何也不能扣押漕軍，除非他們所犯罪行是死刑。即使如此，犯罪者也須押送到淮安，由漕運理刑主事審判[47]。

指明運往河港的規定，在各省是不同的。在湖廣，漕糧集中地是

45 〔清〕席書，《漕船志》卷4，頁2-12。
46 在明王朝統治後期，綱紀被去掉。參見〔清〕孫承澤，《春明夢餘錄》卷37，頁10a-10b。（案：在孫著中，不稱綱紀而稱綱司。）
47 〔清〕陳夢雷等編，《古今圖書集成》卷689，頁35；卷690，頁25。

新州、漢口和城陵磯[48]。在長江下游地區，由於集中地太過分散，以至於仍未有完整的口岸名單。我們在歷史紀錄和一些偶然的文件中，至少找到了6處有關長江下游地區漕軍和當地衙門爭論的記載，它們給人的印象就是這一地區的集中地分布範圍很廣泛[49]。

只有一些例外是來自各衛的分遣隊原封不動地駐在汛地。如果情況許可，它就能替原來的衛相聯的府服務。在1573年，明廷規定了各隊各自永久的運輸目的地。但後來，有人提議實行循環制。在17世紀20年代以後，明廷規定每隊應向每一特定目的地運輸6年，然後循環。自此之後，每6年1輪的制度規定下來[50]。

漕軍士兵每人每年有月糧12石，由原先的衛所所運輸[51]。此外，士兵們還有「行糧」，每人每年2到3石不等[52]。在明王朝統治後期，月糧經常推遲發放；或者，即使發放，每人所得也是大為減少，這給士兵帶來了極大的痛苦[53]。有明一朝，皇帝無規律地每隔一段時間，拿出少部分錢幣作為特別恩惠，發給漕軍。但是，明政府的紙幣，既

48　〔明〕申時行等編，《大明會典》卷27，頁802。

49　《明史》卷276；〔清〕顧炎武，《天下郡國利病書》卷9，頁44；〔清〕陳夢雷等編，《古今圖書集成》卷690，頁44-45；〔清〕孫奇逢，《夏峰先生集》，收於《叢書集成》，第2173-2178冊(台北：臺灣商務印書館，1965，據畿輔叢書本排印)卷8，〈賀公景瞻傳〉，頁21a-21b；〔明〕歸有光，《震川先生集》卷8，〈遺王都御史書〉，頁7a-8b；〔明〕陳其愫等編，《皇明經濟文輯》(1627年刊本)卷7，頁24。

50　〔清〕陳夢雷等編，《古今圖書集成》卷690，頁25。

51　〔明〕申時行等編，《大明會典》卷27，頁791。

52　〔明〕申時行等編，《大明會典》卷27，頁791-792；〔清〕陳夢雷等編，《古今圖書集成》卷690，頁24。

53　《明史》提到，大多數情況下，月糧減少了一半。參見《明史》卷77，頁10。在1588年，南京地區對已婚士兵的月糧減少到每年6石，未婚士兵每年3.6石。參見〔明〕王在晉，《通漕類編》(美國國會圖書館縮微膠捲第535號)卷2。

不能兌換，也無任何庫存支持，不斷地貶值[54]。在1500年間，這種紙幣所值只是其票面價值的1%或2%[55]。皇帝發給的特別恩惠並不能明顯地改變漕軍的處境。

引起漕軍財產大幅度上升和減少的原因，是針對漕糧所徵收的額外費用。當額外費比率決定好大約60%是用糧食交付之後；其他的部分兌換成銀子，漕軍就可以利用銀子來支付運輸花費、駁船和運貨馬車的服務費，購買諸如竹蓆之類的防水材料。在16世紀以前，無論是銀子還是糧食，都全部交付給漕軍。補助費完全能夠支付花銷。有一句話懷舊地說道：「旗卒富饒，糧運於斯為盛。」[56]

從1512年起，用錢幣支付的額外費部分稱為「輕齎銀」，逐漸不再撥給漕軍。起初，一包包銀子運到淮安，由漕運總督派人清查，然後分發給漕軍。據說，這樣做的原因在於保護服役的漕軍，免受貪官污吏的盤剝。隨後，銀子包裝封印好之後，運到北京。輕齎銀最終變成了宮廷的普通收入了。在運輸時，輕齎銀按照100,000兩打包捆紮，用特殊的船隻裝運，優先於漕糧運輸[57]。只有少部分塊銀發放給漕軍。大部分，總共有440,000兩，被明廷接收了[58]。

額外費如何徵收，爭議頗多。按照正式手續，漕糧到達漕河頂端之後，在登記入帳之前，要曬上2天[59]。在1466年，明廷派遣一名宦

54 Yang Lien-Seng(楊聯陞), *Money and Credit in China*(Cambridge, Mass., 1952), p. 67；李劍農，《宋元明經濟史稿》（北京：三聯書店，1957），頁102。

55 《續文獻通考》，頁2934-2935。不過，這是官方規定的兌換比率，實際上的兌換率低得多。參見Yang Lien-Seng(楊聯陞), *Money and Credit in China*, p. 67.

56 《江南通志》，轉引自〔清〕陳夢雷等編，《古今圖書集成》卷689，頁27。

57 〔明〕申時行等編，《大明會典》卷27，頁800。

58 《明史》卷79，頁7。

59 〔明〕陳其愫等編，《皇明經濟文輯》卷7，頁25。

官,站在戶部官員前面指揮試驗。他發現,僅僅曬上半天後,漕糧的體積就減少了8.5%[60]。這證明了高額徵收額外費雖然導致許多弊端陋習,卻在當時情況可能是必需的。

但是,負責收取的官吏、宦官,甚至包括漕軍的各級軍官在內,都捲入榨取活動中,非法所得落入自己腰包。到明王朝統治末期,行賄受賄公開地進行。在1530年左右,有名御史指出敲詐行為有8種,每種都有其歷史,有其行話和固定數目。敲詐所得總數,有131,600兩之多[61]。

任何的損失,皆要由漕軍軍官和具體負責運輸數量的小旗承擔。他們往返於北京花了每年大部分的時間。在這長長的路程中,由於氣候變化,漕糧減少是免不了的。許多事例都表明,如果漕船漏水了,擱淺了,傾覆了,或者被冰凍結了,損失就難免了。在一些地方,漕糧不得不暫時卸下來,以減輕漕船的壓力。這些情況導致的損失,甚至包括自然災害導致的損失,除非由明廷下令勾銷,就須由漕軍官員負責承擔。

在當時的記述中,漕軍官員不全然是受到同情。據說,漕船由於裝卸漕軍的私人貨物而裝載過重[62]。他們將自己的私事與公務牽涉在一起,干擾公務,引起不必要的耽擱[63]。他們盜用、貪污漕糧,用水

60 《明憲宗實錄》卷28,成化二年閏三月丙戌條,頁3a。
61 《明世宗實錄》卷12,嘉靖元年三月丁卯條,頁10a-10b;〔明〕余繼登,《典故紀聞》,收於《叢書集成》,第2811冊(上海:商務印書館,1936,據畿輔叢書本排印)卷17,頁2a。
62 〔清〕孫承澤,《春明夢餘錄》卷37,頁12a。
63 〔清〕顧炎武,《天下郡國利病書》卷6,頁20;《明憲宗實錄》卷84,成化六年十月己酉條,頁3b-4a。

浸泡，摻上沙子增加體積[64]，變賣漕船附屬物[65]，甚至故意把漕船鑿沉製造假事故[66]。毫無疑問，這些重罪的確發生。但是，根據官文中關於漕軍情況記載來看，許多漕軍士兵的境況完全不值得羨慕。

漕運總兵官和漕運總督於1473年提交給皇帝的一項報告，指出一些漕軍負責的漕船每年冬因河水結冰而擱淺，這樣在連續4年裡，他們沒有休假去與家人見面[67]。一名戶部尚書於1522年在一篇報告中，列舉了漕糧運輸尚未達到的三大最重要目標，即「舡不守凍，糧不掛漕，軍不借債」[68]。

漕軍軍官和士兵負債，是眾所周知的。為此，明廷所頒布的嚴厲措施至少要負部分的責任。我們今天可以發現明代法規，顯示對耽擱和漕糧損失的懲罰是冷酷無情的。無論如何，一旦損失超過了規定數量，運輸者注定要受到懲罰。即使導致損失的原因並不是人力所能控制的，運輸者也要受到同犯偷盜罪一樣的懲罰。這些法規中所提到的懲罰，主要是在役士兵發配到前線充卒，對軍官則降職，停止支付薪水。即使作了這樣的懲罰，受懲罰者仍然必須在規定的時間裡彌補損失[69]。這就必然導致官兵去借錢來彌補，從而負上債務。

在漕河的盡頭處有許多來路不明的糧食，漕軍官兵可以花高價買來彌補他們的損失[70]。等待他們的，還有高利貸者。當他們無力歸還

64 《明史》卷79，頁8。

65 〔明〕徐必達，〈請革解納白糧積弊〉，收於〔清〕清高宗編，《明臣奏議》卷34，頁24b。

66 《明史》卷79，頁9。

67 《明憲宗實錄》卷120，成化九年九月戊申條，頁7a-7b。

68 《明世宗實錄》卷21，嘉靖元年十二月壬寅條，頁14a。

69 《明律解附例》卷7，頁42-44。

70 《明史》卷79，頁8。

債務時，高利貸者就奪走他們個人所有，有時甚至搶奪他們照管的漕糧。儘管明政府頒布法令控制這些不正當行為，債權者的行為並未收斂，他們在勢力龐大的貴族的庇護之下肆無忌憚[71]。

漕運總督代表漕軍多次請求皇帝解決其痛苦。叢蘭於1519年上奏皇帝，指出有名負責漕運的百戶長上吊而死，有名指揮剃度遁入空門[72]。在多次請求之後，明廷發布了各種解決漕軍痛苦的措施；但是，這些措施既不是實質上的，也非永久性的。在1492年間，弘治皇帝發布上諭，准許在役漕軍申請向國庫借款，一年之內還款，不收利息[73]。我們不知道有多少漕軍士兵享受了這一恩惠，也不知道每人能借多少。當正德皇帝閱畢前述叢蘭的上奏後，下令戶部研究漕軍處境並提出解決辦法。戶部提出了一個計畫，准許負債漕軍按成本從政府那裡購買食鹽，每船最多為13.5噸。購買價格由貸款方提供；而漕船可以在返程時裝運食鹽回到本地[74]。自古代到民國時期，中國的食鹽一直在政府的壟斷之下。戶部所提計畫，是准許漕軍分享可觀的利益。我們知道，該計畫隨後得到批准執行。但是，有許多詳細的資料仍然不清楚，比如購買價格到底是多少，分派的食鹽總共有多少噸，借貸者分得多少利益，最後是否解決了漕軍的痛苦，等等。從一項非常粗略的估計中可以得出，每艘漕船所得淨收入，在30兩到50兩銀子之間。

另一項解決漕軍痛苦的方法，是准許漕船攜帶一定噸位的私貨。

---

71 《明史》卷208，頁25-26。
72 〔明〕叢蘭，〈正德十四年漕例奏〉，收於黃訓編，《皇明名臣經濟錄》卷22，頁24b。
73 〔清〕陳夢雷等編，《古今圖書集成》卷690，頁29。
74 漕運總督叢蘭於1519年的上奏報告，〔明〕黃訓在所編《皇明名臣經濟錄》卷22，頁23b-28b中收錄了該報告。

除了糧食、木材、發酵劑和烈酒禁止以外，至於其他貨物，明政府雖然不鼓勵，但可以被容忍。這種商務活動，最終成為爭議的焦點。

據說，漕軍士兵在前往華北的運輸途中，會利用時間在儀真和瓜洲購買竹子和木製家具[75]。在張家灣，即漕河體系的終點站，他們的商業活動對當地的全面繁榮貢獻不少[76]。返程漕船，正如一個作者寫道：「百拾成群，名為空船，實則重載，違禁犯法。」該作者還列舉了非法裝運的貨物，包括醃豬、牛皮、豬鬃、穀物、豆、芝麻、桃子、梨、棗[77]。

不可否認的是，准許私自貿易，使明政府付出了漕軍紀律、國庫稅收的代價。為了防止漕船耽擱，駛往北方的船隊不能停留下來以待漕運都御史檢查；相反，漕運都御史必須前往運輸途中檢查，漕運理刑主事、天津兵備道也有權前往「盤詰」，了解漕軍所運輸的貨物是否在規定之內[78]。漕河沿線所有文官一旦發現漕軍有什麼非法活動，就必須向明廷報告。這些措施很明顯地並不嚴密，得不到什麼效果。漕船在返回南方的途中，要向幾個檢查站報告運載情況，拿出通行證。從文官的抱怨中可以看出，這一道手續並未能阻止所有走私貨物[79]。

漕軍是否像他們的批評者所聲稱或譏諷那樣，真正自由地積聚了大量財富？許多事實都表明並不是這樣。的確不難想像，漕軍官兵非常貧困，處境日益下降；對此，我們在前面以相當長的篇幅探討了，本章最後幾部分還要討論。他們陷入債務，一直是明廷嚴重關注的問

---

75 〔清〕顧炎武，《天下郡國利病書》卷6，頁20。
76 〔清〕孫承澤，《春明夢餘錄》卷37，頁48a-48b。
77 〔明〕周之龍，《漕河一覕》卷8。
78 《明律解附例》卷17，頁24-25。
79 〔明〕申時行等編，《大明會典》卷27，頁807；〔明〕周之龍，《漕河一覕》卷8。

題。此外，我們並不相信明廷允許運載私貨以補助的非常方式，能給
他們帶來許多利益。在整個明王朝統治時期，准許漕船攜帶私貨多少
的限制逐漸放寬。從1474年開始，明廷規定每船可攜帶10石私貨；
1502年，又作了重申。到1560年，數量提高到40石。在1579年，增加
到60石[80]。既然明廷以此作為解決漕軍官兵的經濟困難的措施，那
麼，如果漕軍官兵做得很好，數量就會減少；只有在該項措施並不能
達到預定的解決目的時，數量才會提高。

這種私下貿易將是一個最令人感興趣的研究課題。非常不幸的
是，當時的文獻能夠提供的有關資料非常少，我們難以得出一幅清晰
的畫面。本文在研究之前，對當時的文獻作了全面的檢查；然而，我
們所得知的，不過是一些整體的、模糊的記述。如果沒有從當時的官
文材料中發現更多的資訊，我們所能做的，不過是作一些概括的猜
測。

然而，我們可以從邏輯中推理出一個結論，即是明政府批准漕軍
可以從事的私有貿易，雖然部分官兵超越了法律規定，但並不能製造
足夠的利潤，從總體上解決漕軍的經濟困境。上面所列貨物，除了返
回南方的漕軍從事，似乎在當時並未發展成為大規模的貿易。包括產
自淮河流域和黃河地區的小麥、大麥和豌豆的漕糧，沿著漕河水道，
無論是從南向北還是從北往南，但都必須經過淮安附近的水門。一路
上，要克服許多困難，許多官員都認識到此點。因而對於漕軍官兵來
說，雖然明政府批准他們可以從事實質上的私有貿易，雖然他們在從
事這種貿易時超越了明政府的許可範圍，但是，他們能否克服困難，
非常令人懷疑。此外，當時進行購買和製造任務的成群宦官們，來往

---

80 〔明〕申時行等編，《大明會典》卷27，頁806。

於運河上；他們捲入私運，是不難想像的。雖然本文後面要探討宦官
和漕運的關係，但在這裡可以指出與目前主題相關的是，這些宮廷內
侍在從事違法走私時，擁有的條件比漕軍要好。他們也有辦法從事大
規模的走私。而漕軍則相反，資金常常不足。從幾個眾所周知、漕軍
因違背規定而被抓住的事例中可以看出，漕軍一般僅僅是出租空閒的
船艙；他們自己沒有財力去從事貿易活動。更主要的是，他們與商人
的聯繫是臨時性的，運輸貨物的路程較短；他們並無計畫，也未集
資，不可能從事大規模的貿易活動。

　　那些竭力強調此種貿易具有重要性的學者，總是認為既然大約有
11,700艘船隻從事運輸，而到明王朝統治末期，還有9,000艘船隻仍在
進行；是故，以1579年的統計為計算基礎，認為這些船隻每年所運輸
的貨物非常容易超過50萬石。但非常值得懷疑的是，是否所有漕軍都
行使明政府准許攜帶私有貨物的特權呢？如果他們都在行使，那麼正
如上面所探討的一樣，不論從任何方面而言，他們的貿易活動的確沒
有發展到一定規模。我們最多只能推斷，私有貿易只是在地方交易的
層次上促進了漕河水道上的物資交流。合法的商業活動無庸置疑因此
產生了負面影響，但是影響程度到底如何，是難以測量的。

　　雖然漕軍貧困，但明政府頒布了一項在我們看來十分奇怪的政
策，規定漕船建造的部分損失費要由漕軍承擔。據說，此項政策在明
王朝統治早期就產生了，一直在推行，其目的在於強迫漕軍要好好地
保護手中的漕船[81]。該項政策具體推行時間沒有記載，有文件說，早
在1435年，明政府就規定漕軍要承擔40%的損失[82]。在明代中期，規

81　〔清〕孫承澤，《春明夢餘錄》卷37，頁11a；《明史》卷79，頁5。
82　〔明〕李昭祥，《龍江船廠志》卷1，頁13b。

定漕軍要承擔30%的損失，其餘70%由上繳漕糧的百姓來承擔。但是在這70%中，有30%是從退役漕船上拆卸下來。因此，漕軍實際上仍然要承擔全部建造費的40%多[83]。

就打造情況來說，漕船分爲兩類。對於由駐紮在長江以南的衛所控制的漕船來說，建造由地方負責[84]。省、府兩級政府要拿出資金給建造漕船的軍隊單位。對於由駐紮在江北的5總和南京的總控制的漕船來說，它們通常停靠在北岸，船塢由中央政府管理。之所以如此，是因爲在江北地區，很難得到木材。由中央政府進行控制，軍隊單位就不用派出眾多購買任務，離開駐紮基地，到處尋找木材。

我們在前面的章節中就已經提到，有3個船塢投入使用。分別在1524年和1600年以後，臨清和南京的造船任務先後交給清江浦船塢來承擔。在鼎盛時期，該船塢一年之內就有746艘船隻下水[85]。

在15世紀中葉以前，明政府規定由負有進貢責任的地方政府把木料送到船塢。此後，輸送任務逐漸改以錢幣方式進行。在1470年代時，欠款情況常常出現。由於資金不足，造船廠不得不削減原料比率。以每艘在建造中的船隻來說，所配給的木料、鐵釘、桐油和麻繩，加起來，總價值還不到40兩銀子。爲了打造好船隻，漕軍不得不彌補差額；有時，這種差額有70兩銀子之多[86]。

在另外的時間，由於支付款項太大，不得不尋找新的來源。在1479年，地方政府所承擔的責任中斷，只是還繼續向船塢提供勞役。購買造船材料的資金，由工部管理下的3個收稅站承擔。該通行稅，不

83　〔明〕申時行等編，《大明會典》卷27，頁812。
84　〔明〕席書，《漕船志》卷1，頁3。
85　〔明〕席書，《漕船志》卷3，頁12-14。
86　〔明〕席書，《漕船志》卷4，頁1。

同於戶部徵收的類似稅收，被指定作爲造船資金使用[87]。

通行稅並未立即解決漕軍的困難。在1480年，戶部召集會議進行商討。一項來自會議的報告，就強調指出：「所派木植，多不能全領，是以軍士賠補，鬻及子女、產業。」[88]

爲了支付開銷，明政府不得不增加幾個徵收站徵收通行稅。在1480年，設在荊州和杭州的兩個收稅站，分別上繳了4,000兩銀子。隨後，蕪湖也上繳稅銀。將從這3個收稅站所得加起來，在1481年爲9,500兩，1482年爲13,000兩，1484年爲22,500兩，1486年爲16,800兩，1489年爲28,670兩[89]。在1530年之後，明政府將荊州收稅站所得用於補助湖廣省的造船。杭州和蕪湖收稅站所得，再加上清江浦工部分司本身的收入所得，作爲清江浦船塢造船資金。在17世紀早期，杭州收稅站所得增加到18,770兩，蕪湖增加到14,440兩。清江浦所得雖然未知，但大約也有11,500兩。這3地加起來提供了44,510兩銀子[90]。由地方政府提供的勞役，兌換爲錢幣支付，另外可得5,236兩收入。雖然如此，漕軍仍然需要支付26,089兩；或者說，要承擔總花費的32.3%[91]。

大多數漕船要服役10年。在退役的前一年來到時，其情況正如當時的一個文獻所指出：「運軍於該造年分預先一年休息，辦料代役，

87　《明史》卷81，頁18。
88　《明憲宗實錄》卷207，成化十六年九月戊戌條，頁4b。
89　〔明〕唐龍，〈償運糧儲疏〉，收於〔明〕陳子壯，《昭代經濟言》，收於《叢書集成》，第757-759冊(上海：商務印書館，1936，據嶺南遺書本排印)卷3，頁9a-9b；〔清〕陳夢雷等編，《古今圖書集成》卷689，頁27。
90　〔明〕周之龍，《漕河一覕》卷11。然而，汪宗伊所提交的一份奏摺指出，清江浦的收入是蕪湖和杭州的兩倍。參見〔清〕陳夢雷等編，《古今圖書集成》卷690，頁33。
91　〔明〕周之龍，《漕河一覕》卷11。

空閒軍餘出辦以湊軍三之數。」[92]如同1503年的最後一次結帳清算，每艘漕船全體人員需承擔35兩[93]。最常見的是，這筆銀子由軍事機關從他們一般薪水中扣除，然後一起交給船塢；工部所設分機構要為此承擔傳遞責任[94]。

打造一艘漕船，總花費需一百兩銀子左右。不同資料所列價格表示，從15世紀晚期到整個17世紀，看不到明顯的增加或減少。所列價格，每艘漕船在83兩到120兩之間，反映了所用木料不同，產地也不同。這種變化同價格變化沒有什麼聯繫。不過，有事實表明，價格之所以能夠維持不變，是明政府大力維持的結果。自17世紀初期起，清江浦船塢造船預算為：每艘需105.4兩銀子；其中，57.8兩用於購買木料，16.6兩用於購買附件，31兩用於支付勞力和雜七雜八的開銷[95]。每艘漕船的漕軍要承擔35兩，大約占漕船價值的1/3；這一數字接近於前面所說、以船塢總共所得為基礎得出的百分比數字。

在漕軍拿出自己承擔的份額後，船塢就應該要承擔全部管理責任；但並不總是這樣。許多漕軍船員被他們的原屬衛所賦予「富有」的特徵。對於這一部分漕軍來說，船塢只是發給原料。船員有責任看見自己的船隻下水。在打造過程中出現的任何額外花費，都需他們來承擔[96]。

長江以南的情況更無什麼指望。許多事例都表明，漕軍是以分期付款方式拿出自己所承擔的份額的。有時，漕船在打造了，而資金不

---

92 〔明〕席書，《漕船志》卷6，頁14。
93 〔清〕陳夢雷等編，《古今圖書集成》卷689，頁27。
94 〔明〕唐龍，〈償運糧儲疏〉，頁9a。
95 〔明〕周之龍，《漕河一覝》卷11。
96 〔明〕席書，《漕船志》卷3，頁23；〔清〕陳夢雷等編，《古今圖書集成》卷690，頁34。

能及時到位，漕軍不得不借款。耽擱三四個月是常見的事[97]。直到16世紀中葉，各地船塢的管理才在中央政府控制之下。對湖廣省船塢的控制，開始於1530年[98]。位於浙江的船塢，於1559年在中央政府組織之下[99]。對位於安慶、九江和蘇州的船塢控制，開始於1572年[100]。即使到這時，船塢也未解決漕軍的所有問題。明政府的主要任務在於推行造船的官方標準；至於漕軍士兵的經濟負擔，從未得到完全解決。

　　儘管如此，到了16世紀中葉，造船計畫能夠克服逆境，得到推行。即使一些頭腦清醒的官員不斷提到漕軍的困境並提請皇帝注意，但是，漕運體系並未達到轉化點。每年都有一些舊漕船退役，新船下水服役；這說明，漕船數量並未大幅度減少[101]。然而到16世紀後半期和17世紀早期，就不再是這樣了。在1597年，清江浦船塢報告說，各衛拖欠造船款總數累積達64,360兩銀子。從1603年到1608年間，軍事機關延期未付款項達13,126兩。造成的結果是，有1,400艘船隻得不到替換[102]。派遣船隊到朝鮮和遼東遠征，使漕船情況更加嚴重。從這到明王朝崩潰時，漕船缺乏日益嚴重，明政府不得不徵召民船服役；這對在漕河地帶被扣押的民船帶來廣泛的恐慌，當時所寫的詩文就不斷提到此點[103]。漕運總督王紀於1620年所寫的一份上疏，對此也作了鮮

---

97 〔明〕席書，《漕船志》卷6，頁9。

98 〔明〕唐龍，〈償運糧儲疏〉，頁10a。

99 〔明〕申時行等編，《大明會典》卷27，頁813。

100 〔明〕申時行等編，《大明會典》卷27，頁813。

101 〔明〕席書，《漕船志》卷3，頁12-14中，收錄了1490-1544年間建造的漕船數名單。

102 〔明〕周之龍，《漕河一覕》卷7。

103 〔清〕陳夢雷等編，《古今圖書集成》卷690，頁41；〔清〕吳梅村，《梅村家藏稿》（上海：商務印書館，1965，四部叢刊本）卷3，〈捉船行〉，頁12a；〔清〕陳田《明詩紀事》（臺北：商務印書館，1936），頁2814。

明的描述：「舉淮揚一帶，無論海船沙船，靡不搜括及之。即舟人呼天搶地，臣亦付之無可奈何。大索兩三月，在揚僅得六十四隻，在淮僅得七十九隻。」[104]

與此同時，漕軍手中擁有的漕船減少到9,000艘，其中許多負載過重[105]。

漕軍本身惡化的情況令人吃驚。必須指出的是，明王朝的基本軍事制度對此要負大部分責任。早期時候的政策制定者規定俘虜和罪犯家庭必須永久服兵役，這種情況與克里米亞戰爭之前的俄國推行的農奴兵役制一樣，和日本德川幕府時期推行的農民兵役制也相同。同俄軍和日軍一樣，明軍也被束縛在分配給他們的土地上。但是，任何這樣的軍制要想成功地推行，取決於能否全面地控制居民的活動和徹底地消除社會流動。在15世紀時，中國並不再存在這種條件。大量事實證明，此時的百姓毫無困難地改換行業[106]。明政府不僅不能限制居民改換住所，也不能再成功地防止大批大批人群因一般自然災害和內亂而越省逃亡[107]。同時，土地自由買賣。城鎮市民和商人的活動非常積極；婚姻不受社會各階層的限制。在這些所有事件中，明廷再也不能按照陳舊模式管理國家。整個軍戶世襲制在這種背景下明顯過時了。

當新王朝早期具有的強大力量開始消失時，整套軍制的所有弊端

104 〔明〕董其昌輯，《神廟留中奏疏類要》卷5。
105 在明王朝統治後期，漕船總數下降到9,000多艘。參見〔明〕徐必達，〈請革解納白糧積弊〉，收於〔清〕清高宗編，《明臣奏議》卷34，頁22b-23a。
106 〔明〕周忱，〈與行在戶部諸公書〉，收於〔明〕程敏政，《皇明文衡》（台北：台灣商務印書館，1965，四部叢刊本）卷27，頁6a-10a。
107 王崇武，〈明代戶口的消長〉，《燕京學報》，20(北京，1936.12)，頁331-373。

就開始暴露出來。士兵逃亡的規模令人吃驚[108]。用以維持軍制運作的
軍有土地，大片大片被侵占、轉賣。在1449年爆發的危機期間，明王
朝的軍隊建制的弱點暴露無遺，當時的一項報告就證實說：「整點各
營官軍，其官軍不到者，動以萬數，衣甲全無。」[109]

　　然而，明廷不但不設法著手改革，反而竭力堅持推行舊制。侍郎
沈潛建議頒布新的法令，規定軍戶如果逃亡或死亡，兵役就由其親屬
和鄰居來承擔，稱之爲「勾攝」[110]。明廷還向各地派遣特使，負責全
力維持新式兵籍名冊。一旦兵額需要填補，就「遍尋所有名冊，徹底
審訊調查，恰似審判罪犯」[111]，但是最終結果不過是「逃而復勾，勾
而復補」[112]。

　　從總體上說，漕軍的環境在一定程度上不同於衛所軍隊的環境，
而士兵大批大批逃亡的現象卻是一樣的。漕運總督李蕙和漕運總兵官
郭竑於1595年聯名上奏指出：「直隸到南京一線漕軍共有六支
（division）。在這些建制中，不少於5,000或6,000名漕軍要求把總就在
駐紮地調動，同時有14,000或15,000名漕軍逃跑。負責軍官不得不雇用
流民和乞丐彌補空缺。」[113]該段所提到的逃亡數字，占漕軍總數的三

108　吳晗，〈明代的軍兵〉，《中國社會經濟史集刊》，2(1956)，頁92-141。
　　也可參看王毓銓，〈明代的軍戶〉，《歷史研究》，8(1959)，頁31。

109　〔明〕余繼登，《典故紀聞》卷12，頁9a。

110　《明史》卷138，頁14。

111　〔明〕夏時正，〈二卿祠堂記〉，收於〔明〕錢穀，《吳都文粹續集》（上
　　海：商務印書館，1935，四庫全書本影印）卷16，頁15a。同樣的例子也被陸
　　容引用，參看《菽園雜記》，收於《叢書集成》，第329冊（上海：商務印書
　　館，1936）卷1，頁11。(此句直譯。據作者所注出處找不到此段話，只有稍
　　爲接近的一句爲：「遂逮里中，論以隱匿，坐充軍者凡二十四人。」——譯
　　者)

112　〔清〕顧炎武，《天下郡國利病書》卷8，頁60。

113　《漕運通志》，轉引自星斌夫，《明代漕運の研究》，頁229-230。(此句直

分之一。

漕軍設置後不到100年裡，它就衰退成了普通的勞力團隊。它既無作戰能力，也無適當的軍隊紀律(因此，現在的日本學者稱之爲「勞力」。近年來中國大陸出版的一些著作則稱爲「奴隸」)。在1510年，山東爆發了一次農民暴亂，導致濟寧周遭的船隊停頓，陷於困境。此次暴亂被鎮壓下去後，共有1,552艘船隻被毀，另一方面不知有多少士兵被殺。在檢討此次事件時，有名都御史提問：「但軍至十萬之眾，既有都御史、總兵、參將爲統制，又有把總、都指揮等官分領之，又有指揮、千百戶等官管押之，大小相承，居則有衛，行則有次，……未聞何官以勇而傷，何官以義而死。」[114]次年，正德皇帝指示把售賣額外稅糧的所得，用來購買弓、箭、長矛和劍。船隻經過淮安時，明政府指示他們檢查一下是否攜帶了合適的武器裝備[115]。不知該命令到底執行到什麼程度，因爲有關記載沒有進一步提供有關訊息。

由此觀之，漕軍身上所保留的作爲一個軍隊組織所具有的特點消失得無影無蹤。在1574年，御史蕭泮在上奏中針對漕糧情況，列舉了有6項大事需要解決，其中有：「運船過淮，隨到隨編，以二十隻[116]爲一甲，總給一牌，每日輪流二船直牌，爲甲長。各備器械什物，盜發協力截趕，風起商議策備。」[117]在1572年至1575年間擔任漕運總督

(續)————

譯。根據作者的注釋，此句出自《漕運通志》，可能有錯，因爲《漕運通志》成書於嘉靖年間，遠早於作者提到的1595年，即萬曆二十三年。——譯者)

114 〔明〕邵寶，〈舉糾漕運官狀〉，收於〔清〕清高宗編，《明臣奏議》卷13，頁1b。

115 〔明〕申時行等編，《大明會典》卷27，頁806。

116 作者錯將二十隻寫爲十隻。——譯者

117 《明神宗實錄》卷32(應爲卷33——譯者)，萬曆二年閏十二月己丑條，頁4b。

的王宗沐於一份未注明日期的上奏中報告說，這些沿線措施都得到推行，只有兩項措施例外，一是每組由5艘船隻組成，而非10艘；二是百戶長由推選產生，而非輪流擔任[118]。如果這樣的基本組織規則必須由漕運體系最高當局強迫推行，我們不僅要問，漕軍船隊還有什麼特點使我們能夠將之視為軍隊的分遣隊？還有，非常明顯的是，各種漕軍官員已經無力控制名義上由他們指揮的船隊。這種情況使他們不過是明廷的辦事人員，他們的唯一職責是把規定的漕糧轉交上來。由於這種情況，他們反而自然地全力關注如何獲利，避免短缺。

在17世紀20年代受命擔任巡撫的毛一鷺，當時就不止一次提議，漕軍船隊應該攜帶上刀劍和弓箭；一有機會，漕軍軍官就應該訓練士兵[119]。但是到此時，漕軍已經退化變質，再也不能恢復。南京兵部尚書於1616年就此寫道：「僅鶉衣百結者數千人為運軍，其中有狡譎無賴，欲衣食於漕糧者，充為旗甲。一經簽定，恣意橫行，折乾盜賣之弊，種種莫詰。……」[120]另一資料指出，一些漕船的船員毫無例外是雇用而來的，沒有一個是從原來的士兵花名冊上徵召而來的[121]。還有證據顯示，船員在運輸漕糧時，其家庭成員也在漕船上[122]。

三、國家支出下的京師漕糧儲存撥付

中國史學者經常發現，在任何特定時間經由大運河運輸的漕糧數

118 〔清〕陳夢雷等編，《古今圖書集成》卷690，頁29。
119 〔清〕陳夢雷等編，《古今圖書集成》卷690，頁38。
120 《明神宗實錄》卷548，萬曆四十四年八月壬寅條，頁1b。
121 〔清〕孫承澤，《春明夢餘錄》卷37，頁10a。
122 〔清〕孫奇逢，《夏峰先生集》卷7，頁190。

量，可以作爲測量中央政府的權力情況和穩定程度的評價標準。近年來，一些學者的研究也運用了這一方法；其中有研究唐宋史的全漢昇，研究明史的吳緝華和研究清史的韓丁。由於漕運體系能否成功地運作取決於幾乎每一套政府制度能否適當地發揮作用，因此並不令人驚訝，漕糧運輸數量的上升和下降，是與明王朝整體的行政管理效率情況相符應；相互之間的關係常常表現得非常引人注目，不能忽視。

然而，如果匆忙接受這一理論，就會得出錯誤的結論。其中之一就是認爲，既然在每個王朝統治的早期階段，經由運河漕運糧食證明是可行的，那麼漕運制度的基本設計必定是正確的。只是在後期，由於濫用和放棄了早期的政策，才導致漕運失敗。另一錯誤結論同前一種類似，只不過似是而非，有關王朝統治的崩潰，即使不是漕運數量下降的唯一原因，也是主要因素之一。以上的論點常被傳統中國史著作輕率地論述。

就本文所研究的明王朝的情況來說，上述兩種觀點都是錯誤的。首先，將漕運制度改引入國家財政體系的措施是既死板又浪費的。隨之而來的政策，主要包括規定國庫要收入多少，加在納稅人和漕軍(他們毫無例外由世襲軍戶組成)頭上的負擔不但過重而且不公平等等，把整套漕運體系建立在一種非常不穩固、不健全的基礎之上。其次，沿著漕河的漕糧運輸，雖然在16世紀後期極大地下降，但是並未極大地動搖政府機構的運作。在17世紀初期明王朝走上快速崩潰道路時，漕糧運輸數量反而得到部分恢復。

在本章第一部分中，我們已經指出，歷史學家容易認爲在漕運體系運作的早期，漕糧年運輸量偶爾出現的增加和減少具有重大意義。但是，如果對每10年或20年爲一期的平均運輸量考量，就會發現漕運量不斷地穩定增長。以同樣的分期方法進行分析，就會發現明王朝統

治後期漕運量下降所產生的影響往往被誇大了。

不可否認的是，漕運量在1520年後下降了；當時的文獻資料不再記錄每年運輸了多少石。相反，它們記錄每十年中一年的運輸數字[123]，即是：1522年為3,560,000石，1552年為2,332,837石；1562年為2,632,610石。在1567年，隆慶皇帝繼位，早期的運輸量得以短暫的恢復。在1568年和1569年，運輸量都又一次達到400萬石的紀錄。但是隨後，總運輸量再次下降。直到16世紀末，年運輸量維持在300萬石左右[124]。

漕運量下降是由幾個原因導致的，不能把它所產生的後果不加區別地視為讓明廷陷入財政困境。從16世紀20年代到70年代，黃河零星地決堤，明顯地影響了漕運。在這一期間，有人提議在東面開闢一條迂迴路線。其中一項建議就是在山東半島半腰上開鑿一條新運河。另一建議是漕運總督王宗沐特別提出來的，他主張恢復海運。還有一項建議，設計開鑿一條支運河，從徐州地區改變漕船的方向。此項建議雖然最終付諸實施，但到17世紀早期，還未開鑿完成。這些五花八門的建議證明了明廷的確非常擔憂，但是局勢並未達到令人絕望的地步。

極為重要的是，明廷在這一時期保持著漕糧儲備。嘉靖皇帝於1522年即位時，他發布的第一道上諭就是豁免全國一半一年的土地稅；此外，他還取消了所有記錄在案的拖欠的稅[125]。在1539年立太子時，湖廣有五分之二、河南和直隸有1/3的土地稅得到豁免[126]。即使

123　吳緝華，《明代海運及運河的研究》，頁198。
124　吳緝華，《明代海運及運河的研究》，頁201、304。
125　《明史》卷17，頁2-3。
126　《明史》卷17，頁13。

在1551年，對南直隸和浙江加徵了總數為120萬兩銀子的額外稅[127]，但是在1567年隆慶皇帝即位時又一次全面減稅50%[128]。雖然於1573年登基的萬曆皇帝沒有減免賦稅，但是在4年後下令當年的全國承擔漕糧份額減免30%[129]。雖然因為宮廷喜慶，或是自然災害而減免稅收並不是史無前例的，但是兩者都不是明廷不得不做的。上述的減免，在百分比上是重大的，在適用範圍上是廣泛的，如果明政府財政極端短缺，是不可能減免的。

即使有時國庫儲備的銀塊減少，但糧食儲備總是維持在安全的限度之上。在這一期間，用實物徵收的土地稅暫時兌換為錢幣徵收，這是環境使然；有時皇帝個人並未認可。在1524年擔任漕運總督、1525年任戶部尚書的王杲，屢次批准兌換徵收。他的理由就是「粟有餘而用不足」[130]。

漕軍總兵官萬表全心全意支持臨時的兌換徵收的政策。在一份未指明日期的上奏中萬表指出，採取這一政策，明廷就可以0.7兩銀子兌換1石稅糧的比率進行徵收。在北京，得到漕糧的軍事官員經常在市場上變賣，而每石價格還不超過0.3兩。如果政府直接以銀子的形式支付，其中一半從納稅人手中徵收而來(也就是每石徵收0.35兩)，他們的確會非常高興。如果這樣做，不但政府就可以得到另一半作為淨利收入，而且所有裝運、儲存和分發漕糧等一系列麻煩都可以省略。嘉靖皇帝一收到這份奏摺，立即批准執行以前一種兌換比率，即0.7兩銀

127 《明史》卷78，頁10。
128 《明史》卷19，頁1。
129 《明史》卷20，頁3。
130 《明史》卷202，頁7。

子兌換1石稅糧進行徵收的政策[131]。這樣看起來，減少漕運量並不會
使明廷財政收入減少的說法頗具說服力。

　　非常明顯的是，在1570年代，由於糧食儲存有多餘，明廷需要的
是錢幣。在1579年，負責管理糧倉的戶部尚書汪宗伊報告，北京和通
州的幾個糧倉所儲存的糧食加起來，總數超過1,510萬石，而年消耗只
稍微多於190萬石。結果，在1571年運來的漕糧已經腐爛了[132]。此時
擔任大學士並普遍被時人視爲首輔的張居正，也提到了同樣的狀況。
他在寫給朋友的一信中指出：「運艘過淮，無任欣慰，今計太倉之粟
一千三百餘萬石，可支五六年，鄙意十年之上，當別有勾當，今未敢
言也。」[133]

　　張居正所提出的新方案從未公開過；但是，如他所預測的，糧食
儲存量穩定地上升。在1583年，超過了1,800萬石。即使年消耗也上升
到220萬石，但是儲存量多於消耗量的趨勢仍非常明顯。大學士申時行
強調不能再有更多的漕糧堆積起來，指出：「京倉積米，足支八九
年，愈多則愈浥爛。」[134]

　　同樣明顯的是，在這一期間，明政府所花費的銀子，數量急劇地
上升。張居正對糧食儲存量非常滿意，可是一提到銀子儲備情況，顯
露完全另一副樣子。大約在1579年，他在給萬曆皇帝的一份奏摺中警
告道：「萬曆五年，歲入四百三十五萬九千四百餘兩[135]，而六年所入

---

131 〈名山藏・漕運志〉，轉引自吳緝華，《明代海運及運河的研究》，頁193-
　　194。

132 〔清〕孫承澤，《春明夢餘錄》卷37，頁37a-37b。

133 〔清〕姚之駰，《元明事類抄》（上海：商務印書館，1935，四庫全書本影
　　印），卷4(應爲卷7——譯者)，頁6a。

134 《明神宗實錄》卷144，萬曆十一年八月甲子條，頁4a。

135 作者此處所引有錯，把4,359,400餘兩寫作4,355,400，這裡照原資料譯

僅三百五十五萬九千八百餘兩,是比舊少進八十餘萬兩矣。五年歲出
三百四十九萬四千二百餘兩,而六年所出乃至三百八十八萬八千四百
餘兩,是比舊多用四十萬餘矣。」[136]

更值得注意的是,出現這麼大銀子花費數字表明,自明王朝統治
初期以來,無論是國家財政還是國民經濟都發生了重要的變化。在15
世紀初期,國庫裡的銀子歲入和歲出從未達到張居正所說的規模。明
政府解決財政問題的方法,僅僅是撥發手中的糧食,輔之以部分錢
幣;卻在錢幣發放後,從未贖回。

當永樂皇帝開始大規模地運輸糧食到北方時,設想日常用品「百
費仰給」[137]。到了一個半世紀後,白銀發展成為官方和民間交易中不
可缺少的部分,成為檯面上合適的交換媒介。雖然這種發展可能是逐
漸形成的,然而至16世紀末,演變的結果不言而喻。如果忽視這樣的
發展背景,單純以運輸到京師的漕糧數量為唯一的測量國家經濟狀況
的標準,毫無疑問是一種錯誤的取徑。深入研究北京漕糧是在什麼樣
的情況下撥付的,可以進一步證明我們的觀點。

必須記住的是,運輸到京師供宮廷和宗人府(the Bureau of
Entertainment)食用的糧食,是去了殼的稻米,總共有214,000石,並不
在本文迄今為止的討論之列。京師漕糧的分發,毫無例外是按照定量
和報酬進行的。《明史》所記錄的分發情況,大概是以1581年的數字
為基礎。在京師所分發總數為230萬石的糧食中,有40,000石是文官的
報酬,國子監教師的俸給;86,000石作為在宮廷值班勞動的工人、廚
師和工匠的工資;其餘2,181,000石分發給駐紮在京師及其附近、肩負

(續)
　　　出。——譯者
136 〔清〕孫承澤,《春明夢餘錄》卷35,頁37b。
137 《明史》卷79,頁1。

衛戍和其他責任的軍隊。在這些數字之外，還有393,000石分運送到前線衛所[138]。

撥付數量雖然時有增減，但以可用的資料來看，在16世紀的大多數時間裡，增減幅度的範圍很小。比如在1567年，總撥付量超過260萬石[139]。此後在1570年代減少固定在200萬石之內，直到明王朝統治末期才再次增加。

然而，撥付數量的增加並不一定證明了政府機制的運作有效。從萬曆到崇禎年間，眾多官員呈交的無數份奏摺都指出，漕糧撥付量比以前要多，其原因在於宮廷內侍、御醫和其他附屬人員太多；又因爲成立了一支精銳部隊，其士兵所得份糧是一般份額的一倍半甚至兩倍，而且該部隊的作戰力並不怎麼樣，根據上奏官員所說，並未給明軍帶來什麼戰力[140]。直到17世紀，明政府才將大部分的漕糧運到前線；到那時，正如我們隨後要解釋的一樣，所運漕糧太少了，也太遲了。在此後明王朝統治最後時期裡，85%多的漕糧用於京師消費。大致情況是，漕糧運來越多，浪費就越多。尤其每個支出都有其原由。對這無數份奏摺進行分類，就會發現每份上奏都提到如何按照慣例維持漕糧。明代官員似乎從未想到去如何利用漕糧作爲投資資本，拓寬經濟基礎，或者對某項可以加強政府地位的特別專案提供資金。考慮到所有這些事實，那種認爲如果運輸漕糧更多，就可以使全國尤其是明廷受益的觀點，並不令人信服。

漕糧名義上只分配給京師衛戍部隊、官吏和宮廷內侍食用，卻不斷地被領受者賣給無權得到的人員。有些事例表明，明政府作爲配給

138 《明史》卷82，頁20。
139 《續文獻通考》卷3086。
140 〔清〕孫承澤，《春明夢餘錄》卷35，頁18a-19b；卷37，頁41b-44b。

票分發的軍籌，以高價易手。賣者收到錢後便脫離與漕糧的關係，就由買者手持軍籌到朝廷糧倉兌換糧食。當時的一名坦率的作者反諷地寫道，在1550年代他在南京期間，他每月就從衛所部隊那裡購買這樣的軍籌[141]。據其所言，這是很普遍的行為，沒有必要隱藏掩飾。很顯然地，北京也有同樣情況發生。負責糧倉管理的戶部侍郎南居益在一份呈交給崇禎皇帝的記述中就坦率地提問：「其實，滿京都何家無軍，亦何家不食漕米？」[142]兵部在一份標明日期為1600年的備忘錄中就提到，北京漕糧的市場價為每石0.3兩[143]。在1603年夏天，北京糧價上漲，明政府多發1個月的份額給官吏，坦率地期望他們傾銷出去以減低糧價。在1626年間，明政府又作了類似的發放[144]。很明顯，漕糧產生了另一個作用：它降低了糧價，以可以接受的價格為京城百姓提供了糧食。自從萬表在其上述呈交的奏摺中強調實行兌換政策到兵部尚書提交前述的上奏以來，糧價在60年裡維持不變。每石0.3兩的價格，甚至比糧食生產地長江以南的糧價更低。這是一個巨大的成就。重要

---

141 〔明〕何良俊，《四友齋叢說摘抄》，收於《叢書集成》，第2807-2809冊（上海：商務印書館，1937）卷3，頁140-141。

142 〔清〕孫承澤，《春明夢餘錄》卷37，頁39a。

143 〔明〕程開祜，《籌遼碩畫》（上海：商務印書館，1937，據萬曆刻本影印）卷12，頁24a。

144 〔清〕莊廷鑵，《明史鈔略》（上海：商務印書館，1936，四部叢刊本）卷3，頁3a。按照規定，津貼和官俸每農曆2個月或以糧食或以錢幣發放一次。1603年，明廷規定，連續2個月即農曆六月和七月以糧食形式發放。1626年，明廷頒布了類似的規定。但該年按照中國曆法，屬於閏年，也就是有13個月而非12個月。不過，採取這樣的措施，目的還在將糧食價格降下來。參見《明熹宗實錄》卷68，頁24。在1470年前，明政府為了解決京師糧食恐慌，將500,000石漕糧售賣給百姓。參見《明憲宗實錄》卷84，成化六年十月戊申條，頁2a-2b。同樣在1522年，明政府公布了一項布告，不准以錢幣形式支付稅糧，理由是「京師米價騰貴」。參看《明世宗實錄》卷12，嘉靖元年三月壬子條，頁2a。

的軍事行動常常由圍攻情況所決定；在這種時代裡，在京師儲備漕糧，具有毋庸置疑的優勢。但是在必要的範圍外，過多的供給和累積，就無什麼重要意義。事實上，明廷糧倉每年分發230萬石到260萬石的糧食，就會養活400,000到500,000人；這還不包括至少可以滿足另外50,000人食用的白糧。市場糧價下跌，表明供應超過了飽和點。既然這樣，整個情況看起來就過於浪費。

如果每年運輸300萬石就完全能夠滿足需要，我們就要問，在15世紀明廷規定每年通常要運輸多達400萬石左右漕糧到北京時，它是如何處理多餘部分呢？在當時的記述中，找不到直截了當的回答，因為當時紀錄中並無記載如何分發的細目。但是從各種敘述中可以推斷出一些具體的分發情況。

軍隊一直是最大的漕糧消費者。雖然眾所周知，在明王朝統治早期，軍隊衛所得到明廷分給的土地，可以自給自足，但在事實上並不總是如此。有一位明代官員估計說，分給北京附近衛所軍隊的土地，每年生產出來的糧食，無論在什麼時候都未能超過304,224石；而根據記載，這些衛所軍隊早期所需糧食總數超過了400,000石。他因此總結說：「其取給於饋運也明矣。」[145]僅是這一項目，所需要數目就在200萬石到400萬石[146]之間。

這樣分發的漕糧，一部分被浪費和貪污了。《明史》中記載說，在整個明王朝統治時期，記載中的軍隊數量總是超過了實際服役的數量，所撥付的報酬和定量包括了實際中並不存在的人員[147]。

另一個消費漕糧項目，來自於明廷准許武職世襲和宗室可以得到

---

145 〔清〕孫承澤，《春明夢餘錄》卷36，頁2a-2b。

146 原文如此，可能有錯。——譯者

147 《明史》卷89，各頁。

武官勳級的政策。在15世紀50年代，僅是北京一地，因此政策而世襲
武職和得到勳級的人員就有30,000人[148]。雖然他們中的大多數對軍隊
一無所知，可是每人除了在根據其官品、勳級而分享報酬的其他項目
之外，每年還可以得到糧12石、白銀16兩。這還不包括享有為數巨大
報酬、地位更高的貴族所擁有的俸給。在1495年，兵部尚書馬文升上
奏弘治皇帝指出，宗室貴族享有的俸給，其精確數字雖然未提到，陳
述可能也被誇大了，但是「祿米去其太半」[149]。在1562年間，一名御
史報告說，這樣的俸給全國加起來有8,530,000石；這個數字明顯包括
幾個省布政使司支付給王公貴族的糧食[150]。不論其餘由中央政府來承
擔的支任是什麼，雖然只是上列數字的1/2，或者1/3，甚至1/4，但仍
然太多，如不耗淨國庫，是難以支付的。在16世紀，明廷不再能全部
用支付糧食的方式解決由它承擔的責任，無論如何只能部分地承兌。
在1565年，明廷最終決定採取最簡單易行的方法，小部分用糧食來支
付，大部分用剛剛印好幾乎沒有什麼價值的紙幣來支付。就接受俸給
者來說，所得紙幣的比例都在60%到80%之間[151]。到1581年，由中央
財政支付發放給高層貴族的俸給，兌換成16,000兩銀子[152]。據稱，這
些措施導致宗室貴族貧困化。雖然這可能是一個好事例，但是，在大
幅度削減、採取兌換和逃避手段之前，曾經肯定是全額用糧食支付俸
給的。這個「有時」可能指的是15世紀中葉；是時，漕糧運輸量和儲

148 《明史》卷180，頁1。
149 〔明〕馬文升，〈陳災異疏〉，收於〔清〕清高宗編，《明臣奏議》卷8，頁3a。
150 《明史》卷82，頁3；〔清〕趙翼，《廿二史札記》(1795刊本)卷32，〈明分封宗藩之制〉，頁14b；錢穆，《國史大綱》，下冊，頁503。
151 《明史》卷82，頁14；〔明〕申時行等編，《大明會典》卷38，頁1088。
152 《明史》卷82，頁20。

存量達到高峰，而宗室貴族人數的增長沒有達到難以控制的數字。雖然全部支付量實質上少於上面已經提到的850萬石，但只要是其中一小部分，比如50萬石，就完全可以解決貴族的俸給問題。

在15世紀30年代，北京居住著要麼被俘，要麼自願臣服於中國統治的大量蒙古人。明廷對他們建立了一項撫慰政策，其目的明顯地在引誘和撫慰他們不斷騷擾西北前線的族人。有時，這部分居住在北京的蒙古人總數達到10,000人左右，明廷每月每人支付17.5石糧食[153]。有時，明廷每年要支付給他們的總數為210萬石；這個數字看起來過大，不真實。有段記載比較符合實際說每月每人17.5石只是付給王公貴族（captains），普通蒙古族人所得肯定要少[154]。但是毋庸懷疑的是，這部分蒙古族人的生活來源是由明政府承擔的，因此而撥付的糧食石數必定成百上千。

對於那些不熟悉明王朝政府機構的人來說，明朝宮廷內侍人數很容易使他們感到震驚。從15世紀晚期到明王朝崩潰時，僅是宦官人數就從10,000人增加到70,000人左右[155]。作為一般的宮廷辦事人員，大多數宦官是淨米的消費者。隨著這部分內侍中心人員人數的增長，包括太醫、廚師和其他工匠、普通苦力在內的宮廷總務人員人數也在增長，他們的報酬也用漕糧支付。在1522年間，大學士楊廷和發起了一場減少宮廷人員的運動。宮廷內侍，連同各種服務部門內的工匠和苦力，以及依附於具有秘密員警功能的錦衣衛的多餘人員，被成群地解雇。這樣，總共有148,700人從給薪名單中消失。結果，明廷每年可以

---

153 《明史》卷176，頁1；〔清〕趙翼，《廿二史札記》卷32，〈明官俸最薄〉，頁16b。

154 〔明〕余繼登，《典故紀聞》卷11，頁3a-3b。

155 Hucker, *Traditional Chinese State*, p. 11.

節省1,532,000石漕糧[156]。僅是這一項，就可以說明16世紀以前明廷額外支出的原因。這個事例還說明了以百萬計的花費在其背後並不一定具有什麼重要意義，它們很容易爲無效率的管理造成。

逐項列舉這些支出，使我們得到一個印象，即任何一項的支出都沒有非常建設性的意義。在表面上，可能駐紮在北京人數眾多的軍隊，會更加增強明政府的防禦能力。但是，這一支巨大的和平時期的軍隊，擠居在京城，從未達到預期的目的。在平時，在明廷的一紙命令下，他們經常轉變成勞力。在緊急狀態下，他們無力作戰的弱點充分暴露出來[157]。作爲一個停滯的「人力水池」，它本身逐漸乾枯了。最初有380,000個世襲軍戶，到16世紀早期減少到50,000戶。在這段時期裡，撥付出來養活他們的漕糧，是一種完全的浪費。如果用一種更開明的方法來撥付漕糧，例如像促進軍事工業，或者改進京城到前線的運輸條件，那麼向軍隊撥付漕糧就會產生更積極、更持續的效果。而按照明廷的管理方式，多撥一些或少撥一些，並無什麼差別；簡單地說，並未給國家帶來什麼利益。

除了上述的濫用外，漕糧腐爛的狀況毋庸置疑地發生了。在1619年間，宗人府在檢查儲藏淨米糧倉後悲嘆道：「每閱各倉，見多圮壞，地每有當換之板，上每無夾壟之灰，浸淫浥爛，長此安窮。」[158]這裡所提到的存糧，指的是高級淨米，其中部分是要上皇帝的餐桌的。如果這種糧食的儲存情況都令人悲歎，那麼儲存在糧倉裡的粗糧的境況不知差到什麼程度。必須指出的是，在整個明王朝統治時期，無論什麼時候，糧倉裡不曾淨空。大多數糧倉到1644年仍未露出倉底

---

156 《明史》卷17，頁2；卷190，頁5-6。
157 《明史》卷89，頁1-11。
158 〔明〕鹿善繼，《認眞草》卷16，頁233-234。

來。在1567年和1602年，雖然漕糧儲存量達到歷史低點，許多朝廷官員對此警訊感到驚恐，但仍然能足夠供應至少兩年的需要，無須增補。由於存糧流通緩慢，不可避免要腐爛。當時的許多文獻，就常常提到由於儲存過多而導致浪費的情況。存糧的腐爛數量，達到令人非常吃驚的地步。

有一些學者主張，在帝制中國政治和軍事的影響如何，在很大程度上取決於漕運量的多少。他們的觀點不止得到一兩個論證的支持。他們認為，如果漕運了充足的糧食，漕糧遲早要運到前線去。軍隊的糧食如果供應充足，就會增強軍事力量，提升軍隊的戰鬥力。這種觀點聽起來非常符合邏輯。不過就明代來看，找不到什麼歷史事實來證明它是正確的。

在明王朝統治早期軍事力量達到頂峰時，很少有足夠的糧食運到前線去。在幾次針對蒙古族部落的軍事行動中，永樂皇帝的確經由運河地區輸送糧食給作戰部隊，但是，這些軍事行動的時間並不長，戰事一旦結束，便再無糧食運到前線地區。在1439年間，正統皇帝命令戶部提供有關向西北前線提供後勤供應的背景資訊。戶部報告說，自明王朝建立以來，只有兩次從北京向前線輸送糧食。第一次是在1421年，總共運輸了201,100石。第二次是在1431年到1435年間，運送了380,000石，其中大部分是牲畜飼料[159]。由於運輸困難，如果數量過大，就不可能經常地輸送。即使對於承擔著向駐紮在大同府和宣府的衛所提供糧食的山西和河南的地方政府來說，也感覺到不可能陸上輸送數以噸計的糧食。它們找到了一種解決方法，而無須進行麻煩而繁重的運輸。即在要解決所承擔的任務時，派人至江南地區，從那裡購

159 〔明〕余繼登，《典故紀聞》卷11，頁7b-8a。

買大批的棉布。這類貨品，比糧食更易於運輸，運到前線後，就在當
地變賣並就地購買糧食提供給軍隊。實際證明，這種方法非常好，因
而軍隊公開宣布接收棉布，以取代糧食[160]。甚至連明廷也採取了這種
解決方法。除了向前線衛所發放銀兩外，它還運去一包包絲織品和棉
布；這樣，既運輸貨物，又撥付銀兩，從而取代了常規的配給。在
1493年，明政府還以同樣方法向前線運輸了150萬磅的茶葉[161]。

到15世紀末，雖然加在納稅人身上的擔子十分沉重，而對中央財
政來說，向前線衛所供應物品並不是一個嚴重的問題。在70年代早
期，人數為80,000到100,000的部隊移駐榆林和綏德附近的陝北地區。
向這支部隊提供的糧食，估計價值雖然為940,000兩銀子，卻需要
4,070,000人運輸，據說運輸費用高達8,250,000兩，幾乎是所需糧食的9
倍[162]。雖然明政府把這個負擔轉嫁到山西、陝西和河南等省份的百姓
身上，但是這樣運輸糧食，耗費過多，百姓負擔過重，難以長時間推
行。隨後，明政府找到了兩種可供選擇的解決方法。其中之一，就是
命令部隊至少生產部分自己需用的糧食。隨後的紀錄表明，這些衛所
有26,738名士兵和勞力從事耕作，每年生產的糧食維持在265,140石水
平上[163]。

於1487年官任戶部尚書的李敏在其制定的解決方法中，也強調就

---

160 〔明〕余繼登，《典故紀聞》卷11，頁8a。
161 《明史》卷80，頁24。關於運送到前線衛所各種各樣的物品，參見《明憲宗
  實錄》卷84，頁8。
162 《明史》卷178，頁11。一份於1473年呈交給成化皇帝的上奏，也引證了極
  端沉重的負擔，指出：如要把馬的飼料運送到前線衛所，每50捆草(或乾
  草)要花費10多兩銀子。參見《明憲宗實錄》卷119，成化九年八月甲子
  條，頁4b。
163 〔明〕王世貞，《鳳洲雜編》，收於《叢書集成》，第2810冊(上海：商務
  印書館，1937)卷1，頁6-7。

地解決。10年前，李敏作爲巡撫，駐在大同。他安排山東和河南的官員用錢幣取代糧食以解決運輸問題，規定按照1石糧食兌換1兩銀子的比率進行。擔任戶部尚書後，他進一步將該方法推行到其他地區和衛所[164]。如果相關地方資源缺乏，這種解決方法就不可能推行。既然如此，北京把問題留給北方的五個省份來解決。這些省份的運輸任務再一次由鹽商捐資補充完成。由於鹽是政府壟斷的，明政府規定對一定數量批發的食鹽，鹽商必須用糧食來交易，並在邊境地區支付。所有這些措施推行後，明廷就解決了由自己承擔的後勤責任，只是在偶爾緊急情況下，明政府才發現有必要從自己的儲存中撥付一些，解決供應。正如前面已經提到，即使這樣，緊急運輸的物品多半也不是糧食。

到明王朝統治中期，上述政策構成了國家財政框架。基本政策是，將土地稅收入分爲兩個管道徵收。規定淮河和黃河地區提供800萬石糧食，維持前線軍事設施。長江以南地區提供400萬石，供京城需要，這成明政府規定的最大數量，明代財政政策制定者以之作爲完備規定而多次加以引證。

正如預期，兩條渠道之間出現了互通。比如在1492年，南直隸和浙江省歉收，不能完成規定的稅糧份額，明廷乃決定用銀子徵收；而本來承擔支付銀兩給前線衛所的山東、河南和北直隸等省所屬一些府縣，相反則向北京提供糧食。隨即，明廷將在南方徵收所得的銀兩撥付給前線衛所[165]。這種三角轉換，是臨時性措施，並未在任何方面影響對前線衛所的撥付。唯一可能要提出的疑問是，在毗連地區進行徵

---

164 《明史》卷185，頁1-2。
165 《明孝宗實錄》卷65，弘治五年七月甲午條，頁5a-6a。

收，可能會間接影響到遙遠的北方地區的價格；過高的糧價反過來會導致軍隊的供應不足。但是，這種疑問也是一種沒有根據的看法，因爲各地區相互間的運輸困難排除了出現這種市場敏感反應的可能性。

　　與普遍的看法相反，明朝的軍事力量在明廷向前線衛所的供應更穩定更大量的情況下急劇下降。從後勤的角度來考慮，導致下降的大部分原因在於先前所採取的供應方法──一種以就地取材，局部自給自足爲基礎的解決方法──的崩潰。具體說來，軍事力量下降有幾個原因。大規模地逃亡，導致在衛所服役的勞動力下降。軍用公共土地因被盜占損失，進一步削減了衛所自給自足的能力。更主要的是，對士兵利用部分時間所從事的軍墾，效果到底如何，沒有給予恰當的計算。有段材料證明：「十數年並無一處通關奏繳，而宣大、延綏屯廢尤甚。」[166]隨著時間的推移，華北地區不斷拖欠支付。在16世紀，東南沿海地區進入了經濟發展時期。對外貿易的增長和新工業的發展，爲南方省份帶來了繁榮。但是，這種繁榮並未向北方地區延伸。值得注意的是，西北地方所處境況最爲糟糕，因爲它不得不從其他地區購買諸如茶葉、鹽和紡織材料之類的必需品，同時又找不到平衡貿易和增加銀兩收入的途徑。它所生產的羊毛，從未成爲中國的大眾商品；地毯的製造，也是小規模的，從未達到一定的程度。西北地方銀兩大量外流，導致該地區在隨後的時期裡全面蕭條。當時的目擊者報告說，許多人在收稅的最後期限自殺。成千人賣身爲奴，鬻妻賣子[167]。地方政府有其額外的困難。一方面由於竄改稅冊、特權階層逃避納稅

---

166 〔明〕王世貞，《鳳洲雜編》卷1，頁6-7。

167 〔清〕顧炎武，《亭林詩文集》（上海：商務印書館，1929，四部叢刊本）卷1，〈錢糧論上〉，頁13a。有關不平衡貿易，另參考李文治，《晚明民變》（上海：上海書店，1948），頁8。

而導致收入減少，另一方面由於向貴族提供俸給的負擔加重，地方政府遭受到前所未有的財政困難。山西和河南兩省的情況最為荒謬，兩省在16世紀中葉，在扣除向前線輸送的糧食之後，地方政府可得收入加起來為230萬石。在這筆收入中，兩省原則上至少必須支付的各種俸糧總數達到504萬石[168]。兩省不能完成向衛所提供糧食的任務是可以理解的。情況更為糟糕的是，明廷此時修改了有關用鹽支付的政策。先前，由於前線地區要用糧食支付，因而鹽商感覺有義務在邊境地區維持自己的土地。在1492年，明廷宣布用銀兩支付，在交易場所當場用錢幣支付。這樣，鹽商發現沒有必要再在遙遠的北方地區持有土地，乃變賣土地並且離開。雖然據說在1529年後，明政府部分地恢復了早期的政策[169]，卻也極大地影響了邊境地區的糧食生產[170]。

　　雖然防禦開支增加趨勢早已開始，但急劇增加出現在嘉靖年間。在16世紀中葉，俺答汗率領蒙古部落不斷侵擾明王朝西北前線。為了防禦侵略，明廷不得不加強沿線衛所。再加上其他的原因，就使得維持衛所的費用大幅度地上升。在該世紀20年代以前，撥付給前線補助費的最高紀錄是473,131兩銀子[171]。而在僅僅30年後的1549年，就不得

---

168 《明史》卷20，頁13；錢穆，《國史大綱》，下冊，頁503。
169 《明史》卷80，頁9；卷91，頁5。
170 《明史》卷80，頁14。
171 〔清〕孫承澤，《春明夢餘錄》卷35，頁17a。但是，《明史》和《鳳洲雜編》都記載說，在1522年前，補助費從未超過430,000兩銀子。參見《明史》卷235，頁14-15；〔明〕王世貞，《鳳洲雜編》卷1，頁3。關於撥付給前線衛所的補助費，可參見〔明〕申時行等編，《大明會典》卷28，頁839-861。還可參見寺田隆信的大作〈明代における邊餉問題の一側面—京運年例銀について〉，載於清水博士追悼記念明代史論叢編纂委員會編，《清水博士追悼記念明代史論叢》（東京：大安，1962），頁251-282。

不撥付3,178,354兩[172]，增加了近7倍。在16世紀80年代，明廷撥付給前線的銀兩包括從各種來源徵收的3,201,000兩以及食鹽收入的599,000兩[173]。這意味著在1549年的撥付數字上另外增加了20%[174]。

搶奪輸送給衛所的糧食，似乎始於1522年。是年，有人上奏剛登基的嘉靖皇帝，指出：

> 今宣大二鎮，凋敝極矣。……所欠軍糧，多未補足。……宣
> 府饑卒，搶奪市米。教場操枵腹之軍，至不肯舉旗以應號
> 令；營門臥饑羸之卒，至不能跨馬以執器械。兵勢委靡，人
> 心渙散。[175]

這段敘說的文學色彩非常濃厚，我們當然不能從中得出具體的細節情況。很明顯地，它過分誇大了有關情況；對此，我們還可以補充說，其筆調同當時流行的奏摺筆法風格並非不一致。然而在另一方

---

172 該數據是以《鳳洲雜編》為根據的。我們認為，該資料是從戶部檔案中得出的。

173 《明史》卷82，頁21-23。

174 在16世紀中葉和晚期，明廷所徵收撥付給前線衛所的實際補助費到底有多少，不能確定，因為無數個互不相聯的項目都有補助費的徵收，而各種資料相同的記載又很少。有些報告還包括了最初由華北地區各府提交的銀兩。這些銀兩，本來是這些府縣所承擔的財政支付的一部分，由於各種原因，通過中央政府上繳，隨後就作為明廷補助費而加以計算。不過，雖然具體的數字不同，實質上卻是一樣的。我們有理由相信，在16世紀到來後的前幾年裡，補助費總數不少於50萬兩銀子。隨後直到該世紀末的某個時候，總數逐漸增加到300萬兩到400萬兩之間。還請參見Wang Ch'ung-wu(王崇武), "The Ming System of Merchant Colonization," in *Chinese Social History* (Washington, 1956), p. 244, 308.

175 〔明〕夏言，〈請實邊儲以固人心疏〉，收於〔清〕清高宗編，《明臣奏議》卷17，頁13b-14a。

面，上奏者這樣敘述，有一定的根據，不是捏造全部的情境。在結尾時，他指出需要從北京向兩個衛所運送300,000石到400,000石糧食。附在該上奏之後的是一個注解，表明嘉靖皇帝隨之批准了奏摺所提要求。可是，每年從北京運往的糧食僅為150,000石[176]。雖然這些糧食是怎樣運輸去的，我們無從所知，但是，考慮到交通困難，這種運輸是一項不簡單的任務。同樣，我們也無從了解在第一批糧食運往前線後，之後的運輸是否繼續維持。

但很清楚的是，在16世紀後半期每年都從北京向前線運輸糧食。在這期間，戰爭局勢變化極大。在離北京100英里範圍內、恰好坐落在其正北面的密雲和昌平，取代了西北前哨衛所，成為最重要的戰略中心。從1550年起，明政府向這兩座城鎮輸送糧食，總數為206,000石。在1589年，增加到344,090石[177]。這些糧食，不是是剛從江南運到北京然後馬不停蹄繼續往前運輸而來的，就是京城糧倉換下來的陳糧。前者是由漕軍運輸的，後者是徵發勞役運輸的。偶爾，明政府也出資雇用商人來負責運輸。

向前線撥付錢幣，運輸糧食，並未使明軍重新取得軍事優勢。俺答汗恣意洗劫、掠奪北方省區長達三十年。有好幾次，他甚至威脅要進入北京城。不過在1570年，明廷才誘使他接受了和平條款，封他為

176　《明世宗實錄》卷12，嘉靖元年三月癸亥條，頁9b。
177　這個數字牽涉到一些還未得到說明、模稜兩可的數字。《大明會典》在卷27，頁820中記載說，從北京向這些衛所的運送糧食，開始於1550年。幾種資料都提到了1550年後的運輸情況。參見吳緝華的大作《明代海運及運河的研究》，頁196-197。不過《明史》在卷79，頁4中，《大明會典》在卷27，頁796中，都記載在1475年，兩個衛所收到了交付物品。看來，這些交付物品從山東起運，由遮洋總穿越渤海運輸而來。在1480年代，逐漸為錢幣支付所取代。

汗王，准許其部落在邊境地區貿易。如此解決，在官員中引起爭論。比其他任何官員都竭力主張和平解決的張居正，不得不詳細地為自己的政策辯護[178]。儘管如此，他仍然不被信服。其中一個批評者是孟一脈，他質問說：「今以中國之文帛綺繡為蕃戎常服，雖曰貢市，實則媚之。邊臣假貢市以賂戎，戎人肆剽竊而要我。彼此相欺，以誑君父。」[179]

在1593年，都御史彭應參勸止萬曆皇帝給予日本人的貿易特權。他的理由之一就是，與蒙古人的貿易已經導致中國損失了360萬兩銀子[180]。我們不知道他是如何得到這個數字的，如果真是這樣，亦不清楚這筆資金如何支付。但無庸置疑的是，這種所謂的貿易的確屬於一種明廷難以忍受的交易。許多年後，顧炎武仍然回憶說道，在1626年，來自宣府、大同、綏德和延安的地方官員帶著「銀兩數萬兩」[181]來到蘇州，購買大批絲織品，以解決邊境貿易的需要。根據這些事實，可見1570年的和平條款並不是一種令人完全滿意的解決方法；在此背景下，俺答汗對綏靖和讓步費的索取，看起來並不公平。很明顯，如果明軍有能力與入侵者對峙，所有這些羞辱和額外的財政負擔都可避免。

在回顧這段歷史時，許多學者都相信，明王朝前線的防禦力量在16世紀的下降，在很大程度上由於漕運量減少而導致的。由於學者們普遍以供應不足作為論證軍事防禦能力下降的原因之一，同時又由於每年的統計數字表明漕運量下降，因而兩者之間的因果關係似乎很明

178 朱東潤，《張居正大傳》（武漢，1957），頁108-109。
179 《明史》卷235，頁9-10。
180 〔清〕莊廷鑨，《明史鈔略》卷1，頁2a-2b。
181 〔清〕顧炎武，《亭林餘集》卷12。

顯，沒有必要進一步研究其中的關係。只有在這裡，我們才發現實際存在一些歷史細節和深藏的角度，證明這種看法是草率的。雖然從南方漕運到北京的糧食數量減少了，可是運往前線的糧食卻大為增加，遠遠抵補了減少量。如果有任何因素可以引證說明為什麼對軍隊的供應不足，那麼這個因素就不是同漕運情況聯繫在一起的；或者說，正如本文前面已經提到，是西北地方經濟狀況全面蕭條這個因素破壞了已有的財政經濟體系。

當時，前線地區流行的兌換比率為每石糧食兌換1兩銀子。如果以之作為計算基礎，那麼1580年代維持北方15個衛所的開支總數大約為8,950,000兩銀子。其中，17.3%為衛所收入，46.7%由中央政府撥付，只有36.0%由北方省份支付[182]。這些百分比雖然由於程續變化(即以前由省布政使司直接支付給軍隊的銀兩，數目雖然不詳，但改由中央政府轉交)而有所不同，但是顯而易見，由北方省份支付部分突然減少了；而在15世紀，僅是這些省份提供的供應，就價值800萬石糧食。在由中央政府撥付的部分中，只有小部分來自五花八門的收入，比如食鹽收入、貨物通行稅、罰款和沒收；大部分來自南方徵收的土地稅——無論是用錢幣徵收還是用糧食徵收，均採用之。兩者之間的比率實際上沒有什麼差別，並未影響總體情況。我們在此重申，影響實際漕運量的因素有許多，比如特別年份的收成狀況、糧食儲備水平、漕河水道狀況、可以使用的運輸工具如何以及南北間的價格差異情況如何等。我們可以補充的是，到16世紀末，整個局勢仍然在明廷能夠控制的範圍之內。對前線地區的維持雖然逐漸困難，但仍然並非不能處理。

---

182 根據《明史》卷82，頁21-23。《鳳洲雜編》中收錄了類似一組以1549年統計數字為依據的資料。兩組資料相互之間雖然非常類似，但是，《鳳洲雜編》還列舉了一些雜七雜八的項目，諸如馬飼料、棉花和棉布。

明政府能夠控制的局勢大約維持到1600年。16世紀進入17世紀，是明史的轉捩點。在這一期間，明軍要承擔三大主要戰事。在1592年於內蒙古發生戰役。同年還爆發了斷斷續續地進行的高麗戰事，明廷有責任保護藩屬對抗日本軍隊入侵，直到1599年才告一段落。更主要的是居住在明王朝西南地區的土著部落發動反叛，明廷不得不於1600年派遣軍隊前往鎮壓。這三大戰事的總開支達到1,200萬兩銀子，從而嚴重地耗盡了明廷的財政儲備[183]。如果此時推行節制措施，是可以抑制財政赤字惡化。可是，萬曆皇帝卻是一個奢侈浪費、鼠目寸光的皇帝。他在位期間，皇家開支飛速高漲；宗室親王婚禮的舉行大典和浪費程度前所未有；他個人包括絲織龍袍和珍珠在內的開支，超過數百萬兩；新皇宮的建造花費更多。滿洲人興起正好是明廷財政耗盡的時候。為了支付新的軍事開支，明廷不得不在土地稅之外徵收額外稅和附加稅。在進入17世紀後的幾十年裡，對滿族人的戰爭耗盡了國庫，更加沉重的徵稅激起國內動盪不安。當這兩個問題都不能解決，明王朝統治的最終崩潰便不可避免地來到了。

在此明王朝處於全面危機期間，漕運體系仍在運作。一些歷史學家喜歡引用這麼一個事實，即：在明王朝統治的最後20年裡，運往北京的漕糧年平均僅為240萬石；漕運量減少，似乎證明漕運體系崩潰了。他們忘記提到，自1618年以來，駐紮在天津的巡撫負責運輸糧食到包括整個滿洲人控制地區和北直隸在內的東北前線。在1621年，運往這兩個地區的糧食加起來總數達919,583石[184]。在17世紀40年代，上升到200萬石到300萬石[185]。如果將這些糧食同北京應收數目相加，那

183 《明史》卷20及卷21。
184 《明熹宗實錄》卷12，頁34-35。
185 〔明〕倪會鼎，《倪文正公年譜》，收於《叢書集成》，第3444冊(上海：

麼總數就可以與此前任何期間的年運輸總數匹配。

因此，為了應付滿族人的進攻，明廷逐漸將經由漕河運輸的糧食一半轉運到前線地區——在朝代歷史上，這是一項無可比擬的轉運任務。儘管明軍努力防禦，仍然不斷被逼回長城內。雖然此段歷史非常複雜，目前難以研究清楚，但是，從後勤角度對一系列事件進行專門的分析，我們至少可以說，因與滿洲人的戰事而產生的供應問題比以前預料的要大得多，複雜得多。

先前，在解決向西北前線提供後勤供應的問題時，明代官員至少可以在邊境地區購買一部分糧食來供應[186]。在東北地區，這種依靠購買地方所產糧食加以解決的方法看來不能適用；這正如在遼東負責軍務的總督熊廷弼不斷敦促北京向他提供糧食而非撥付銀兩所表明，撥付銀兩並不是一個令人滿意的解決方法[187]。因此，整個供應問題的結構完全改變了。漕河的漕運能力如何，並不是主要問題；此時的關鍵在於如何解決從天津向作戰地區運輸。

在1619年，熊廷弼從瀋陽向北京發出一封急件，指出在其麾下有士兵180,000名，戰馬90,000匹。每年需要軍餉銀3,240,000兩，糧食配給量1,080,000石，戰馬飼料需要972,000石大豆和216,000,000捆草料。他還強調說，上述需要只是最低的需求數，交通運輸和開支均應以此為基礎而策劃[188]。隨後的一封報告，表明明廷只批准撥付1,400,000石

(續)

商務印書館，1936，據粵雅堂叢書本排印），頁52。

186 撥付給西北前線的銀兩，用於購買武器裝備。參見寺田隆信在其大作〈明代における邊餉問題の一側面—京運年例銀について〉中所引的有關文獻。還請參見王崇武Wang Ch'ung-wu（王崇武），"The Ming System of Merchant Colonization," p. 304.

187 〔明〕程開祜，《籌遼碩畫》卷42，頁18a。

188 〔明〕熊廷弼，〈陳戰守大略疏〉，收於〔清〕清高宗編，《明臣奏議》卷

糧食，其中一部分用錢幣支付[189]。在熊廷弼提出要求後，撥付數量看來增加到200萬石；但是，實際撥付量可能從未超過150萬石，如負責東北地區軍事供應的巡撫李長庚指出，他所收到的全部糧食，包括天津的600,000石，來自山東的600,000石和來自江南的300,000石[190]。其中有一部分，除了普通稅糧外，是額外加徵的。比如，來自江南的300,000石糧食，是在已有由南直隸、浙江、江西和湖廣等省承擔的定額之外加徵10%而得到的。在由山東供應的600,000石糧食中，有一半來自普通稅糧，另一半則是政府購買的[191]。在後來幾年裡也有許多事例，表明運到天津然後運到東北的糧食，包括了額外加徵部分[192]。

但是更困難的還在後面，即如何將糧食運到瀋陽是一個非常大的難題。巡撫李長庚在一份未標明時間的上奏中指出：「夫遼餉二百萬，以每舟載五百石計之，須得四千舟始可完二百萬之運，而臣所造雇津船二百隻、淮沙船五百隻耳。」[193]熊廷弼在一份報告中指出，在一部分陸路運輸中使用了牛車。關於這部分開支，《明史》中記載爲每石1兩銀子[194]；其他資料則表明，從長城南到瀋陽，運輸費爲每石2兩[195]。很明顯，即使明廷供給充足，運輸效率也會因緩慢、運輸費用昂貴而大大降低。

糧食供應不足極大地影響了軍隊的作戰能力有缺陷。熊廷弼在另

（續）─────────────
  35，頁19a-19b；《明史》卷256，頁8。
189 〔明〕程開祜，《籌遼碩畫》卷44，頁20a。
190 〔明〕程開祜，《籌遼碩畫》卷44，頁47a。
191 〔明〕程開祜，《籌遼碩畫》卷45，頁40a-40b。
192 中央研究院歷史語言研究所編，《明清史料》，乙編卷4，頁329。
193 〔明〕程開祜，《籌遼碩畫》卷44，頁46a。
194 《明史》卷256，頁8。
195 〔明〕唐順之，《荊川文集》卷8，頁39(應爲頁29──譯者)。

一報告中指出：「軍士遂有忍餓兩日者。」[196]在遼東於1621年陷落前，遼東經略(Commander-in-Chief)袁應泰向戶部證明說，他所儲存的馬飼料已經耗盡[197]。在1641年，由於急需接連向戰地供應；隨後在皇帝個人干預下，向松山——明王朝在東北地區最後堡壘之一——緊急運輸400,000石[198]。儘管如此，在隨後的一場戰鬥中，總兵祖大壽手中的補給物品完全耗盡了[199]。

上述情況產生的後果是災難性的。不過，如果我們從更深、更廣的角度重新研究明王朝與後金的戰爭，就可以說這些後果不過是次要的問題。在危機中，明王朝由於不能動員地方資源為其目的服務，導致其統治全面削弱。不是地方經濟極端需要恢復，就是統治者與被統治者的聯繫被完全隔絕。再加上通訊網絡不可靠，明軍就陷入了孤立無援的境地。士兵們不但在飢餓中掙扎，而且軍餉不足，裝備不足。這就是設置在西北以加強對該地統治的一個衛所，於1619年突然消失的原因。是年某一天晚上，1,000名士兵中就有700多名逃亡了[200]。

現代一位學者談到裝備問題時認為，明王朝過早地失敗的原因就在於軍隊的裝備極為糟糕[201]。他的觀點毫無疑問地得到戰地指揮官熊廷弼下面一段上奏所證明：

> 遼東買一弓二兩，一矢五六分，更無買處。至於衣甲、撒

---

196 〔明〕程開祜，《籌遼碩畫》卷44，頁25a-25b。
197 〔明〕鹿善繼，《認真草》卷10，頁123。
198 〔清〕清高宗編，《明臣奏議》卷35，頁675。
199 〔清〕查繼佐，《罪惟錄》卷17，頁31b-32a。
200 〔明〕程開祜，《籌遼碩畫》卷44，頁29a-29b。
201 錢穆，《國史大綱》，下冊，頁586-587。有關盔甲供應情況，還請參見《明熹宗實錄》卷12，天啓元年七月癸亥條，頁21a。

袋、鞍轡、皮繩諸物，日日裝束，時時追逐，補綻縫破，無
事不費。每見軍士賠辦器物，典賣行囊，身無寸綿，裸體穿
甲，心如刀割，而恨不能以身代也。[202]

　　很明顯地，此段上奏的意思是，軍事供應系統完全毀壞了——其
毀壞過程，很難與漕運體系的運作效率聯繫上。相反，為了解決急
需，漕運量大幅度增加了；只是由於路程和問題太大，才使得這樣的
補救無效。

　　由於大量糧食要改變路線運往東北，因而很自然地，在朝代末
期，北京才感覺到儲存缺乏。京城糧倉所儲存糧食數量漸漸變少，到
倉底露出來。雖然海運恢復了，在開始時取得了成功，但是並未產生
令人滿意的效果[203]。其失敗原因，看來在於船隻數量不足。在1643
年，在新糧從南方運到之前，北京儲存的糧食只能維持兩個月。戶部
不得不購買一定數量的大豆，作最壞準備[204]。

　　明王朝統治最後幾年裡的漕糧總運輸量，並不清楚。但是在1640
年，除了已經大規模地增加10%外，在徵收定額基礎上又增加了
8%[205]。糧草徵收的執行，也變得更加嚴厲。在1641年，浙江兩名知
縣因未能完成運輸任務而被逮捕；其中一名最終被迫自殺，另一名被
押送到北京關進大牢[206]。顯然，漕運沒有一點緩慢下來的跡象。同

202　〔明〕程開祜，《籌遼碩畫》卷44，頁24b。
203　有關崇禎皇帝在位期間海運恢復具體情況，參見《明史》卷277；〔清〕孫
　　　承澤，《春明夢餘錄》卷37，頁29a-29b。
204　〔明〕倪會鼎，《倪文正公年譜》，頁52。
205　《崇禎長編》卷13，頁8。
206　〔明〕陳貞慧，《崇禎朝紀事》（上海，1946），頁156。

年，位於臨清附近的衛河一時乾枯了[207]。駐紮在淮安的一名御史寫了一首描述是年漕運情況的600字詩。他指出，漕船出發時期比尋常推遲了四個月；但是總運輸量仍然爲400萬石[208]。各種信件和私人日記都提到，由於那時要運送200萬石到300萬石的糧食到前線[209]，那麼到了1643年，每年包括運往北京的運輸量無論如何也不會低於400萬石；這個數字或許在先前許多年裡已被超過。

考慮到船隻短缺和漕軍已經崩潰，更不用說大量的稅款被拖欠；運輸了這麼多的漕糧，的確是個值得注意的表現。即使是運河地區本身，到這時也變成了戰爭的犧牲品。滿洲鐵騎橫掃大部分河段；隨後，又被土匪洗劫。一眼望去，滿目淒涼。在1641年，負責財政事務的給事中（Advisory Secretary）左懋第受命負責漕運事務。他提交的一份奏摺，未完全擺脫誇大的傳統，提到：「臣自靜海抵臨清，見人民饑死者三，疫死者三，爲盜者四。米石銀二十四兩。」[210]兵部於1642年提交的一份奏摺，說道：「運河自宿遷至東昌，村鎮盡成瓦礫，獨濟寧一城，孤立於千里荊棘中。」[211]負責黃河事務的河道總督張國維，同一時期沿著運河旅行時，發現飢餓不堪的難民啃食著樹皮，而他同時又看到「新漕銜尾而北」[212]。另一名官員的日記提到，在1643年，許多縣的知縣坐在縣衙裡「不徵糧理訟」[213]。非常令人吃驚的

---

207 吳緝華，《明代海運及運河的研究》，頁336。
208 詩是吳易所作，載於〔清〕陳田，《明詩紀事》，辛籤卷8下，〈辛巳秋七月觀漕船臨發記異〉，頁3b-4a。
209 〔明〕倪會鼎，《倪文正公年譜》，頁52。
210 《明史》卷275，頁13。
211 中央研究院歷史語言研究所，《明清史料》，乙編卷10，頁933。
212 〔明〕張國維，《張忠愍公集》（江蘇書局，1879）卷9。
213 〔明〕祁彪佳，《祁忠敏公日記》（浙江紹興，1937）卷5，1643年陰曆八月二十二日。

是，漕河仍然能夠航行，漕船還能經越無數個險阻之地航行前進；而在這些地方，船隻通常需要當地的幫助才能前進。

隨著崇禎帝上吊而死，北京於1644年農曆三月陷落。後來，又被清軍奪取。1644年的漕運可以理解並沒有進行。但是在是年農曆八月，前面提到的那個左懋第官居右僉都御史，被在南京自己登基稱帝的福王朱由崧派遣和在北京的清廷接觸。100,000兩白金、幾萬卷絲織品，作爲南明朝廷的禮品，由3,000名士兵護送。左懋第的使團，連同這些禮品和士兵，大約需要100艘船隻才夠乘坐。據說，左懋第代表團在八月裡渡過淮河，於十月初一到達漕河終點張家灣[214]。這段行程不到60天[215]。這證明王朝更迭時，漕河水道不僅完整無損，而且仍然處於良好的航運狀態。這種情況與276年前蒙古族人失去政權時的情況是不同的。

上述情況說明，漕河在明王朝統治後期仍然完整無損，漕運數量也未大幅度下降。漕河水道狀況同明王朝統治的崩潰並無什麼關係。明王朝對東北的軍事失敗，是許多其他因素造成的；而這些因素與漕糧運輸並無任何直接聯繫。更主要的是，期望漕河解決所有因與東北戰役而產生的後勤供應問題，確確實實是不可能的。

不過，雖然我們無意批評明王朝統治後期對漕河的「錯誤管理」，但是我們不得不懷疑，明王朝依賴漕運體系作爲一項國家財政主要來源的基本方針何在？

---

214 《明史》卷275，頁15。

215 原文敘述矛盾。作者一方面說朱由崧派遣左懋第到北京同清政府接觸，另一方面隨後又說左懋第渡過淮河南下，方向是矛盾的。可能作者後面所說，是左懋第完成任務後返回南京的行程。——譯者(案：張家灣在通州東南，這段行程應該是由南往北，原文也未提到南端，應無矛盾，非譯者所言。)

　　必須記住的是，洪武皇帝和永樂皇帝確立明王朝統治體系時，極大地強調地方自給自足；通過頒布一系列嚴厲而強制性的措施，這一目的在很大程度上實現了。在實際上，明政府對每一個臣民的住所和職業都作了規定；當這還不夠時，明政府接著就強制性的移民。與此同時，規定軍隊糧食自給自足。官吏只能依靠自己微薄官俸生存；官俸數量，即使按照15世紀的水平來看，也是明顯比較少的。只有在這種情況下，國庫開支才能降到最低點。成化皇帝制定的財政經濟基本政策與此不同：所有防禦開支由華北地區來承擔，其他的宮廷開支則由南方省份承擔。前者未超過800萬石糧食，後者不過400萬石。在外表上，這是一種整齊而簡單，可是一旦操作起來，卻包含了許多複雜而不健全的處理方法。此外，這一政策是否能推行成功，需要不斷地強化現有政治體系，也需要中國兩大主要地理區域的經濟境況相對穩定；而這些狀況在16世紀再也維持不下去了。

　　而且，漕運體系存在著自己的本身的弱點。在繁榮時期，糧食盈餘並未帶來什麼值得注意的好處，僅僅是鼓勵皇帝豢養了大批隨從；而對繼位者來說，無論是維持還是遣散，都很困難。在非常時刻，糧食總產量明顯地不可能增加，也不可能促進漕運的發展。

　　明王朝整個體系還有一個不足，那就是土地稅制度如何規定也是要同漕運體系的運作相適應。正如我們在前幾部分中已經指出，運往北京的土地稅，一部分是用實物徵收的，徵收時要隨徵高額的附加稅；另一部分則概要地規定按照非常低的比率兌換成銀兩支付。最後，前一部分的繳納過高，導致繳納拖欠。後一部分則由於兌換比率過低，使許多精明的地主受益很大；這些地主，或者通過購買，或者玩弄花招，以按照低比率兌換糧食的銀兩來完成納稅任務。無論是哪一種情況，都對明王朝國庫收入產生不利的影響；它的未來收入減少

了。

在17世紀初期國家財政開支大幅度增加時，卻沒有新的財源出現。耶穌會傳教士提議發展一種新事業，即由政府經營採礦業，但由於官僚階層強烈反對，明廷不得不交由宦官負責，並最終在不光彩的失敗中結束。由於紡織工人的劇烈暴亂和罷工，明廷不得不放棄對紡織業的徵稅。對外貿易也在明廷一道命令下暫停。內陸水道通行稅的徵收，即使增加，但所得收入每年不過50萬兩銀子。在土地稅之外，除了食鹽每年能帶來多於100萬兩的收入外，沒有哪一項收入能達到令人滿意的地步。在明王朝統治的最後十年裡，國防開支大幅度增加，總計達到了每年2,100萬兩的程度；這迫使明政府在土地稅外徵收額外稅。明政府在增加稅收時，卻未考慮到納稅個人或納稅地區是否有能力繳納。在冊土地每畝的納稅率是相同的。從某種意義上來說，明王朝整個財政政策，其慎重地制定似乎有意地試驗了各個組成部分最薄弱的聯繫。

2,100萬兩是多少呢？簡單地說，不過僅供50萬軍隊一年費用。根據這一期間的法定細目，每人的餉銀為18兩，那麼50萬人的部隊，就需900萬兩。無論從什麼樣的保守角度來觀察，用於支付軍官的需要200萬到300萬兩。剩下的800萬或900萬兩並非游刃有餘的用於購買戰馬、武器、制服、裝備和供這支軍隊迅速行動的交通工具。關於此點，如果有什麼疑問，都會因下列事實而得到解釋，即在滿洲人奪取政權後，雲南、廣東、福建三地控制下的軍隊加起來總數為32,000人[216]。而在1672年，支付給這些部隊的銀兩加起來就超過了500萬兩[217]；這還只是和

---

216 原文如此。三藩軍隊總數不止32,000人。——譯者
217 錢穆，《國史大綱》，下冊，頁594。

平時期一年的支付，軍隊並無任何大規模的戰鬥任務。

若如何炳棣估計一樣，中國的人口到1600年時達到了150,000,000人[218]，那麼2,100萬兩就意味著每個人頭不過0.14兩。相比起來，1578年的土地稅，如果按照在冊人口平均分配承擔，那麼四川就爲每人0.33兩，陝西0.38兩，浙江0.49兩，山東0.50兩，南直隸0.57兩[219]。如果考慮到加在納稅人身上的額外徵收以及其他無形的負擔，那麼在大多數情況下，土地稅不是接近就是超過每個人頭1兩的比率。這就令人難以相信2,100萬兩的軍費開支超過了全國的承擔能力；即使不用懷疑，在徵收資金時，政府機器和現存稅收體系致力於使自己超過了臨界點。

很清楚地，明廷並未充分地準備與裝備動員全國資源應付緊急事件。關於這一點，給事中（Supervising Secretary）吳執御就直率地疏言：「臣竊謂天下之民未嘗窮，而天下之財未嘗盡也，惟主計者自爲窮之、盡之之計。」[220]崇禎朝初年官居戶部尚書的畢自嚴，也指出：「計歲入太倉歲充邊餉者，眞無異馬體之毫末也。」[221]

但是我們必須在根本上加以強調，明廷失敗原因起源於其君臣盲目地堅持執行明王朝建立者制定的總計畫。一旦先例確立起來，他們不情願也無力消除不健全的體制。然而在15世紀和17世紀初期之間，中國的社會背景發生了巨大的變化。雖然洪武皇帝和永樂皇帝在實際中能夠利用嚴格的法律對全國加以統治，可是在萬曆、天啓和崇禎年

218　Ho Ping-ti（何炳棣）, *Studies on the Population of China, 1368-1953*（Cambridge, Mass., 1957）, pp. 3-23, 277.

219　參看〔明〕申時行等編，《大明會典》卷25，頁669-715。

220　〔清〕孫承澤，《春明夢餘錄》卷36，頁48a。

221　〔清〕孫承澤，《春明夢餘錄》卷35，頁29a。

間，占有全國大部分土地的士紳牢固地確立了自己的地位；各省政府不再只是明廷的傳達機構；中央政府的權力，即使在理論上沒有受到抑制，但至少在實際運作中受到了限制與緩和。兩頭政治在某種程度上產生了。就在此時，白銀的廣泛流通，導致早期的財政制度已經過時。此外，人口增加了，江南貿易和手工業發展起來了，國防的實際開支增加了。明廷雖然不得不面對非常巨大的財政問題和經濟問題。但是明廷從未全面重新組織具有生機活力的制度，以適應新環境的需要。自16世紀晚期以來，國家預算表面上擁有的銀兩數目巨大，創造了中央政府擴大了財源的一個錯誤印象；而在事實上，表面上增加了的收入，大部分要通過轉換的手續取得，比如，在南方徵收的稅糧，其中一部分要兌換成銀兩；支付給軍隊組織和機關的，要由中央金庫交付；來自食鹽收入的現款流通，必須集中起來[222]。兌換成銀兩支付和重新規定資金發送，並不表明明廷的財政力量實際上增加了。我們可以進一步指出，直到1600年，明王朝行政當局首要關心的問題並不是如何擴大國庫收入的財源，而是如何才能在成化皇帝遺留下來的永久性政策中生存下去。

並不是所有當時的明人都要受到眼光短淺的譴責。邱濬和王宗沐提議促進海洋活動[223]。邱濬還和李贄以及後來擔任戶部尚書的倪元璐，不是提議對商人實施更自由的政策，就是提議發展商業以增加國庫收入[224]。唐順之則看到了改進關內與東北地區交通的重要性[225]，顧

222 《明史》在卷82，頁19-20中指出，北方省份支付給衛所的銀兩為1,695,000兩。還請參看註釋174。關於食鹽收入處理情況，參見《明史》卷80、卷185。

223 邱濬所提奏摺，載於〔明〕黃訓編，《皇明名臣經濟錄》卷22，頁7-8；〔清〕清高宗編，《明臣奏議》卷5，頁11b-16b。關於王宗沐所提建議，參見《海運志》（美國國會圖書館縮微膠捲第534號）。

224 參看容肇祖，《李贄年譜》（北京：三聯書店，1957），頁3。倪元璐所提建

炎武指出了西北地方經濟蕭條情況[226]。正如本文在各個部分已經討論所指出並將繼續討論所指出，明廷未能就這些方法採取行動，或者未採取補救措施。

　　一直繼續運作200多年、基本特點沒有發生變化的漕運體系，無庸置疑地是整體發展的一個貢獻因素。它早期的成功，在明代官員中產生了自鳴得意的心理。在統治後期，雖然已經發現了它存在不足，但是明廷未採取任何措施加以改進。同時，看來並無任何其他體系取代它。明政府依靠它作為國庫收入主要方式長達兩個世紀，在制定財政計畫時，從未擺脫依靠它的思想觀念。無論是當時流行的思想觀念，還是通行的稅收體制，都未使明代官員創造出一種極大地不同於現存體制的體制。

　　在努力維持歷史的延續性時，明代官員認為漕運體系是一種具有許多優點的體系。它給明王朝帶來了穩定和固定的收入。漕河的優點早就得到廣泛的確認。至於它的負面影響，卻常常被遺忘；它的有限能力也沒有得到應有的注意。更主要的是，一條長約1,100英里的河道，明代官員只是期望它每年運輸400萬石到500萬石的糧食到北京。很明顯地，在任何情況下，儘管明政府為其運作和維持付出了極大的代價，可是它絕沒有使明代經濟活躍到令人滿意的程度。

（續）

　　　　議，載於《倪文正公年譜》。

225　〔明〕唐順之，《荊川文集》卷4，頁4b；卷8，頁39a。星斌夫在其大作《明代漕運の研究》，頁340中也引用了唐順之所寫一些段落。

226　〔清〕顧炎武，《亭林詩文集》卷1，〈錢糧論上〉，頁13a。

第五章
宮廷供應品的漕運

　　關於宮廷所需物品的供應，明代並未形成一套連貫的政策。在明
王朝統治早期確立土地稅時，明廷准許一些省份通過向宮廷進貢若干
農產品方式完成自己所承擔的稅額。但是，向宮廷到底要供應哪些物
品，我們沒有找到有關規定清單[1]。隨著時間的流逝，供應品的組成
和質量都發生變化了。它不再反映各省所產物品哪些是盈餘的，不過
多少反映了宮廷需要哪些東西。在宦官催促的影響下，皇帝通常在舊
的供應物品之外，命令進貢新品種。從理論上說，新增加的物品應該
從供應地區所承擔的土地稅中扣除，而在實際上，這道手續經常被忽
視，有關地區必須毫無補償地進貢。而且，先例一開，除非撤銷，有
關府縣就必須維持運送。通常的做法是，明廷通過官僚體制將有關命
令層層傳達至最低層級；最後，接受命令的縣份負責徵收和運輸，由
明政府所設倉庫和接收點負責接收。在明代中期之後，地方政府經常
支付銀兩，以取代物品。整個程序極為複雜。亂上加亂的是，明廷在
16世紀晚期和17世紀早期派遣宦官到各省充當採辦人。向這些宦官提
供物品和服務，很少得到相應補償。此外，明廷有時也採取購買辦

1　〔明〕申時行等編，《大明會典》有幾卷列舉了這些宮廷供應品的種類。何
　士晉特別在《工部廠庫須知》卷9中，也列舉了一些供應品。有關農產品基
　本上有哪些，它們是怎樣作為土地稅徵收的，可以參見《明史》卷82。

法，用現金支付所得物品²。

　　不過，本文爲了研究方便，可將通過漕河運輸的宮廷物品分爲三類，即是：由納稅人運輸到北京的，由中央政府運輸到京城的，由商人運輸但隨後由明廷購買的。納稅人運輸的物品，最重要的是白糧、金花銀和棉布。一般說來，絲織品、瓷器、容易腐爛的食品和建築材料，由政府自己派遣勞力裝載運輸。到明王朝統治崩潰時，一部分木材從平民百姓手中購買；硫磺、銅、鐵和漆等物品也是如此。

　　在京城所需物品中，除了占主要部分的煤、木炭、毛織品、琉璃瓦、搪瓷器和占小部分產於華北的絲織品外，其他任何大批運輸的物品都產於南方。用於建築的石頭，從徐州附近運來，但是由於笨重，用一種稱爲「陸上駁船」（overland barges)的特殊裝置來運送。除了這一特殊的物品外，所有其他物品實際上都是通過漕河從產地江南漕運到北京的。

　　毫無疑問的是，白糧在供應品名單上所占位置最爲重要。白糧，不僅要供宮廷人員和宗人府消費，還有一部分要用於宮廷釀酒。至於宮廷釀酒每年需要多少白糧，可從這一事實反映出來，即宮廷釀酒每年要消耗的全從淮安地區運來的發酵餅，就達50多萬磅³。

　　每年有214,000石白糧，是根據長江下游五府即蘇州、松江、常州、嘉興和湖州⁴所承擔的稅額徵收的。把它們運送到北京，是這些地區的固有職責。有關縣份在知縣的安排下，派遣一些所占土地較多的大戶來充當「解戶」。由於解運是一種極爲不利的責任，所有擁有

2　還請參見陳詩啓，《明代官手工業的研究》（武漢：湖北人民出版社，1958），頁110-132。
3　〔明〕申時行等編，《大明會典》卷217，頁4328。
4　《明史》卷79，頁10。

勢力的家庭總是想方設法躲避，負擔不可避免地落到平民百姓的頭上。「解戶」一般為五年一期。「上任」之後，解戶就須在「任期」內每年解運兩次。每一次解運，他要負責400石到500石的白糧；這是平均每艘漕船的一般運載量[5]。

　　地方政府交給解戶負責解運的白糧，徵收時，在土地稅之外，按照每石白糧兌換1.7石粗米比率徵收。此外，要徵收0.8兩到0.9兩的銀子作為服務費[6]。從這時起，責任就重重地落到了解戶的肩上。他必須要照看粗米曬乾、去殼、打包、雇船裝運，自己要解運到北京去。在張家灣所需駁船費與陸上貨運費，要他自己承擔。如果河水結冰，他必須安排卸下漕米並存放好，以待來春再行解運。直到朝廷的糧倉查收，政府的收據交至他手上，他的職責才履行完畢。

　　人們無異議地認為，每艘船隻的裝運，官方津貼約為400兩銀子，不足以支付花費。我們至今沒有找到有關記載，使我們能確信明政府支付了船隻雇用費。但有資料說，每艘船隻「每次來回獲利幾百兩」。人們時常抱怨，船隻駕駛者一路上總是找藉口索取額外支付。更常見的是，船主與官吏的勾結非常密切。有關官吏在物品起運時就堅持解運者必須雇用受他們保護的船隻[7]。

　　解戶雖然是為政府服務，可是並未得到相應的特權和豁免。穿越急流時，他們可以得到政府勞役的幫助，但必須繳交費用。通常是每3個急流交費10到15兩銀子。同樣地，每穿過一座水門，要交費0.5兩到

5　〔清〕顧炎武，《天下郡國利病書》卷6，頁83。

6　〔清〕顧炎武，《天下郡國利病書》卷6，頁84。

7　〔清〕顧炎武，《天下郡國利病書》卷7，頁26；〔明〕徐必達，〈請革解納白糧積弊〉，收於〔清〕清高宗編，《明臣奏議》卷34，頁21a。

0.6兩[8]。一路上，每艘船隻所交費用加起來大約爲65兩。

　　在幾個徵稅站，解戶所雇船隻還要停下來接受檢查。這讓負責徵稅站的官吏提供了敲詐勒索的機會。在明王朝統治後半期宦官負責收稅時，解戶必須繳納通行稅和貨物稅；這與普通商船並無區別。在1610年，有人上奏萬曆皇帝，請求廢除這些苛徵[9]。

　　運載白糧的船隻，通常於農曆五月從產地啓程上路。經過淮河運河河段時，它們必須讓漕船首先過去。結果延誤幾十天是經常發生的事。這又導致船隻於冰凍季節才達到華北。從1604年起，上述幾個府提供每船50兩銀子的額外補助，以緩解因冰凍而導致行程受阻的解戶[10]。

　　在北京，白糧查收時要繳納5%的附加費。此外，還須繳納白糧所占倉庫空間費和存放白糧的勞力服務費。這些花費也由解戶承擔。按照明廷的規定，後一筆繳納爲每100石所查收的白糧不能超過8.6兩銀子。可是隨著明代後期行賄受賄和非法勒索盛行，每名解戶在接受官吏查收糧食之前通常要繳納這個數的兩倍[11]。

　　解戶的遭遇是嚴峻且永無止境的。地方史中關於他們不滿的記載數不勝數。看來，他們遭受到的經濟損失達到了傾家蕩產的地步。在16世紀中期之後，有一份上交給隆慶皇帝的奏摺，這樣寫道：「(民運之家)無不破矣。」[12]明王朝統治後期，悲慘解戶的處境在大眾心中留下了深刻的烙印，民間傳說中都有反映。《古今圖書集成》(有時，該文獻用西方語言翻譯爲《康熙百科全書》)收錄了一則傳說，描述了一

8　〔清〕顧炎武，《天下郡國利病書》卷6，頁50。

9　〔清〕顧炎武，《天下郡國利病書》卷6，頁85。

10　〔清〕顧炎武，《天下郡國利病書》卷6，頁20。

11　〔清〕顧炎武，《天下郡國利病書》卷7，頁31。

12　《明史》卷79，頁10。

名身無分文、無依無靠、處於絕望境地的解戶，流落北京街頭，最後乘著畫中的船隻回家[13]。《古今圖書集成》的編輯者以爲這則傳說內容的重要性，保證了將之納入使《古今圖書集成》達到普遍參考的作用。

從解戶這種悲慘的故事中反映出，白糧運送到北京的過程，無論怎樣說都是極爲昂貴的。有一份文獻指出，每石大米的運輸給納稅人帶來的負擔多達8倍[14]。換句話說，只是爲宮廷提供主食和酒水，就要耗費國家160萬石大米。

棉布的運輸情況，與上述情況非常相似。棉布與白糧一樣，作爲土地稅的一部分，也是在長江下游地區徵收。不過，布匹毫無例外地來自八個縣（即嘉定、太倉、崑山、武進、宜興、華亭、上海和青浦）。在早期規定布匹定額時，每年要運輸200,000匹，每匹按照取代稅糧的土地稅來徵收。在17世紀，定額逐漸增加到322,744匹[15]。雖然就中央政府而言，兌換比率並未改變，但是在地方上，特別是在那些土地稅逐漸削減的地區，以及在稅收體制於16世紀改變之後的地區，兌換比率變成對布匹較爲有例。在17世紀初期徵收土地稅時，1匹優質布匹可以取代1.3石到2.5石糧食，1匹粗布取代0.7石到1.0石糧食；實際稅率各縣不同。此外，各地普遍每匹布匹徵收0.2石糧食或相應的錢幣，作爲運輸費用。優質布匹的官定價格，爲每匹0.7兩銀子；粗布爲0.34兩。這比市場價格高了許多[16]。但是比較起來，兌換率對於以紡

13　〔清〕陳夢雷等編，《古今圖書集成》卷116，頁18。

14　〔清〕顧炎武，《天下郡國利病書》卷7，頁33。

15　〔清〕顧炎武，《天下郡國利病書》卷6，頁47。但是《大明會典》在卷30中指出，每年運送的棉布定額爲433,000匹。參見〔明〕申時行等編，《大明會典》卷30，頁879。

16　〔清〕顧炎武，《天下郡國利病書》卷6，頁12、41、67、68、79。人們接受

織品來納稅的人來說仍然有利。是故,好幾個縣特別規定只准許少數的農人用銀兩或布匹來履行納稅任務,其他農人則必須以糧納稅。同樣地,競爭的地方之間總是存在著妒忌性的競爭,為了爭取以更多的布匹數額來完成所承擔的稅額而產生對抗[17]。

一般說來,對於以布匹納稅的人來說是幸運的,而對於承擔布匹運輸的解戶來說,也是悲慘的。這些解戶同樣是五年一任。他們通常也是由財產評價上為「大戶」階級者擔任。根據一份關於華亭縣情況的文件所說,所占土地超過2,000畝或者擁有的銀兩達10,000兩的地主[18],就要擔任解戶。

縣衙門以銀兩支付的形式徵收稅布,然後將銀兩一次交給解戶。解戶收到銀兩後,就與紡織者訂立契約,按照官方有關規定生產布匹。每匹布匹須長40英尺,寬2.5英尺到2.6英尺,重3.75磅。如果布匹據此生產出來了,地方官吏就在每匹布上蓋上圖章。但是,當地的驗收並不能擔保北京的滿意。北京接收官員(在明王朝後期毫無例外地由宦官擔任)可以挑剔地拒收任何一匹布匹或者全部。當時的一名作者諷刺地批評他們的驗收標準,就是「以入賄之多寡為美惡」[19]。

在往京師的途中,與上述民解民運白米的解戶悲慘遭遇完全一樣,布匹解戶也遇到了船夫所帶來的麻煩、因漕船優先通過而導致的耽擱、水門和徵稅站負責官吏的敲詐勒索。每名解戶每運輸1匹布匹,通常要損失0.2兩到0.3兩銀子。如果被拒收,那麼重新購買並重新運到

(續)—
的市場價為每匹棉布0.2兩銀子。參見西嶋定生,〈支那初期棉業市場の考察〉,《東洋學報》,31:2(東京,1947.10),頁274。
17 〔清〕顧炎武,《天下郡國利病書》卷7,頁74。
18 〔清〕顧炎武,《天下郡國利病書》卷6,頁79。
19 〔清〕顧炎武,《天下郡國利病書》卷6,頁20。

北京,每匹布匹就會給他帶來的損失多達0.6兩到0.7兩。就以華亭縣的
例子來說,每年要運送16,185匹優質布和48,935匹粗布,總價值為
30,847兩銀子,由4人充當解戶負責運輸。他們到北京,需8個月到10
個月的時間[20]。毫無疑問的是,他們所遇到的危險非常大,所承受的
經濟損失非常沉重。有一名縣官於1610年就悲痛地指出:「吳中一聞
此役,如赴死地。」[21]在17世紀,有些地方取消了解戶。在嘉定縣,
由一名縣丞(assistant to the magistrate)負責處理。不過在許多地方,比
如在松江縣[22],解戶一直存在著。

　　每年多達1,012,729兩的金花銀,經由漕河運輸[23]。一般說來,也是
民解民運。不過在明代後期,一些府縣看來由政府官吏負責運輸。至
於詳細情況,並不都很清楚。在金花銀徵收占1/3的長江三角洲,每千
兩要額外從納稅人身上徵收8兩,作為服務費[24]。徵收上來的銀兩要熔
化,鑄成橢圓形的銀錠,每塊重約4磅[25]。鑄造過程中的損失,要由解
戶承擔。有本地方志指出,江南有個縣每年要運輸4次[26]。為了確保運
輸,必定採取了某些安全性措施,但是怎樣進行的,並不清楚。在運
輸隊中從事鑄造工作的鐵匠,似乎有負責重量和純度的職責。這些銀
兩由戶部的官員負責驗收。他們驗收後,銀錠就交由承運庫存放,變

20　〔清〕顧炎武,《天下郡國利病書》卷6,頁80、81。
21　〔清〕顧炎武,《天下郡國利病書》卷6,頁79。
22　〔清〕顧炎武,《天下郡國利病書》卷6,頁20。
23　〔明〕申時行等編,《大明會典》卷30,頁878。
24　〔清〕顧炎武,《天下郡國利病書》卷6,頁41。
25　〔明〕何士晉,《工部廠庫須知》卷2,頁38a。每錠重約4磅,是根據何士晉
　　在注明日期為1612年農曆四月初五日的上奏中所說得出的。(案:應為四月
　　初四日)
26　〔清〕顧炎武,《天下郡國利病書》卷6,頁90。

成皇帝個人的專款[27]。在定額爲百萬掛零額數的金花銀之外的稅銀，看起來也是用同樣方法來處理的。不過，存放於太倉庫的銀錠除外。太倉庫是戶部負責管理的保管庫，它所存放的銀錠是公共資金，但是分界線一直很不明確。皇帝只要願意，隨時就可以重新分配並轉用。正德皇帝於1507年就下令太倉庫撥付白銀200萬兩給承運庫。嘉靖皇帝於1549年同樣下令太倉庫撥付，撥付數目達320,000兩[28]。在1578年之後，萬曆皇帝的個人收入每年膨脹到200,000兩，而這筆資金是由太倉庫撥付的[29]。

明廷從納稅人身上徵收了各種各樣的物品，數目成百上千。要把它們分類，看來是不可能的任務。《寧國府志》(即《寧國府的歷史》)的作者設法做了一份包含他所在地方繳納物品的清單[30]。首先有12種物品出現在清單上，即黃蠟、蜂蜜、肥豬、肥鵝、鹿、藥味藥材、鹿皮、箭枝、掃帚、曆日紙、用於做紅墨水的汞化物等[31]。但是，作者列舉完後，又想到了一些清單上並未安排的物品，有山羊、鉛木、金箔、貓竹和絲線。即使把這些物品補充進去，清單也絕不能詳盡列出寧國府所有繳納的物品。大家都能清楚地發現，寧國府每年繳納給北京的500支毛筆，清單上便有所忽略，而收藏處的紀錄則有記載[32]。這只不過是物品種類很多、難以列舉的一個例子。

27　〔明〕鹿善繼，《認眞草》卷16，頁233-234。
28　堀井一雄，〈金花銀の展開〉，《東洋史研究》，5：2(東京，1939.11)，頁47。
29　《明史》卷79，頁15。
30　〔清〕顧炎武，《天下郡國利病書》卷9，頁46。
31　此處所列較原引書少「烏梅」，只有11種。──譯者
32　〔明〕何士晉，《工部廠庫須知》卷9，頁62a。(案：《工部廠庫須知》中提到寧國府每年應繳筆管5000支，非500支。)

　　蠟是用於照明的主要原料。在1574年，將近50萬磅須在長江下游地區和浙江省徵收。除了一部分已經兌換成銀子支付外，大約160,000磅要經由運河運輸；126,000磅茶葉和200多磅燈芯也是如此[33]。

　　同年，宮廷使用的染料，總共有13種，總重量50萬磅多，需要徵用。同染料一塊運輸的，是130,000磅的生漆、56,000磅的明礬、120,000磅桐油、90,000磅銅和黃熟銅、27,000磅錫和1,000張牛皮[34]。要找到隨後經由漕河運輸的物品到底有多少比較困難；但是長江下游河谷提供了大多數染料，並連同淮河地區一道提供了大多數牛皮和桐油。錫開採於湖廣，漆來自浙江、南直隸、廣東、福建和四川[35]，而生漆明顯產自浙江省的溫州[36]。毫無疑問，把這些物品運往北京，大多數路段必須經由漕河。

　　至於毛筆，除了5,000支由寧國府提供外，另外5,000支由同樣位於南直隸的太平府提供，還有超過10,000支由浙江省運來[37]。紙張看來全部由南方省份提供，其中湖廣是主要的提供者。在1491年，明廷所消耗的各種各樣顏色的紙張，有260萬張產自當地[38]。在17世紀初期，浙江、江西和湖廣每10年就須向明廷提供666,666張紅紙和綠紙，1,333,333張白紙；這些紙張似乎毫無例外地用於布告和裝飾[39]。此

33　《明神宗實錄》卷22，萬曆二年二月乙丑條，頁7a。（案：這裡提到的燈草是2000斤。）

34　《明神宗實錄》卷23，萬曆二年三月己卯條，頁1a-1b。

35　〔明〕何士晉，《工部廠庫須知》卷9，頁2a；〔明〕項夢原，《冬官紀事》，收於《叢書集成》，第1450冊（上海：商務印書館，1937），頁2。

36　《明史》卷82，頁4。

37　〔明〕何士晉，《工部廠庫須知》卷9，頁62b-63a。（案：《工部廠庫須知》提到浙江提供的筆管為兩萬支。）

38　《明孝宗實錄》卷53，弘治四年七月庚寅條，頁4。

39　〔明〕何士晉，《工部廠庫須知》卷6，頁72a。

外，明廷每3年到5年也要購買8種紙，總數達16,000,000張[40]。還有，朝廷日曆的出版，既是皇家特權又是皇家職責。在15世紀中葉，每年需印509,700冊[41]；所需紙張重達20噸到30噸。為此，必須提供一定數額的紙張。

明廷似乎要把五花八門的物品種類延伸到極端，還規定家用工具由各省地區提供。每年南直隸的池州府運輸了5,481把蘆葦掃帚和3,913支竹耙[42]。正如前面已經提到，寧國府也提供了掃帚。這些物品看來從未兌換成銀兩來完成。

15世紀中葉每年運輸給太醫院的藥材，超過130,000磅[43]。由於中藥反映的是全國各省各自所有的代表樣本，因而更多的是，每個地理分區各自承擔相當部分。在此基礎上作保守估計，有一半的數量要經由漕河運輸。在萬曆年間，藥品兌換成銀兩，支付完成[44]。

向北京提供的食物，可以分成兩類。牲畜以及能夠存放的食物，由地方政府提供。容易變質的及其他食物，在南京交付給朝廷船隻負責運輸[45]。其中一些船隻具有冷藏功能。

在15世紀後期，成化皇帝規定每年給予宗人府享用的牲畜不應超過100,000隻[46]。有一份未注明日期的報告指出，大部分牲畜，包括豬、羔羊、鵝，產自浙江、江西和南直隸。報告還強調說：「路途窵

40 〔明〕何士晉，《工部廠庫須知》卷6頁，39b-40a。
41 〔明〕孫承澤，《春明夢餘錄》卷40，頁69a-69b。
42 〔明〕何士晉，《工部廠庫須知》卷9，頁62a。
43 〔明〕孫承澤，《春明夢餘錄》卷40，頁69b。
44 陳詩啟，《明代官手工業的研究》，頁124。
45 《明史》卷206，頁1；《續文獻通考》，頁3070。
46 《明史》卷82，頁2；〔明〕余繼登，《典故紀聞》卷14，頁10a。

遠，牲口每致瘦損。」[47]在整個明王朝統治時期，南方省份所承擔的牲畜供應，多次兌換成銀兩支付。在1468年，兌換率規定爲一頭豬1.7兩，一隻羔羊1兩[48]。後來，萬曆皇帝也作了類似規定[49]。但是，王朝統治崩潰前所編纂的一些南方府縣地方志證明說，許多地方仍然繼續供應的是物品。在其他地區，比如前面提到的寧國府，運送了一些豬、山羊和鵝。常州府的江陰縣每年供應了13,000磅熏魚[50]。不過，《淮安府志》（即《淮安府的歷史》）反映說，向該地索取的食物兌換成銀兩支付[51]。於1632年所寫的一份報告表明，向蘇州索取的蜂蜜，用銀兩支付[52]。

軍事供應，無論是原物料還是製成品，都徵自平民百姓[53]。雖然炸藥由工部生產，但硫磺和硝酸鹽均由平民百姓提供。在1575年，明廷所需硝酸鹽達400萬磅、硫磺200萬磅。有資料表明，這些物品每十年徵收一次[54]；在之後的時代，這些材料也向商人購買[55]。硫磺看來是從海外輸入的，因此必須經由漕河運輸。在後面段落中，我們將討論此問題。

有關鐵的供應細節，並不十分清楚。雖然《明史》中說在明王朝

---

47 〔明〕黃訓編，《皇明名臣經濟錄》卷31，〈光祿寺修訂供應數目事例〉，頁92a。

48 〔明〕申時行等編，《大明會典》卷116。

49 陳詩啟，《明代官手工業的研究》，頁124。

50 〔明〕申時行等編，《大明會典》卷217，頁4337。

51 〔天啓〕《淮安府新志》卷12。

52 國立北京大學研究院文史部編，《崇禎存實疏抄》（上海，1934年影印本）卷1，頁102。

53 《明史》卷82，頁4。

54 《明神宗實錄》卷36，萬曆三年三月庚子條，頁1a。

55 〔明〕何士晉，《工部廠庫須知》卷6，頁4b-5a、38a、94a-96b。

統治早期就有上百萬磅的鐵運送到明廷，但是在當時任何記述中都找不到經由漕河運送的帳目[56]。至少在16世紀，明廷手中看來擁有足夠的鐵來供使用。在1575年，先前由幾省所承擔供應的鐵和麻，兌換成銀兩支付[57]。很可能的是，坐落在北京東北面的遵化鐵廠穩定地保持了對明廷的供應，並從通行稅收入中所得作爲補充。早在15世紀中葉，正統皇帝規定遵化的鐵生產應取代江南的供應[58]。在1509年，遵化生產了1,944,000磅生鐵、277,300磅熟鐵和82,600磅鋼[59]。據說在1581年，遵化鐵礦被拋棄了[60]。但是於1592年所寫的一份奏摺，指出位於遵化的兵工廠製造了大量的武器[61]；而這只有在鐵礦和提煉廠都在生產的情況下才有可能生產出來。在明王朝統治末期，明廷規定福建和浙江兩省每年向北京運送912,000磅鐵，其中福建承擔90%[62]；與此同時，另外還有5,555磅從水路通行稅收入中獲得[63]。

麻來自水路通行稅。在漕河地區和位於江南的運河地帶，麻從貨物通行稅徵收中索取。在其他地區，則以錢幣徵收。黃銅、青銅、膠水和羽毛(後兩種用來製造箭)的徵收，也實行同樣的政策。雖然其他物品的徵收相對較少，但麻的徵收每年超過了154,900磅，膠水超過了

56　《明史》在卷81，頁14中指出，運往宮廷的鐵有1,000萬磅。但是〔清〕孫承澤，《春明夢餘錄》在卷46，頁70a中認爲超過了1,200萬磅。

57　〔明〕何士晉，《工部廠庫須知》卷2，頁36。

58　〔清〕孫承澤，《春明夢餘錄》卷46，頁70b。

59　〔明〕申時行等編，《大明會典》卷194，頁3934。

60　陳詩啓，《明代官手工業的研究》，頁119；〔明〕申時行等編，《大明會典》卷194，頁3934。

61　〔明〕李頤，〈條陳禦倭事宜疏〉，收於〔清〕清高宗編，《明臣奏議》卷31，頁32b。

62　〔明〕何士晉，《工部廠庫須知》卷6，頁92a。

63　〔明〕何士晉，《工部廠庫須知》卷9，頁45a-61b。

13,500磅[64]。

弓、箭、盔甲和刀劍，部分由工部生產，部分由地方政府提供[65]。坐落在江南的幾個府似乎全部都承擔了永久性的份額供應，不是提供產品，就是供應諸如竹、牛筋、箭桿和羽毛這樣的原材料。在1428年，浙江省一名官員爲金華和台州的百姓利益著想，上奏請求：「戶口較洪武時耗減，而歲造弓箭如舊。」[66]在萬曆年間，每年有1,280,000支箭(或箭桿)由南直隸、浙江、江西和福建等5省的12個府提供[67]。各省每年供應的羽毛，有時超過了22,270,000支。在明代後期，這些供應大幅度下降，份額大部分用銀兩支付[68]。

南方省份還分擔了冬季服裝的供應。冬季服裝是用棉花縫製的，有紅色、綠色和藍色，每件重約4磅。這種服裝分配給前線戍守軍隊，雖然由各省布政使司獨家縫製[69]，但負擔當然地轉嫁到平民百姓身上。或許，這種服裝每年不少於25,000件到30,000件要經由漕河運送。

在明王朝統治初期，甚至連作爲馬飼料的草料也漕運到北京。在南京出發時，每艘船隻運載1,000捆草料。但在長途旅行後，「十束在船，十壞六七」。在15世紀初期，根據周忱的建議，兌換成銀兩支付[70]。

正如本文在第三章中已經指出，明廷雖然在南京維持大約2,000艘漕船負責運輸供應品到在北方的京城，但卻屢次出現船隻短缺的現

64 〔明〕何士晉，《工部廠庫須知》卷9，頁45a-61b。
65 《明熹宗實錄》卷12，天啓元年七月丙午條，頁5a-5b；〔明〕何士晉，《工部廠庫須知》卷6，頁66a-80a。
66 《明史》卷164，頁7。
67 〔明〕何士晉，《工部廠庫須知》卷6，頁71a-77b。
68 〔明〕申時行等編，《大明會典》卷191，頁3872-3874。
69 〔明〕何士晉，《工部廠庫須知》卷6，頁71a-77b。
70 〔明〕彭韶，〈資政大夫工部尚書諡文襄周公忱傳〉，收於〔明〕焦竑，《國朝獻徵錄》卷60，頁3b。

象。在1612年，北京兵部致函南京兵部說，為了照顧後者不要開支過大，已經將運輸船隊全體船員返程路上的所需花費增加到10,464兩銀子[71]。船隊裝載著南方物品到達北京，返程時，每艘漕船可得銀24兩作為補貼。按此計算，10,464兩可以分配的漕船達436艘。這件官文雖然沒有說明這筆資金花了多長時間才積聚起來，但是提到了漕船是分成三組到達北京的。無論如何，我們從中可以得出一幅總的關於漕船運載量及其花費高昂的圖像。

　　不可否認的是，絲織品一直是那些在役漕船所運載的最重要的物品。即使絲織品的總重量超不過其他種類的物品，但至少可以說，在財政價值上是其他種供應物品無可比擬的。大部分絲織品，由明廷設於南方的機構負責織造。這些宮廷織造廠從明王朝統治早期時起就設於南直隸[72]。從1460年起，明廷每年還派遣宦官到長江下游去從事採辦[73]。除了宮廷織造廠織造的外，南直隸和浙江省10府地區每年也要供應一部分；這些是根據它們所分擔的土地稅份額而徵收。有時，明廷還徵收了額外數量的絲織品。這些通常要從供應府縣所分擔的稅額中減去。如果供應還不足，就要購買[74]。在1463年，在南直隸和浙江徵收了120,000石糧食，專門支付10,000匹絲織品[75]。明代中葉以後，通常從鹽稅收入中提取資金購買絲織品(食鹽的流通，受到中央政府嚴密的控制)。此外，在揚州所徵收的通行稅，也作為絲織品購買資金使用[76]。

71　中央研究院歷史語言研究所藏，《明清史料》，乙編卷1，頁3。

72　《明史》卷82，頁9。〔明〕申時行等編，《大明會典》卷201，頁4031。

73　《明史》卷82，頁9；卷157，頁13。

74　〔明〕申時行等編，《大明會典》卷201，頁4031。

75　〔清〕顧炎武，《天下郡國利病書》卷6，頁69。

76　《續文獻通考》，頁2934。

　　明廷之所以極爲重視絲織品，不僅僅是因爲它們的使用價值。事實上，絲綢可以象徵著官員們所穿的官服是與衆不同的。明王朝建立者規定，商人永遠不准穿戴絲織品。在明政府保護下的絲織品織造，不僅要向宮廷人員提供制服，還要爲貴族、通過各級科舉考試的有功名者、政府官員及其家屬提供相應服裝。對於佛教僧侶和藩屬的朝貢使者，明廷也賞賜一些。在皇帝的同意下，明政府採納的設計圖案非常廣泛。原材料織造成服裝時，每件的前胸後背、袖子和花邊，與其他件是不一樣的，從而表明衣著者的官品和地位[77]。

　　各種資料中關於有多少絲織品運到了北京的記載，有極大地不同。《大明會典》記載說，每年有25,436匹另加16.15英尺的絲織品運到北京，每匹寬2英尺，長35英尺。另外，每十年採辦的絲織品，總數達150,000匹。此外，每閏年(按照農曆，閏年有13個月)須多交2,679匹另加28.82英尺[78]。明政府爲接收站和收購點制定的手冊，說每年運到北京的總數爲28,685匹另加19.15英尺，閏年增加的有2,611匹另加20.35英尺[79]。《明史》中的偶然記載說，16世紀初期每年運到的總數爲24,000匹[80]。在1621年，有名巡撫提交的上奏，指出江南四府每年織造的絲織品，總數爲12,555匹[81]。

　　但是，有一份提交給弘治皇帝的上奏指出，在1501年，宮廷倉庫收到了278,287匹絲織品；這年期間，檢驗查收的有312,372匹[82]。該上

77　《明史》卷82，頁9-10。
78　〔明〕申時行等編，《大明會典》卷201，頁4036。
79　〔明〕何士晉，《工部廠庫須知》卷6，頁66a。
80　《明史》卷185，頁9。
81　〔清〕顧炎武，《天下郡國利病書》卷8，頁49。
82　〔明〕韓文，〈會計錢糧以足國裕民事〉，收於〔明〕黃訓編，《皇明名臣經濟錄》卷31，頁36b。

奏還強調說，撥付給採辦絲織品的宦官作為所需花費，包括60,000兩
銀子和16,000噸食鹽。根據食鹽的價值[83]、撥付的錢幣數和宦官採辦
團通常花費等來判斷，宦官採辦運輸的絲織品總數，應是《大明會
典》中所記載的5到10倍。

在1597年，又一次撥付21,000噸食鹽給採辦團[84]。但沒有說明其
中有多少食鹽用於購買絲織品。還值得指出的是，有時對絲織品要進
行最後加工的內織染局(the Bureau of Weaving and Dying)，在16世紀
後期雇用的宦官和政府勞力，達到11,500多名[85]。

在1624年，有名御史上奏天啓皇帝，彈劾負責的太監。這份上奏
進一步證明了絲織品數量遠遠超過了5位數，其說道：「夫袍緞以四十
萬，分為十八運。」[86]我們雖然不能準確指出到底生產了多少，但相
信在16世紀，每年絲織品數量，包括宮廷織造廠所織造的、各省徵收
的和購買的，應超過25萬匹。關於成本，每年由明廷所承擔的淨支出
就明顯超過了25萬兩銀子[87]，不足數目則由各地承擔，總成本不可能
少於50萬兩。除了5,000匹絲織品由山西省供應外[88]，其他則安排南直
隸和浙江兩地採購。在蘇州，安排8艘船隻永久地專門運輸紡織品，並

83　產鹽地區的官定賣價僅為每噸1.8兩銀子。參見〔清〕顧炎武，《天下郡國
　　利病書》卷12，頁46。但是從各種文獻的零星記述中，我得到這樣一個印
　　象，即商人每噸所付銀兩很少低於7兩。《春明夢餘錄》中提到，在明王朝
　　統治末期，加上附加費，每噸食鹽所售價格高達15兩。參見〔清〕孫承
　　澤，《春明夢餘錄》卷35，頁49a。

84　〔清〕顧炎武，《天下郡國利病書》卷12，頁6。

85　〔明〕王世貞，《弇山堂別集》卷99，頁7a-7b。

86　〔明〕周起元，〈再劾監織中涓李實疏〉，收於〔清〕清高宗編，《明臣奏
　　議》卷37，頁14b。

87　《明史》卷82，頁10。

88　《明史》卷235，頁5。

在1624年增加了2艘[89]。杭州、南京和其他河港所安排的專門運輸船隻，應接近這個數。

相當多當時的記載一致譴責明廷派遣宦官從事絲織品採辦是錯誤的。事實上，所有採辦宦官毫無例外地都在敲詐勒索，圖謀私利，而由他們所支配的物品和勞力很少得到相應報酬，白白供給。在1525年，南京的地方官員指出，有時在生絲已經存放於朝廷倉庫時，負責太監仍然要求江寧和上元兩縣供應[90]。由於負責運輸絲織品的漕船裝載較輕，因而宦官總是利用船艙和貨艙攜帶私貨，或者出租。關於出租情況，利瑪竇在其第一次到北京的旅程中就發現了。他在《札記》中證明說：「太監們有時出租宮船的空艙賺錢。」[91]在1600年第二次到北京時，他自己就在運載絲織品的一艘馬船上。下面一段，摘自其《札記》：

> 負責的太監率領六艘馬船載著絲綢，正要動身去北京。利瑪竇神父和他的同伴們在這樣一艘船上分到了一個舒適的位置，地方寬裕，不但放得下個人的行李，而且還可以堆放一所新房子和一座設備齊全的教堂所需的家具。這個船隊是由那位給利瑪竇神父之行簽署官方文件的皇帝顧問派遣去北京的。[92]

89　〔明〕周起元，〈再劾監織中涓李實疏〉，頁15b。
90　《明世宗實錄》卷91，嘉靖七年八月己巳條，頁15a-15b。
91　Mattew Ricci, *China in the Sixteenth Century: The Journals of Mattew Ricci, 1583-1610*, trans. from the Latin by L.J. Gallagher, p. 307.
92　Mattew Ricci, *China in the Sixteenth Century: The Journals of Mattew Ricci, 1583-1610*, trans. from the Latin by L.J. Gallagher, p. 356.

　　負責專門運輸皇帝服裝的船隻，一路上享有的特權比運載絲織品的還要大。龍袍作爲神聖不可褻瀆的物品，不能同普通物品放在一起。後來滿族人掌權後，明顯地繼承了這一做法。在1656年荷蘭外交使團到中國後在漕河上航行時，就發現了爲皇帝運載絲織品的船隻，全船都裝飾起來，雕梁畫棟[93]。

　　絲織品一路上的額外處理費用，與上述的估計並不符合，使已經過於浪費的採辦支出更加昂貴。在1624年，反對增加運載絲織品船隻的蘇州巡撫(案：應爲江蘇巡撫，原文或有誤)，指出增加船隻，就意味著不但要增加維持與修復的費用，而且要增加漕河勞役人數和勤務的開支[94]。於1501年分配的16,000噸食鹽，所占船隻應爲100艘到200艘。還有資料表明，宦官一路上持著朝廷許可證，卻運載未經許可的食鹽，謀取私利。一份注明日期爲1505年的上奏，就指控說：「此輩若明得旨，便於船上張揭黃旗，書寫『欽賜皇鹽』字樣，勢焰煊赫，州縣驛遞官吏稍稍答應不到，便行捆打。」[95]

　　除了絲綢外，江西的瓷器也由宦官負責採辦。到底採辦多少，看起來沒有固定的額數，不過產量很大。產量最驚人的一年是1433年，生產了443,500件。其次是1571年，生產了105,770件；接著依次是1582年，96,624件；1583年，96,000件。在1591年，明廷規定生產159,000件。在此數完成之前，明廷又突然命令多生產80,000件。直到1610年，任務才得以完成[96]。

93　Antoine Francois Prevost, *Historie Generale de Voyages*, Vol. 5, p. 253.
94　〔明〕周起元，〈再勅監織中涓李實疏〉，頁15a-15b。
95　〔明〕李東陽，〈織造鹽對錄〉，收於〔明〕黃訓編，《皇明名臣經濟錄》卷23，頁4a。
96　〔明〕申時行等編，《大明會典》卷194，頁3919；《明史》卷82，頁11。

　　位於景德鎮的瓷器工廠，不是建造於14世紀晚期，就是修建於15世紀初期。據說，該工廠周邊界線超過了1英里，分成23個部門[97]。工人從附近各縣徵召而來。他們的報酬或是由這些縣份提供；或是作為法定勞役，他們為明廷提供服務，而無報酬。看來在明代後期的瓷器工人，尤其是專業技術人員，是由招募而來[98]。在16世紀中葉，景德鎮總共有58家官窯，另有20家民窯。對於某些特定種類瓷器，官辦瓷窯經常轉交給民窯來完成，付給報酬[99]。繁忙的手工業城市，吸引了眾多旅行者的注意。杜赫德就在其大作《中國社會簡史》一書中對景德鎮作了如下描述：

　　　　只有江西一個城鎮在生產瓷器，它的名字就叫景德鎮。該鎮
　　　　長1里格，人口約有100萬。[100]

97　〔清〕藍浦，《景德鎮陶錄》(1815年刊本)卷1。
　　還請參見佐久間重男，〈明代景德鎮窯業の一考察〉，收於清水博士追悼記念明代史論叢編纂委員會編，《清水博士追悼記念明代史論叢》，頁462。

98　〔清〕藍浦，《景德鎮陶錄》卷1；佐久間重男，〈明代景德鎮窯業の一考察〉，頁468、470、472。

99　瓷窯到底有多少，一直有爭議。之所以出現爭議，原因或許在於沒有一個大家都接受的標準，到底什麼樣的才能稱得上瓷窯。本文的數字，是根據傅振倫的研究得出的。參見其大作《明代瓷器工業》(北京，1955)，頁15。但是，無論是佐久間重男還是江西省的官方研究機構都相信，明代後期的瓷窯數超過了900。參見佐久間重男，〈明代景德鎮窯業の一考察〉，頁482；江西輕工業廳陶瓷研究所，《景德鎮陶瓷史稿》(北京：三聯書店，1959)，頁109。

100　Du Halde, *General History of China*, 2, p. 310.但是，這個數字明顯是誇大了的。根據《明世宗實錄》卷240，頁6中所記載，1540年，景德鎮人口約為10,000人。《景德鎮陶瓷史稿》估計在明王朝統治崩潰時期，景德鎮人口增加到100,000人。參見江西輕工業廳陶瓷研究所，《景德鎮陶瓷史稿》，頁109。

官窯不僅生產餐桌上使用的瓷器，還生產諸如棋子、魚缸之類的奢侈品。朝廷規定的顏色和圖案，不能模仿，違背者要受死刑處分[101]。宣德皇帝在位期間，有一名負責瓷器製造的宦官，就因將皇家產品分給親密朋友而被處死[102]。

瓷器運到北京後，交由負責爲皇家準備宮廷宴會和食物的宗人府負責。食物食用完後，宮廷侍從經常占用器皿[103]。在1504年，宗令報告說三個月內就有23,345件不見了[104]。在1609年，一名御史寫道：「一入宮門……無復返還之望。」[105]被貪污偷盜的瓷器通過各種途徑，總有一天要進入市場[106]。皇帝本人也要賣掉一些未知的數額[107]。這些情況解釋了明廷需要製造和補充的數量龐大。由於手頭的資料不多，我們只能推測，每年生產的瓷器總量大概在35,000到50,000件之間[108]。

瓷器的包裝和運輸，由地方政府負責。在饒州府，由7個縣提供勞力。裝滿瓷器的柳條箱經歷各縣，到達南直隸的池州府，然後大概在那裡由南京派遣而來的船隻裝載運輸。據說，「一歲數限」向北京運送瓷器。每次運送所需開支，「少者不下千金，而夫力裝具不與焉」[109]。但是，隨後經由運河的運輸，似乎是由政府負責。而且在明

---

101 《明史》卷82，頁11。
102 《明史》卷82，頁11；〔明〕余繼登，《典故紀聞》卷9，頁12a。
103 《明史》卷82，頁2。
104 〔明〕余繼登，《典故紀聞》卷16，頁11b-12a。
105 〔明〕董其昌輯，《神廟留中奏疏類要》卷4(應爲第四冊，戶部卷2，頁6——譯者)。
106 〔清〕孫承澤，《春明夢餘錄》卷6，頁74a-74b；〔明〕沈德符，《萬曆野獲編》(1827年刊本)卷24，〈內市日期〉，頁13a-14b。
107 〔清〕孫承澤，《春明夢餘錄》卷27，頁10b。
108 1436年朝廷工廠沒有生產時，地方政府爲明廷生產了50,000件。參見佐久間重男，〈明代景德鎮窯業の一考察〉，頁466。
109 江西輕工業廳陶瓷研究所，《景德鎮陶瓷史稿》，頁111。

王朝統治後期，陸路中轉爲水運所取代[110]。

以次等品質瓷器製造的宮廷消費酒瓶，由坐落在進入漕河處附近的儀眞和瓜洲大批量生產。這兩個酒瓶製造廠由工部負責管理，每年要燒製100,000個[111]。運輸這種酒瓶，無須特別處理。每30個酒瓶，就裝成1小包。然後搬到運輸漕糧的船隻上，順便就運到北京了[112]。

磚塊的運輸過程同酒瓶相同。磚塊由臨清磚廠生產，年產量爲100萬塊。在1574年以後，減少到700,000塊[113]。運輸漕糧的每艘船隻，要順便運輸40到48塊；民船減半[114]。有的資料說，有時，每艘民船需順便運載340塊，後來減少到40塊；即使是運輸白糧的船隻，也不能例外。船主要想免於攜帶，需交付0.6兩銀子；這筆支付，包含了從漕河端點到登記站的處理費[115]。以這一比率計算，從張家灣運輸100萬塊磚頭到北京本身就要花費15,000兩。

專用於宮廷建築的釉磚，由蘇州燒製生產。不過，明政府並未設置永久性的釉磚廠，只是在需要釉磚時，才規定長江下游六府地區負責提供勞力和生產設備[116]。明廷通常撥付一些錢幣，其中部分作爲生產補助費。在1596年到1598年的修建計畫實施時，明廷撥付了20,000兩銀子[117]。包括處理費在內的實際成本費，超過了此數10倍到20倍。

---

110 江西輕工業廳陶瓷研究所，《景德鎮陶瓷史稿》，頁31、111。
111 〔明〕申時行等編，《大明會典》卷194，頁3918。
112 〔明〕王在晉，《通漕類編》卷4。
113 《明神宗實錄》卷29，萬曆二年九月甲午條，頁8b。
114 《通漕類編》卷4；〔明〕宋應星，《天工開物》卷中，頁4a。
115 〔清〕顧炎武，《天下郡國利病書》卷7，頁38。
116 〔明〕申時行等編，《大明會典》卷190，頁3848；〔明〕何士晉，《工部廠庫須知》卷4，頁39b-40a。
117 〔明〕項夢原，《冬官紀事》，頁1。

釉磚由特殊的駁船運送[118]。

用於建築的花崗石，生產於淮安－徐州地區，而石灰則由北京附近的馬鞍山生產。至於木料，除了一種特殊木料由山西省五臺山供應外，大量由湖廣、四川和浙江等省提供。

從四川起運的木料，必須拖運3,000多英里，才能送到北京。通常的處理方法是，每20到30根紮成1隻木排，每隻木排由40個勞力負責運輸；到達北京，需要3年時間。每隻木排的運輸費用，達到60,000兩銀子[119]。明代宮廷，包括皇帝及大臣的辦公場所和皇室生活起居住所，在1514年、1541年、1557年、1596年和1597年屢次毀於火災。為了修補被毀的建築，明廷在16世紀和17世紀初期的大部分時間裡不斷在修建。為此，明廷撥付大筆資金以支付各種建築材料；其中大部分用於支付木料[120]。

在16世紀晚期，旅行者常常看到運載著「皇木」的船隻在漕河上穿梭。歸有光就在1541(應為1562，作者誤——編者)年南行日記中開篇寫道：「下張家灣：皇木蔽川，舟阻隘，僅得出。」[121]利瑪竇在其《札記》中對16世紀結束時的情況作了如下描述：

> 經由運河進入皇城，他們為皇宮建築運來了大量木材，梁、
> 柱和平板，特別是在皇宮被燒毀之後……。[122]

---

118 Mattew Ricci, *China in the Sixteenth Century: The Journals of Mattew Ricci,1583-1610*, trans. from the Latin by L.J. Gallagher, p. 307.

119 〔明〕龔輝，〈採運圖前說〉，收於〔明〕黃訓編，《皇明名臣經濟錄》卷48，頁14b；〔清〕孫承澤，《春明夢餘錄》卷46，頁75a。

120 〔清〕孫承澤，《春明夢餘錄》卷6，頁9-10；《明史》卷241，頁4。

121 〔明〕歸有光，《震川先生集》卷6，〈壬戌紀行下〉，頁8b。

122 Mattew Ricci, *China in the Sixteenth Century: The Journals of Mattew Ricci, 1583-*

利瑪竇所作的另一描述如下：

> 神父們一路看到把梁木捆在一起的巨大木排和滿載木材的
> 船，由數以千計的人們非常吃力地拉著沿岸跋涉。其中有些
> 一天只能走五六英里。像這樣的木排來自遙遠的四川省，有
> 時是兩三年才能運到首都。其中有的一根梁就價值達三千金
> 幣之多，有些木排長達兩英里。[123]

在1557年的修建計畫中，明廷派遣一名侍郎和都察院御史負責收取木料。從四川和湖廣獲得11,280根原木（其中一些的圓周達10英尺），從浙江所得數目不詳[124]。明廷看起來為此支付的錢幣數目較少，而大部分花費由有關省份承擔，並從它們應繳納的土地稅稅額中扣除。僅湖廣一省，所支付的銀兩就達3,390,000兩[125]。這筆開支或許包括了從未得到報酬的勞力服務。有證據表明，對於這些沒有什麼技術的苦力來說，他們被徵召服役並無報酬；同時，因事故和其他原因而導致的死亡人數，一縣就接近1,000人[126]。

據說，1596年的修建就耗費了9,300,000兩銀子[127]。使用的原木，總共有160,000根[128]。其中一些橫梁，長達90英尺，圓周14英尺[129]。

（續）───────────────
　　　　1610, trans. from the Latin by L.J. Gallagher, p. 306.
123　Mattew Ricci, *China in the Sixteenth Century: The Journals of Mattew Ricci, 1583-1610*, trans. from the Latin by L.J. Gallagher, p. 307.
124　〔明〕焦竑，《國朝獻徵錄》卷59。
125　《明史》卷82，頁8。
126　〔明〕吳亮，《萬曆疏鈔》卷8。
127　《明史》卷82，頁8。
128　〔明〕項夢原，《冬官紀事》，頁4。
129　〔明〕項夢原，《冬官紀事》，頁14。

要把它們漕運到北京，毫無疑問地給相當多的勞力帶來了艱難困苦。
利瑪竇神父在其《札記》中所寫的一句話，即「成千上萬的苦力，沿
著漕河岸，步履艱難地跋涉」，就深刻反映了被地方政府徵召而來的
勞力所承受的痛苦。《明史》中的記載，也反映了此點：「郡縣有
司，以遲誤大工逮治褫黜非一，並河州縣尤苦之。」[130]還有資料證
明，木料經過水門時，各種船隻都必須靠在一邊等候，許多船隻都被
失去控制的原木撞毀、損壞[131]。

　　1596年修建主事(director)留下的文件，反映了木料除了上述來源
之外，還要從民間購買一定數量。據明廷規定，由商人運到北京、圓
周為5英尺或大於6英尺的原木，工部按照官定價格支付購買；民船運
輸的桅桿也是這樣[132]。這些文件雖然沒有進一步提供購買後的情況如
何，但是指出，有一段時期，木材商運送到北京的木料達44,000件。
很有可能其中大多數是木板、厚板和形狀較小的原木[133]。

　　當然，明廷並未因修建項目完成而不再採購木料。在1527年，明
廷因各種需要而消耗了8,120根原木，以及從四川運來的6,710塊木板和
厚板[134]。北京的一個皇家木料場，永久地派駐1,000名士兵。他們的唯
一職責就是管理堆積起來的木料[135]。

　　用來製造皇家家具的木料，通常由南京工部提供。在1478年，為
了打造皇帝個人藏書室所用的書箱和書架，用了600塊木板，就由南京

---

130 《明史》卷82，頁8。
131 〔明〕項夢原，《冬官紀事》，頁4。
132 〔明〕項夢原，《冬官紀事》，頁7。
133 〔明〕項夢原，《冬官紀事》，頁4。
134 〔明〕龔輝，〈星變陳言疏〉，收於〔明〕黃訓編，《皇明名臣經濟錄》卷
　　48，頁9a-9b。
135 《明水軒日記》，轉引自〔清〕陳夢雷等編，《古今圖書集成》卷781，頁10。

工部提供，運輸兩次才運到。雖然沒有提到到底由多少艘船隻負責運輸，但是提到了爲了從漕河南方端點運到宮廷木作場，撥付了450兩銀子[136]。在1548年，木作場打造了40張龍床，爲此消耗了從浙江運來的1,300根原木。到16世紀末，木作場每年要消耗27,880根原木和大小不同木板；這些數量全部由南京提供[137]。

根據南京兵部尚書提交的一份報告，在16世紀初期，每年要安排280多艘船隻運輸木料、竹子和家具到北方京城，同時要安排110多艘船隻運輸水果、新鮮蔬菜、魚、醃製食品和薰肉[138]。另一段資料指出，大約在同一時期，需要162艘船隻來運輸鮮花和食品[139]。從今天的角度來看，食品運送過於浪費。但是明廷聲稱，這些食品是用來祭祀，使人們相信食品運輸是不得不完成的任務。眾所周知，這一切都是起始於永樂皇帝。他在遷都華北地區後，就規定南方供應食品，作爲皇家神祠的祭祀品。兩艘船隻穿梭於京城和留都之間，專門運輸祭祀大典上使用的物品[140]。隨著時間推移，供應名單上涵蓋的物品越來越多，數量越來越大，運輸船隻亦持續地增加。從明王朝統治中葉以來，供應名單上所包括的物品種類，有石榴、枇杷、巴婆果、柿子、蘋婆屬種子(seeds of sterculia platanifolia)和油香(olea fragrans)。

家禽和牲畜由江南許多府縣供應，在南京徵收，由宦官負責運輸到北京。其中一些物品由於需要冷藏(比如魚)，因而在江北建造了冰窖[141]。如此一來，供應品的徵收就超出了最初的意圖和使用目的，成

---

136 〔明〕何士晉，《工部廠庫須知》卷9，頁72a-72b。
137 〔明〕何士晉，《工部廠庫須知》卷9，頁29a、72b。
138 《明武宗實錄》卷5，弘治十八年五月甲午條，頁7b。
139 〔明〕王瓊，《漕河圖志》卷3，頁20。
140 〔明〕王世貞，《弇州史料》(1614年刊本)卷15，頁20a。
141 〔清〕顧炎武，《天下郡國利病書》卷8，頁3；〔清〕孫承澤，《春明夢餘

為搜尋美味食物的理由。需要4艘船隻運輸茶葉，2艘運輸油香，5艘運輸竹筍，4艘運輸荸薺；這一事實說明了運輸量達到什麼程度[142]。此外，運載宮廷消費的食品，在通過水門時最有優先權；一路上，經常有200名到300名法定勞力幫助它們航行。由於這些船隻通常所載較輕，提供宦官充分機會進行走私。在15世紀末期，負責濟寧水門的一名官員堅持阻止宦官夾帶私貨。他最終被控告反對向皇家神祠運輸物品，短暫的拘留後，就被降級了八品[143]。

宮廷和宗人府每年消費的食鹽，加起來達到234噸[144]。這筆供應由淮海地區提供[145]。因此，必須走漕河才能運到北京。明廷使用的香，每年達到35噸，似乎主要是從廣東購買[146]。

與漕運物品相比，在北京購買原產地在南方的商品，被認為屬於非常特別的種類。直到萬曆年間，解決突然短缺物品的需求，一直是一項嚴密的緊急措施。少數非常重要的物品就常常以這種方法獲得。然而在16世紀後期與17世紀初期，明廷比以前更常常光顧市場。在此時，明廷要想獲得銅這種先前由雲南省供應的物品，似乎是非常困難[147]。有時，工部選派負責官員到南方購買金屬；隨後，在京城購買。每年所需的銅，達到24噸。按照每噸157.5兩銀子的價格，由幾個政府批准銷售的商人賣給。此外，還要購買大約1.5噸錫[148]。在

(續)──────────

錄》卷17，頁17-18。
142 〔明〕王瓊，《漕河圖志》卷3，頁20。
143 《明史》卷223，頁1；〔明〕文徵明，〈明故資善大夫都察院右都御史致仕盛公墓誌銘〉，收於〔明〕錢穀，《吳都文粹續集》卷43，頁24a。
144 〔明〕申時行等編，《大明會典》卷30，頁881。
145 〔明〕王世貞，《弇州史料》卷15，頁8a-8b。
146 《明史》卷82，頁6。
147 《明史》卷81，頁15；〔明〕何士晉，《工部廠庫須知》卷6，頁98a-98b。
148 〔明〕何士晉，《工部廠庫須知》卷7，頁2b-4a。

1524年，也由於雲南省延誤供應，明廷不得不從市場上購買了1,000兩黃金[149]。

　　正如前面已經提到，硫磺和硝酸鹽定期從商人手中購買；這些物品，看來是從海外輸入中國的。在明王朝整個統治期間，大量硫磺有許多次是由來自日本和琉球的進貢使者帶到北京的[150]。有4次，即在1434年、1451年、1468年和1539年，日本提供了13,300磅的硫磺，作爲貢品的一部分。在1468年，隨同日本貢使到中國的日本商人，另外提供了40,000磅硫磺出售[151]。從這可以得到硫磺是如何得來的一些線索。在17世紀早期，產自廣東和四川的漆也可從北京市場上購買，每年下達的購買數量指標爲40,000磅到65,000磅[152]。有資料說，工部所屬機構虞衡司(the Bureau of Inspection)負責取樣、檢驗購買的鐵、紙張和皮革[153]。然而該資料又說，這些物品都有正常的供應渠道；之所以購買，很有可能是爲了補充供應，或者是爲了解決對規格較高的特別產品的需求。我們手中雖然沒有資料表明明廷有哪些雜貨品種通常是由地方儲藏供應的，但是在南京，龍眼、青豆、荔枝和芝麻由宗人府每月購買。毫無疑問地，北京自己也購買。有段資料表明，購買雜貨時，明廷通常支付的價格多於市場價的10%[154]。

　　在北京購買1596年修建專案所需木料時，明廷破壞了自己的傳統

---

149 《明世宗實錄》卷38，嘉靖三年四月己酉條，頁9。

150 《明史》卷322，頁7；陳詩啓，《明代官手工業的研究》，頁21；《續文獻通考》，頁3062。

151 牧田諦亮，《策彥入明記の研究》(京都：法藏館，1955)卷1，頁284、345、347、352。

152 〔明〕何士晉，《工部廠庫須知》卷9，頁2a-4b。

153 〔明〕何士晉，《工部廠庫須知》卷7，頁1a-8b。

154 〔清〕孫承澤，《春明夢餘錄》卷27，頁1a。

做法。該計畫是萬曆皇帝批准的。但是，該計畫主事者個人反對「中飽奸商」的政策，故意阻止從商人手中購買；正如上面已經提到，大量需求後來由有關省份官員從南方提供[155]。在下一章討論漕河貿易功能時，我們要進一步探討此事件。

上述各點表明明廷維持了自己相對自主的經濟地位。它的供應方法──多數通過調撥解決──使得它相當大地從市場分離。這一點，連由宦官來監督進行生產的勞役體系，毫無疑問地阻礙了全國的工業發展[156]。所有這一切與漕河的關係如何，模糊不清，難以用明確而清楚的詞語來回答。不過，考慮到宮廷供應品大量通過漕河水道運輸，考慮到明廷在半數程度上占用這條南北交通幹線，任何人要想把漕河運輸情況對整個發展產生的影響分開來，是很困難的。

從基本上來說，明代官僚對如何發展國民經濟有自己的獨特觀念。只有學者－官員才能解釋什麼是非生產性的(non productive)。他們認為人們必須生活在一種禁慾特質的純淨心靈中。奢侈生活只有在皇帝的批准下才能享受；即使要享受，也必須在供慶典儀式使用的外衣下進行，或者，至少要與宮廷和皇廟產生一點聯繫。只有至高無上的宮廷及其皇家聖陵、聖祠，才有權享受華麗和奢侈。如果未經朝廷同意就提議發展和促進被認為是危害農業的工藝技術和貿易，就要被深深打上邪惡的、違反國家根本的烙印。這些就是當時社會占主導地位的基本思想觀念。無論在什麼情況下，明代皇帝和大臣都要把這些觀念付諸實施。而這些思想觀念，只有在設置漕運體系以及其特點受到限制的情況下，才能得到極大的順利推行。最後，宮廷變成一種張開血

---

155 〔明〕項夢原，《冬官紀事》，頁4。
156 吳晗，〈明初社會生產力的發展〉，《歷史研究》，3(北京，1953)，頁71。

嘴的龐然大物，迅速吞沒了全國的額外生產力。它所設置的宗人府，是成千上萬人的「食堂」。在一定程度上，明廷也變成了消費品的分配中心。它把各種各樣的供應分配給貴族家庭和政府官員(對於後者來說，明廷的分配，作爲他們官俸不足的補充)。如此一來，明政府就進一步把國家頂層的購買力取消，私人商業便沒有什麼發展的機會和餘地[157]。

---

157 還請參見 Hucker, *Traditional Chinese State*, p. 31, 69.

第六章

徵稅、商業、旅行和勞役

一、徵稅

影響漕河地區商業發展的商業稅有四種。商稅是一種普遍徵收的國內貨物稅，開始於明代初期。除了農用工具和教育用具不交稅外，所有能在市場出售的物品，都必須交稅。稅率大概是相當於該物品售價的1/30。明王朝開始徵收貨物稅時，在全國設置了400多個收稅站，雖然其中一些後來合併或者並未收稅。到17世紀初期，有112個得到保留[1]。商稅雖然通常是明代中央政府的收入，但是除了在北京和留都以及重要城市的收稅站由明廷所派官吏負責處理外，其他收稅站由各省官員負責。直到明王朝統治衰弱時期，普遍的做法是任命府縣推官（judges）充當收稅官。收入所得只有小部分上繳中央政府；大部分被地方政府留下來作為自己的開支，或者作為救濟資金。至於中央政府和地方政府各自得了多少，各地的劃分是不同的[2]。

船鈔，或稱船舶噸稅，起源於商稅。在1423年，一名都察院御史報告說，自北京成為全國的首都以來，漕河地區的貿易增長了兩倍。

1　吳兆莘，《中國稅制史》（上海：商務印書館，1937）卷1，頁169。
2　佐久間重男，〈明代における商稅と財政との關係2〉，《史學雜誌》，65：2(東京，1956)，頁58-59。《續文獻通考》，頁2937。

他建議由中央政府在沿河城鎮負責徵收貨物稅[3]。在1429年，明政府確立徵收船鈔。從南京到北京，明政府把漕河分爲5段(即：從南京到淮安，從淮安到徐州，從徐州到濟寧，從濟寧到臨清，從臨清到通州)。運載能力爲100石的船隻，每過一段，就要按照政府票據繳納100貫錢[4]。根據當時通行的兌換率計算，這一數字大約相當於1.25兩銀子[5]。因此，這種運載能力的船隻如在京城和留都之間不停地航行，就要繳納大約6.25兩的貨物稅。

通行稅是一種根據運載能力來徵收，而不管貨物的價值如何的通過稅。除了在臨清以外，其他各地在徵收船鈔後，不再徵收一般的貨物稅。在15世紀中葉前，發生了許多減輕船鈔繳納的變化，主要有：繳納率大幅度地減少了60%，徐州和濟寧不再徵收；與此同時，位於漕河北段端點的收稅站搬到了河西務。在萬曆年間，全國的七個通行稅收稅站得到保留。其中四個位於漕河地區，分別在揚州、淮安、臨清和河西務；其他分布在九江、杭州和滸墅關[6]。

抽分，是一種單獨對造船物料進行徵收的特別的商品稅。劃分到這一類的，有木料、竹子、麻、桐油、鐵、煤和木炭。諸如釘子和銅線這樣的加工產品也包括在內。抽分繳納，是以實物進行(在明王朝統治後期，在相當大的程度上兌換成錢幣繳納)。抽分的徵收習慣上由工

3　《明太宗實錄》，卷125(應爲255卷)，永樂二十一年正月庚寅條，頁1a。《明史》卷81，頁17。

4　佐久間重男，〈明代における商稅と財政との關係1〉，《史學雜誌》，65：1，頁1-28；佐久間重男，〈明代における商稅と財政との關係2〉，頁46-65。

5　1兩銀子等於8貫銅錢。參見 Yang Lien-Seng (楊聯陞), *Money and Credit in China*, p. 67.

6　《明史》卷81，頁17-18。

部人員負責。徵收所得撥付給由政府管理，維持漕船數量的幾個船塢（關於船塢情況，參見本文第三章和第四章）。抽分收稅站在北京附近有四個，南京附近有一個，淮安附近有一個。其他分布在正定、蘭州、廣寧、荊州、太平、蕪湖和杭州[7]。

除了上述三種商業稅外，還有一種商業稅。各城鎮的貨棧和貨攤常常發現它們必須繳納一種許可稅，這種稅就稱為「門攤稅」，通常三個月繳納一次[8]。常見的是，由在城鎮裡的商人領袖一次將門攤稅繳納給地方官吏；是故，他們就有權從各個商人那裡徵收門攤稅。

上述徵稅體制的規定在表面是很整齊地安排著。商稅對消費品進行徵稅，門攤稅對商人進行徵收，船鈔的徵收由戶部負責，而特別商品稅即抽分的徵收由工部負責。但在很大程度上，這種簡單和整潔僅僅停留在紙面，實際上的處理情況完全不同，完全偏離了最初的規定。

我們沒有理由責難徵稅偏離原先規定是由於缺乏法規整理而造成的。事實上，明代稅收手續，規定得非常充分。《大明會典》中記載了北京在15世紀中葉商稅的徵收比率情況[9]。實際上，市場上可出售的每種商品都有自己的徵稅名目。在徵稅清單上，不僅包括了諸如絲織品和高級瓷器之類的奢侈品和諸如胡椒和蘇方之類的進口商品，甚至還包括價值較低的商品，比如手絹、草鞋、西瓜、鮮肉和論斤計算的大蔥。臨清收稅站的收稅規則今天似乎已經找不到了，但是據說，

7　《明史》卷81，頁15-16。

8　《續文獻通考》在頁2935中記載了1578年各個城市的門攤稅徵收情況。關於淮安地區的徵收情況，還可參見〔清〕顧炎武，《天下郡國利病書》卷11，頁43。

9　〔明〕申時行等編，《大明會典》卷35，頁1020-1022。

它們隨後被清王朝繼承下來，寫在紙張上長達105頁，所包括的商稅則
例1900餘條[10]。淮安收稅站的收稅規則，寫在紙面上也非常多。兩組工
作人員，每組人數17人，在第三組下班時，輪流作爲檢查人員和辦公人
員[11]。收稅站的全部辦公雇員，看來超過了130人[12]。

然而，儘管有關法規的規定非常仔細，收稅隊伍龐大，可是徵稅
體制的運作從未擺脫官僚的影響和操縱。混亂情況部分是由明廷自己
帶頭造成的。既然細目表上已經宣布了稅徵率，因而很自然，整個徵
稅收入要隨同商業發展情況而起伏。但是令人不可置信的是，明廷同
時又規定了各個口岸每年要收多少稅。在明王朝統治後期，明政府搜
刮全國以增加額外收入時，有關稅收數額被極大地提高了。既然明廷
這樣強迫，也就不能再期望它的官吏遵守已經規定好的稅徵率。

明廷在不同時期所發布的命令，進一步證明了稅收體制內外都存
在著許多不法行爲。在1444年以前，收稅站的低級官吏和附屬人員是
沒有薪水的，他們的報酬以所辦事務收入情況爲基礎進行支付；這是
一種導致稅收腐敗的根本因素，只有在明廷發布一道上諭後才得以補
救[13]。明廷於1469年發布的一道命令，禁止對屬於漕船船隊的船隻徵
收船鈔[14]。漕船屬於普通的執行官方事務的漕軍船隻，不應繳納船鈔，
而在事實上卻要繳納。這種非常狀況使明廷不得不專門發布命令免除繳
納；這說明了收稅官吏超越許可權、任意專斷的情況。在1502年，明廷

10　〔清〕張度，《臨清直隸州志》(1782年刊本)卷9。

11　〔明〕周之龍，《漕河一覷》卷7。。

12　〔清〕杜琳，《淮安三關統志》(1686年刊本)卷2。

13　《明英宗實錄》卷119，正統九年閏七月戊子條，頁6a。但是，據稱同當時的
　　歐洲各國海關的徵收相比，明代的徵收公平、合理。參見Hucker, *Traditional
　　Chinese State*, p. 82, note 34.

14　《續文獻通考》，頁2933。

禁止貴族和皇家田莊管理人員私自設置收稅點，非法收稅[15]。一道1525年的命令，宣布向船員所消費的食物和燃料徵稅是非法的[16]。

　　收稅官吏其他非法情況，包括暗中索取、罰款和強迫捐獻、賄賂。在1499年，吏部尚書倪岳就疏言：

> 近年以來，改委戶部官員出理課鈔……往往以增課為能事，以嚴刻為風烈……常法之外，又行巧立名色，肆意誅求，船隻往返過期者指為罪狀，輒加科罰；商客資本稍多者稱為殷富，又行勸借。有本課該銀十兩，科罰、勸借至二十兩者。少有不從，輕則痛行笞責，重則坐以他事，連船拆毀。客商號哭水次，見者興憐。[17]

　　正如倪岳所指出，強迫捐獻的常用藉口就是修建官府衙門和舉行官船下水典禮。其他藉口有「助工」、「濟漕」，等等。看來在整個明王朝統治時期，這些非法情況一直存在。超出於規定外的徵稅，不僅得到了明廷的縱容，有時甚至得到了它的同意。都察院右僉都御史吳琛於1465年報告淮揚地區的饑荒時，向明廷建議，對通過徐州附近急流的船隻徵收「濟漕」[18]。他提出一項計畫，規定對政府官吏徵收的「濟漕」要根據其官品、等級，對商船徵收則根據其所載貨物的價值。繳納以糧食進行，數目在0.5石到0.7石之間。他在上奏中繼續說道：「至河凍，可得米數千石。」很容易理解的是，明代地方當局在

15　《續文獻通考》，頁2933。
16　《續文獻通考》，頁2933。
17　〔清〕孫承澤，《春明夢餘錄》卷35，頁45b。
18　《明憲宗實錄》卷22，成化元年十月壬午條，頁2a。

各種場合一定也推行了類似的做法，從而全面地破壞了現存稅收規則和體制。

政府官吏對商人的罰款通常很嚴厲。在上述倪岳所提上奏140多年後，另一名內閣成員、戶部尙書倪元璐於1643年上奏皇帝，也要求減輕商人的痛苦。該上奏提到了北京崇文門收稅做法，指出在一件襯裙或一件絲織品從稅收名單上被遺忘納稅時，所罰的不僅僅是這件襯裙或絲織品，還包括被遺忘商品所在名單上的其他商品的雙倍繳納。該上奏繼續指出：「凡一單所開貨物，多至二三千件，數十商之所共也。以一貨失報，而重罰數千件已報不漏之稅。……。」[19]

除了上述嚴厲的罰款外，我們還可發現對許多不合理的辦法，戶部的命令是無力改正的。由於官居戶部尙書，倪元璐個人不得不進行調查，並將調查結果上奏皇帝，企圖改正。而這正反映了這麼做法已經存在相當長的一段時間了；根據傳統，負責徵收的官吏和宦官實質上與戶部沒有什麼隸屬關係，戶部對他們是無可奈何的。

然而，在稅收由官吏負責時，也有一些地方採取了靈活機動的加強稅收的政策，其結果是出現了另一種極端的事例——過於寬鬆地徵稅。下面兩個事例雖然並不發生在漕河地區，但仍然具有代表性。在1521年，邵經邦受命擔任荊州稅官（collector）。在三個月裡，他就完成了荊州所承擔的稅額。於是，他就完全暫停徵稅，在是年其他月份裡，准許商船免稅停靠荊州港。在1565年，楊時喬擔任杭州稅官。他制定了一項「誠實」的措施，徵稅比率完全以商人自己所說爲基礎，官方並不檢查所說是否屬實[20]。這種自由和寬厚，主要是由於個別稅

---

19 《續文獻通考》，頁2938。
20 《明史》卷206，頁24；卷224，頁21。

官的主張而出現的，得到了他們同時代人的高度評價。這些措施如何同明王朝稅收結構吻合，並不是他們認真關心的問題。不過，在我們看來，這些事例反映了到明代中葉，明廷分配給各個口岸、尤其是位於南方的口岸的稅額，保持在適度的水平。顯而易見的是，各個口岸輕鬆地完成了任務。

無論何時，徵稅官員都會將優待辦法毫不掩飾地傳給同事。《漕河一覷》中收錄了一份官文，雖然沒有日期，也沒有署名，但我們從中可以清楚地看到有關情況。這件官文可能是一個工部的下屬機關寫給另一個機關的信函，信中要求採取相同政策，因而兩個機關的步調就會一致。從該信函中摘錄一段列於下：

> 若南北士大夫舟航抵閘，毋論奸船，憑藉稍稍夾帶油、麻、鐵、線等貨，本部一切不問。……所應納多者三四金，少者亦不下二三金。本部先行批放，隨酌蠲減。[21]

左僉都御史祁彪佳也同樣地坦白。他在日記中寫道，在1643年，他從北京到南方。由於安全原因，其他幾艘船隻跟著他，彼此保護（祁彪佳此行，發生於清軍進入漕河地區之後）。在臨清，稅官何任白免除了祁彪佳所雇船隻的稅，而且免除了隨同他一道往南整個船隊的稅（祁彪佳說明自己的船隻裝載了棗子）。在這之後，何任白為了進一步表達自己的好意，拿出一張紙條，上面列舉了應繳納各稅；如果按照規定，他應該對祁彪佳一行人進行徵收。祁彪佳因而寫了一封感謝信。在淮安，這位左僉都御史並未坐等優遇降臨，自己寫了一封信給稅

21　〔明〕周之龍，《漕河一覷》卷9（此句原文尚未找到，因而直譯——譯者）。

官，直截了當地要求免稅。看起來只有在夏鎮，他才遇到了一些困
難。充當夏鎮稅官的是一名皇族成員，他索取的繳納比官定的多了許
多。祁彪佳則拒絕繳納。最後，他的船隻按照一般規定交了稅[22]。

這些不規則情況毫無疑問地替我們的事實調查帶來了麻煩；不
過，我們仍然可以從各種資料所提供的資訊中重新建構稅收體制運作
總體情況。很明顯的是，直到16世紀晚期，商業稅仍只是一種國庫收
入的補充。在1488年，全國的貨物稅和船隻通行稅兩者的收入加起來
不到4,600萬貫銅錢。由於是年規定，以政府票據繳納的每貫銅錢官定
價值爲0.003兩銀子，因而收入不到138,000兩銀子[23]。在1544年，所得
收入爲5,200萬貫再稍多一點[24]。由於明廷於1529年頒布了一項新法
令，規定銅錢和銀子的兌換率升到每貫0.005兩，因而收入大約值
260,000兩銀子[25]。儘管在事實上，收入56年內雙倍增加了，但是同諸
如土地稅、鹽稅的收入相比，商業稅所得收入仍然很少。在這些收入
中，主要部分來自漕河地區；我們將在以下幾段中加以探討。

對於明王朝統治早期各種物品的徵稅率來說，我們不得不以《大
明會典》中所記載1451年貨物稅徵收清單爲根據。該表指出徵稅比率
並未完全遵循三十稅一模式。有一位日本學者指出，對諸如食品、棉
花、麻和布匹之類生活必需品的徵稅，比對奢侈品要輕得多[26]。還可
進一步指出的是，這樣的徵收意味著更多的徵稅，到政府倉庫的報到
登記費和儲存費也包括在內。在整個徵收清單上，銅錢是繳納的錢幣

---

22 〔明〕祁彪佳，《祁忠敏公日記》卷5，1643年陰曆九月初二日。
23 《續文獻通考》，頁2934。
24 《續文獻通考》，頁2934。
25 《續文獻通考》，頁2934。〔清〕孫承澤，《春明夢餘錄》卷35，頁49b。
26 佐久間重男，〈明代における商稅と財政との關係2〉，頁62。

單位。由於徵收清單是在官府確認官方票據貶值的政策制定之前公布，因而不可能按照每種物品的市場價計算出精確的百分比比率。如果徵收嚴格地按照銅錢繳納，納稅收便會是難以令人承受的高。另一方面，如果銅錢就是政府票據中的同一單位，如果支付是按照當時紙幣的市場價值進行，那麼對大多數物品來說，繳納比率就應該在或者接近2%到5%之間[27]。

　　在這一點上，我們有必要再次以前面已經提到的觀點，即官定比率雖然低，但是商人所繳納的費用必須大幅度地超過官定比率。在整個明王朝統治時期，很少有對商業稅繳納比率的抱怨，大多數是針對濫加徵收和重複徵收。重複徵收在明王朝統治後期更加明顯。在16世紀晚期，從河西務到北京長約70英里的河段上，就有3個收稅站[28]。祁彪佳日記中所提到的夏鎮收稅站，在官方報告中並未提到其徵收情況；看來也未對該站收入情況進行審計。儘管如此，該收稅站的設置，對商船來說增加了額外負擔。按照規定，淮安收稅站只能徵收抽分和船鈔，不應徵收貨物稅。可是在16世紀，此規定明顯再沒有得到遵守。《淮安府新志》記載說，該站對12種的貨物徵收了通行稅，其中包括紙張、瓷器、絲織品、藥材、酒和醋。據記載，此後又對53種新物品徵稅[29]。此外，在16世紀結束之前，幾種稅互相入侵各收稅站的所轄區域，整個徵稅規定混亂到了極點。淮安收稅站所徵收的特別

27　比如，豬肉每斤(大約1又1/4磅)納稅100文。如果徵收嚴格地按照官定比率(1,000文兌換1兩銀子)，那麼繳納就會超過豬肉本身的價值。另一方面，絲織品是根據其等級徵稅的，每卷納稅15貫、20貫和25貫。1488年，明廷規定，每貫兌換0.003兩銀子。如果按照此規定，每卷絲織品納稅稅額分別應在0.045、0.06、0.075兩之間——這是十分低的。

28　〔清〕孫承澤，《春明夢餘錄》卷35，頁46b。

29　〔天啟〕《淮安府新志》卷12。

貨物稅，不僅包括抽分，而且延伸到對船隻的淨價值進行徵稅。最後，船隻要通行，就必須繳納其建造成本的1/30。與此同時，船鈔的徵收仍在進行，雖然這種繳納僅僅是名義上的。如果船頭寬5英尺，就要繳納0.029兩銀子[30]。

在16世紀晚期，到底是什麼才可以稱爲造船原料也是一個問題。有一個事例，是一個商人運載一艘船的煤往北方。在淮安，工部代理人要徵稅，理由是煤用來生產鐵釘，而鐵釘是造船必需品。但是隨後該商人僅僅繼續行駛52英里後，桃源縣（1914年改名爲泗陽縣——譯者）又對同一貨物即煤進行徵稅。縣衙門官吏很明顯地不同意工部代理人的延伸解釋，他並且聲稱煤屬於普通消費物品，應該在貨物稅徵收之列[31]。這只不過是無數個混亂徵稅事例中的一個。毋庸置疑的是，一定發生了許多其他事例，受害者所遭受的悲痛，未能得到清楚表達，亦就未能得到伸張。我們還可以注意的是，在52英里這麼短的路程裡就重複徵稅一次。

如此一來，當一艘商船進入漕河水道並從瓜洲向北京駛去時，船隻要被徵稅4次，所運載的貨物要被徵4次或5次，甚至可能還更多些。即使三十稅一的規定仍然得到遵守，連續徵稅加起來也要高了許多。下面兩個事例可以幫助我們勾畫出稅率情況。第一個事例是：在16世紀後期，一些商人從黃河和淮河地區運載大量糧食（主要是小麥、大麥和豌豆），經越淮安，到南方去。從1566年開始，明政府徵收運輸特別稅，一個稅逐漸膨脹到四個稅。直到16世紀末，四個稅的稅率加起來爲每石糧食0.028兩銀子；這大約等於要繳納10%的稅。當商人們把糧

30 〔清〕顧炎武，《天下郡國利病書》卷11，頁43。

31 〔明〕席書，《漕船志》卷7，頁114。

食運到瓜洲時，或者說在往南走了140英里之後，類似的徵稅就在等待他們。另一個事例是：在1596年宮廷的修建中，主事者反對購買木料的政策[32]，指出如果要購買160,000件木料，政府就會損失對32,000件木料的徵稅[33]。稅率明顯地爲20%，雖然該稅率包括了漕河河道以外其他幾個河港的徵稅，如荊州、蕪湖和南京等木筏必須課稅。

考慮到這一切，我們有充分理由認爲，在16世紀和17世紀初期，無論運載什麼貨物通過漕河主要河段或全部河段，五花八門的通行稅加起來很少有低於貨物價值的20%。我們還可以得出一個合理的推斷，即對奢侈品的徵稅，是按照或高於50%的稅率進行。

附錄四中收錄了明政府自1599年以後有關各個口岸的稅額分配。稅額數字似乎是包括了船鈔、貨物稅和對造船原料徵收的特別商品稅即抽分。值得指出的是，明廷所得商業稅收入來自八個主要口岸，其中有四個坐落在漕河這個爲當時明人稱爲「運輸河流」的河道上，有兩個坐落在江南的漕河的支運河上；另外一個，雖然指的是北京的崇文門，但它的收入幾乎全部也是來自漕河運輸。只有坐落在長江中段上的九江，才無可置疑地位於傳統上以大運河著稱的運河體系之外。

具有同樣意義的是，在1599年前，位於漕河幹線沿線的五大口岸和收稅站，即揚州、淮安、臨清、河西務和北京的崇文門，所得收入是南方三大口岸加起來的兩倍以上。但是在1621年明廷增加稅額時，大部分額外負擔分配給後面的三大口岸來承擔。比較地說來，對前五大口岸的增加是微不足道的，臨清和河西務所承擔的稅額甚至在實質上減少了。明廷隨後又在1625年作了增加，臨清和河西務同樣未增加

32　〔清〕顧炎武，《天下郡國利病書》卷11，頁43。
33　〔明〕項夢原，《冬官紀事》，頁4。吳兆莘，《中國稅制史》，第1輯，頁117。

什麼;同時,雖然揚州、淮安和崇文門所分派的稅額大幅度增加了,可是仍然少於分派給杭州、滸墅關和九江的部分。結果,明廷兩次增加,使它從這三大南方口岸每年所得收入達到225,000兩銀子;這大致與它在位於漕河河道上的五大口岸所得254,329兩收入相當。

對於這種收入重心的轉移,我們可以作出兩個可能性的解釋。其一,明廷最初在規定各口岸承擔的徵收任務時,可能過分的注意漕河運輸幹線,而且規定它所承擔的稅額可能太高。雖然明廷致力於增加收入,但也在重新分配稅收任務,使漕河和南方這兩大地理系統所承擔的稅額達到平衡。其二,在16世紀後期和17世紀初期,南方因經濟增長而繁榮起來。與此同時,瓜洲-北京之間漕河河段的商業發展達到飽和,甚至衰退。而長江流域的商品交流和資金流通所受到的限制明顯少於漕河河道上的貿易。兩種不同的商業氛圍最終導致了兩種不同、可預期的結果,即南方的商業運輸水平在往上發展,而漕河地區的則在往下滑。在這種情況下,明廷重新調整各口岸的稅收任務,不過是對這種經濟發展趨勢的承認。不過很有可能,這兩種解釋都可能是正確的。

任何人只要對漕河沿線五大口岸的紀錄進行分析,就會被顯著的數據進一步地吸引。在1599年以前,揚州和淮安的徵收,加起來只有臨清、河西務和崇文門的徵收的一小部分。這反映了在明王朝統治早期,揚州和淮安這兩個位於漕河入口處的口岸只徵收船鈔,而未徵收貨物稅。即使在後期淮安開始徵收貨物稅時,也僅限於對貨物清單上所列貨物進行徵稅,不同於在北方的其他三個口岸對所有貨物都要徵收貨物稅。在這種徵收政策下,我們幾乎可以推想出當時的實際情況是:漕河上的商品運輸,主要是向北的方向,通常是一路運輸到北京。臨清由於自己所處的地理位置具有重要意義,也是一個令人感到

滿意的目的口岸。從南方運輸而來的商品運到這裡後，可以向華北幾個省份重新分配。相較起來，位於漕河中段的商業活動，其規模就要小得多。在下一部分討論商業時，本文要對此作更多的探討。

淮安收稅站的收入增加，特別是1625年增加，主要是對糧船加倍徵稅帶來的[34]。我們找不到證據證明，淮安地區的商業在總體上發展了。揚州的情況也可能是這樣。另一方面，臨清和河西務稅收下降，是由於經濟發展下降和華北省份購買力降低的情況造成的。

對明代商業稅作了不少研究的佐久間重男，指出在明王朝統治早期軍事行動頻繁之時，商業稅的徵收維持在一個高水準；在中期，特別是在15世紀中葉，商業稅的徵收大幅度削減了；但是到16世紀末期和17世紀初期，由於政府赤字巨大，明政府再次加速增加徵收。他的觀點同我們對漕河地區稅收情況的研究相同。但是，佐久間重男先生也指出，在萬曆年間宦官負責所有稅務時，非法徵收非常普遍，而大部分稅收都被稅吏放入自己腰包，只有20%到30%提交到國庫[35]。他從未解釋他是根據什麼得出這種百分比。他或許也發現，在一個充滿敘述資料但缺乏有力數據的領域裡，歷史學者自己可以利用可用資料，大膽地作出推斷。

二、商業

有關明代商業情況的資料非常缺乏。到目前為止，我們一直只能以文人—官僚的記述為資料進行研究。而這些文人—官僚，由於對私

34　〔清〕顧炎武，《天下郡國利病書》卷11，頁43。
35　佐久間重男，〈明代における商税と財政との關係1〉，頁23。

有事業持悲觀的看法，因而認為這個問題過於庸俗低下，不值得記述。而商人從自己的立場出發，一生致力於剝削他人的勞動成果；因此，他們在獲取利益的同時，為自己賺得了應該得到的厭惡和藐視。隨著這種思想觀念的流行，商業對社會發展來說就不過是一種附屬物。充其量它是一種人們不得不忍受的必要之惡。大多數的明代官員從不承認物品有效交流同樣會在整體上給國家帶來幸福[36]。既然這種偏見在知識分子中盛行，那麼我們就不感到吃驚，在他們所留下的大多數記述中，鮮有涉及私人的商業活動。

即使官員在描述有關商人情況時，他們的觀察也由於眼光有限而受到極大的限制。我們在收集明代行政官員所提交的奏議時，發現許多記述都是討論商人的生活。其中一些記述在極力辯護明政府是仁慈的政府時，也對商人公開表示了一定的同情。即使如此，同情也從未脫離過人道主義的角度。舉例來說，有些記述批評超額徵稅，並不是因為這種做法限制了國民經濟的發展，而是因為損害了天子寬宏大量的名聲。把私有商業視為純理論的存在，看來是遠在當時作者的能力之外的。

位於漕河地區的一些府縣，其地方志保留下來了；關於臨清和淮安收稅站的紀錄，也保留下來了。不過，對這些資料進行考察，發現記載情況完全令人失望。在每一頁上，有關作者都沉湎於討論風景、公共建築、名士和民間傳說之類話題；但我們找不到有關停靠口岸船

---

36 我認為這是一個大膽的認識。幾個明代作者，比如邱濬、顧炎武與倪元璐，所寫的文件，的確反映了他們的經濟眼光和洞察力超越了所處時代。不過，這並不能改變我的看法，他們絕大多數同時代人對經濟問題是完全無知的。導致無知的原因，不僅是缺乏知識或經歷，而且是他們缺乏抽象思維的能力。

隻運輸的商品總數的記載，也找不到有關多少船隻從事運輸的記載。
這些資料沒有給我們留下任何線索來評價商人的資本化、獲利幅度以
及貿易手段等。前面提到的地方志，雖然列舉了各有關地方的產品，
也列舉了主要進口品，但這些列舉只是一個大概的輪廓，並未提供有
關資料使我們的陳述充分有理。除了這些資料之外，我們只能利用偶
然的文獻有時碰巧地為我們的研究主題帶來了曙光。雖然漕河地區的
貿易活動非常廣泛，提供了長篇大論的論題(這對本章其他部分的討論
也適用)，但在事實上，由於幾乎沒有足夠的材料，我們勾畫不出大體
情況。

　　最後，我們希望中國史的歷史編纂能夠走出上述這種死路和僵
局。我們今天所面臨的困難，並非全都無法解決。我們希望能夠找到
幫助歷史學者進行更深入探討的工具。首先，成千上萬商人一定留下
了無數私人記述、信件、分類帳、契約，甚至收據，因為這些對於傳
統學院的歷史編纂來說是未知的資料，從未得到認真的尋找。努力去
搜尋，無疑地會發現一些遺失的文獻。中國大陸學術界現在正朝著此
方向努力。在新的證據開始累積到一定數量時，經濟史的研究視野將
會毫無疑問地提升。不過在這個時代到來之前，我們不得不根據難令
人滿意的文獻進行研究。因此，我們以下所作的研究，不過是提出一
個大概而粗略的輪廓；我們目前的期望，僅此而已。

　　與政府供應流動情況類似，漕河上的商品運輸也是以北向交通而
引人注意。南方所產幾種重要產品，包括絲織品、瓷器、棉布和木
料，構成了區域間貿易的龍頭商品，主要就是通過漕河運輸到北方去
的；其他南方產品，比如紙張、漆器、桐油、染料、皮革、有色金屬
和乾果，也是如此。事實上，毫無例外地，海外輸入的商品，其中有
胡椒和蘇方，實際上也是通由漕河水道運輸到北方。北方省份所產最

重要的商品，能夠提供給江南市場的，主要是棉花和羊毛紗線。一般
說來，這種貿易是不平衡的，北方主要是買方，南方則主要是賣方。

　　但區域內部的貿易同樣重要。由於漕河的地形和稅收，私船感到
與其跑完整個漕河水道，不如在其中一段之內跑短程更為有利。當時
的旅行者經常提到，他們在行程中不得不換船。由於他們所出資乘坐
的船隻通常是貨船(這種貨船把自己的甲板出租給行人)，他們在旅行
日誌中的有關記述，強烈地反映了這些貨船經常從事短程貨物的運
輸。在這種情況下，絕大多數貨物屬於農產品。它們的運輸雖然對全
國經濟的發展產生不了什麼重大影響，但是拓寬了地方物資交流，增
加了農業收入。

　　每一個跡象都表明，坐落在漕河沿線的城市與市鎮因商業發展而
大大受益。在揚州，最初來自其他省份的居民占該地總人口的1/20；
其中大多數為商人，來自徽州和山西[37]。在15世紀和16世紀，淮安人
口的增長，從城牆內延伸到城牆外，不得不在舊城之外建造新城[38]。
到明王朝統治末期，淮安城繳納門攤稅的零售商多達22種[39]。據記
載，淮安城擁有的熟練工匠由兩部分組成，一部分是外來工人，占
2/3；另一部分是本地人，占1/3[40]。彼得·馮·霍姆於1664年(或者說
在本文所探討時期後的20年)率領荷蘭使團經過淮安時，旅行日誌提到
該城是中華帝國的第八大城市[41]。由於徐州附近的漕河急流咆哮，因

37　藤井宏，〈明代鹽商の一考察〉，《史學雜誌》，54：6(東京，1943)，頁
　　66-67、109-110。
38　〔清〕顧炎武，《天下郡國利病書》卷11，頁45。還請參見卷11，頁1中的
　　地圖。
39　〔天啟〕《淮安府新志》卷12。
40　〔清〕陳夢雷等編，《古今圖書集成》卷120，頁29。
41　Antoine Francois Prevost, *Historie Generale de Voyages*, Vo. 15, p. 257.

而修建了一條繞開急流的備用運河，來往船隻可以選擇走這條備用運河。坐落在備用運河上的夏鎮，建城於1587年[42]。在不到50年的時間裡，它就發展成為一座重要的口岸，明廷因而派遣一名皇族成員坐鎮該處充當稅官[43]。《濟寧州志》雖然對該處商業記載很少，但作者以懷疑的口氣承認說：「其地……為河渠要害，江淮貨幣、百賈會集，其民務為生殖，仰機利而食。」[44]《張秋鎮志》的作者則驕傲地敘述了自己家鄉的繁榮。他指出，張秋由於坐落在漕河河道和今天黃河河道交叉的十字路口上，周圍70英里內鄰近地區所生產的大量產品，雲集於此。他估計說，張秋市場上出售的商品，有20%來自臨清，50%產自任城，60%到70%來自東面的兖州府（此句中的百分比可能有問題，原文如此——譯者）。他作出結論說，張秋，「都會之區也」[45]。他的評論是有道理的，因為另一個文獻反映說，那時坐落在張秋水邊的倉庫、貨棚和停泊船隻的地方伸展到三四英里遠[46]。從張秋往北一些，就是臨清。地方志的編撰者明顯地對商業沒有什麼興趣，不能給我們的研究提供什麼幫助，城市裡的商業活動是最難處理的部分。當地地方志僅僅寫道：「臨清多大賈……且其人皆僑居，不領於有司之版籍。」[47]但是我們知道，臨清作為所屬各縣的首府，建造於洪武年間。其城牆建造於15世紀中葉，周長3英里以上。在1516年，為了防備地方農民叛亂，臨清採取了一項謹慎的措施，即「築羅城以衛商賈之

---

42 〔清〕顧炎武，《天下郡國利病書》卷15，頁40-46。
43 〔明〕祁彪佳，《祁忠敏公日記》，第5冊，1643年農曆八月十六日。
44 〔清〕陳夢雷等編，《古今圖書集成》卷81，頁15。
45 〔清〕顧炎武，《天下郡國利病書》卷15，頁21。
46 佐久間重男，〈明代における商稅と財政との關係1〉，頁11。
47 〔清〕顧炎武，《天下郡國利病書》卷16，頁3。

列肆於外者」[48]。臨清作為從漕河運來的貨物向華北內陸各府縣散發的運輸中轉站；這一點從貨物接收地區的地方志中可以證實。比如，《河間府志》就記載說，河間出售的包括農用工具在內的金屬器具，來自臨清；紡織品原料也是如此[49]。崔溥在其日記中提到，他在臨清遇到了一群來自遼東的商人。他獲悉，這些商人為了完成交易，打算在臨清停留兩個月[50]。

在1600年左右，明代一位作者列了一份全國最大城市的清單，清單上所列城市排序如下：北京、南京、杭州、鎮江、廣東、福州、蘇州、松江、淮安、揚州、臨清、濟寧、儀真、蕪湖和景德鎮[51]。在15座重要城市中，有5座位在漕河地區，其他幾座在不同程度上依賴於漕河，或者分配自己的生產品，或者輸入消費品。

除了前面部分探討的商業稅外，目前我們手頭沒有資料以建立商品總數量情況。在各種各樣通過漕河運輸的商品中，雖然棉布似乎占主要地位，但其貿易規模到底有多大，無從知曉，我們也只能冒著出錯的危險，進行推測。大部分的布匹生產於松江。清代一位作者敘述指出：「前朝標布盛行，富商巨賈，操重資而來市者，白銀動以數萬計，少亦以萬計。」[52]這段敘述表明，每年銷售總量即使未超過100萬兩銀子，也應接近此數。買方或許來自全國各地，但主要來自山西、陝西、北京和前線地區[53]。這種情況與我們在第四章中所指出的情況

---

48 〔清〕陳夢雷等編，《古今圖書集成》卷82，頁45。
49 〔清〕陳夢雷等編，《古今圖書集成》卷70，頁27。
50 崔溥，《漂海錄》，頁198-199，1488年農曆三月十五日。
51 藤井宏，〈明代鹽商の一考察〉，頁72。
52 葉夢珠，《閱世編》，轉引自西嶋定生，〈支那初期棉業市場の考察〉，《東洋學報》，31：2(東京，1947.10)，頁274
53 西嶋定生，〈支那初期棉業市場の考察〉，頁274-277。

相符合；在該章中，我們認爲北方省份爲了完成自己向前線衛所供應
的份額，寧願從南方購買棉布穿過內地各省運輸到前線去，而不願經
由陸路運輸糧食。運輸棉布，實際上也毫無例外地必須經由漕河。根
據可用的資料來判斷，每年運輸的棉布，其價值應該大約爲50萬兩銀
子。由於17世紀初期布匹的批發價估計爲每匹0.3兩銀子[54]，因而每年
應該運輸了100萬匹布匹。松江花費的棉花產自山東省，而且主要是產
自東昌府和兗州府[55]。從該產地往南運輸，同樣要走漕河水道[56]。臨
清和濟寧是最有可能作爲裝卸的河港。當時的一名作者就對棉花和布
匹的交易情況作了概括性的敘述：「北土廣樹藝而昧於織，南土精於
織紝而寡於藝，故棉則方舟而鬻於南，布則方舟而鬻諸北。」[57]

　　我們應該指出的是，有些資料表明，北直隸的紡織業，尤其是河
間府，在明代晚期和清代初期不但逐漸趕上了南方的紡織業，而且給
南方布匹生產商帶來了強有力的競爭。對北直隸來說，它的優勢在於
與原料產地和市場的路程方便；這樣，它的產品不但價格降低了，而
且在質量上可以同南方產品競爭[58]。而南方紡織業所受到的壓力顯而
易見；這可視爲導致向北方運輸急劇下降的原因之一。不過，這種發
展趨勢在明代晚期的記述中沒有得到廣泛證明。《河間府志》就一點
也沒有記載該地區紡織業的興起情況。1782年刊刻的《臨清直隸州

54　〔清〕顧炎武，《天下郡國利病書》在卷6，頁79中指出，供應給明廷的棉
　　布，每匹的官定價格爲0.34兩到0.7兩銀子之間。但是這比市場價高出許
　　多。西嶋定生指出，每匹的普通價格爲0.2兩。參見西嶋定生，〈支那初期
　　棉業市場の考察〉，頁274。
55　西嶋定生，〈支那初期棉業市場の考察〉，頁265-266。
56　西嶋定生，〈支那初期棉業市場の考察〉，頁267。
57　〔明〕王象晉，《木棉譜序》，轉引自〔清〕姚之駰，《元明事類抄》卷
　　16(應爲卷24──譯者)，頁24a。
58　西嶋定生，〈支那初期棉業市場の考察〉，頁279-281。

志》指出，直到是年臨清流通的棉布，仍然來自坐落在漕河上、位於其正南面的濟寧[59]。此外，正如我們在第五章中探討的那樣，到明王朝統治末期，明廷所消費的大量布匹毫無例外地來自江南的八縣份，並未規定北直隸要供應多少配額。這就令人難以相信北方的紡織品生產已經達到相當規模的程度。很有可能，貿易下降是其他原因——諸如北方省份購買力降低——導致的。

雖然絲織品在漕河貿易中占有主導地位，可是其交易情況卻少有記載。漕河上每個河港的地方志都清楚地提到了絲織品是主要貿易商品，可是其貿易量、甚至連一般運輸量，仍然模糊不清。毫無疑問的是，絲織品是經由漕河運輸到北方的，並到達了明帝國的四陲。在1489年，來自中亞一個藩屬的貢使因在臨清購買50多箱茶葉和絲織品，違背了明帝國法律而被扣留[60]。記載表明，該貢使取道河南，可能是沿著黃河舊道而來到漕河地區的。這個插曲證明了絲織品首先運到臨清，然後被來自遠方的買方買去。在談到17世紀初期西北的經濟下降時，顧炎武將之同絲織品聯繫起來，寫道：

> 陝西爲自古蠶桑之地，今日久廢弛，綢帛資於江、浙，花布來自楚、豫。小民食本不足，而更賣糧食以製衣，宜其家鮮蓋藏也。[61]

顧炎武在其另外一部著作中也提到了長江三角洲所製造的絲織品

---

59 〔清〕張度等纂，《臨清直隸州志》卷2。
60 《明孝宗實錄》卷25，弘治二年四月壬子條，頁10a。
61 〔清〕顧炎武，《日知錄》，轉引自西嶋定生，〈明代に於ける木棉の普及に就いて上〉，《史學雜誌》，57：4(東京，1948)，頁14。

出售於西北市場的情況，其中指出在1626年，來自前線地區的一個特殊購買團來到蘇州，任務是購買價值「好幾萬兩白銀」[62]的絲織品。不過，由於這種買賣毫無例外的是由官府代理人負責的，因而不能視為一般意義上的商品貿易。

考慮到有關私人貿易情況的記載一般被省略，我們不得不思考絲織品貿易的可能發展程度到底有多大。即使絲織品貿易發展到相當大量，也可能是以小宗買賣進行的。從佐伯有一所收集的關於1611年紡織工人反叛的文獻中，我們可以設想絲織業的組織鬆散，與工業革命前英國的紡織業非常相似，即是說，占主導地位的是家庭生產，而非工廠和作坊[63]。生產方式決定了市場交易方式。質量的高低不一，價格表規範化和官方出售管理集中化，最容易導致商人的經營降低到較小的程度。而小規模的經營，反過來又導致商業活動並不引人注目。如此一來，貿易或許就沒有什麼內容值得記述。雖然這種理論在現在已經發現的材料中得不到證實，或遭到反對，但是在前一部分所引戶部尚書倪元璐關於稅收的上奏中，卻可得到支持。倪元璐強調指出，在北京，每種稅則通常都包含了幾千種物品(它們反映了數十名商人的購買力)，稅率樣品是「一件襯衫和一段絲織品」[64]。

62　〔清〕顧炎武，《亭林餘集》，〈中憲大夫山西按察司副使寇公墓誌銘〉，頁12b-13a。

63　佐伯有一，〈明末織工暴動史料類輯〉，載於清水博士追悼記念明代史論叢編纂委員會編，《清水博士追悼記念明代史論叢》，頁611-635。傅衣凌指出，蘇州地區約有1,000個存放絲織品的貨棧；這些貨棧負責處理鄰近地區鄉村的產品。參見其大作《明代江南市民經濟試探》，頁81。顯然，棉花辦貨行也存在類似情況。商人通過代理人將棉花原料分發給各戶紡織女工，付給工資。然後由代理人將產品收集起來，交給商人在市場上出售。參見傅衣凌，《明代江南市民經濟試探》，頁86。

64　〔清〕孫承澤，《春明夢餘錄》卷35，頁38(查原書沒有此句話，可能出處有

　　瓷器貿易的情況同樣模糊不清。顯然，除了明廷製造外，景德鎮所產瓷器大部分用於交易。江西省輕工業局在近年來所作的一項研究估計說，到明王朝統治末期，私有瓷窯每年製造總量爲3,600萬件[65]。在這基礎上，瓷器製造業帶來了數百萬兩銀子的貿易。因此，瓷器產品成爲省際貿易的一種主要商品。許多瓷器是按照富戶的要求生產的，上面刻有購買者所要求的特殊圖案和印記。我們從這一事實中也可以看出私人購買發展的程度。有些賣給山西省貴族家庭的瓷器，大概生產於1514年，今天得以保留下來[66]。在中華民國時代到來之前，瓷器運輸主要是經由水路[67]。漕河在瓷器運輸中無疑地占了相當大的比重。但是，有關其交易情況的記述非常少。

　　《淮安府志》記載，在前13種稅徵商品名單中包括了瓷器[68]。《河間府志》證明明代晚期活躍在河間城的瓷器商，來自景德鎮所在的饒州府[69]。據報告說，在北京，來自各藩屬的貢使返回時裝載了大量瓷器。有個時人記載說，他看到了「幾萬輛馬車」運載著瓷器離開京城，馬車上的柳條箱和包裝有30英尺高[70]。

　　儘管水路運輸原木要遇到無數困難，但是木料貿易仍然是漕河商業發展中的一個重要組成部分。更主要的是，這是由於需要所支配的。漕河沿線所有府縣似乎沒有哪一個供應的木料能達到令人注意的數量，因而不得不由長江以南省份提供。北京所需木料除了部分由山

　　誤——譯者）。

65　江西輕工業廳陶瓷研究所，《景德鎮陶瓷史稿》，頁109。
66　江西輕工業廳陶瓷研究所，《景德鎮陶瓷史稿》，頁220。
67　江西輕工業廳陶瓷研究所，《景德鎮陶瓷史稿》，頁31、111。
68　〔天啟〕《淮安府新志》卷12。
69　〔清〕陳夢雷等編，《古今圖書集成》卷70，頁27。
70　江西輕工業廳陶瓷研究所，《景德鎮陶瓷史稿》，頁252。

西省供應外，大量木料來自四川、湖廣和浙江。在漕河區域內，購買木料的主要地方是京城和淮安地區。

就其他種類的商品來說，難以從現在手頭的資料中判斷總共的貿易數量。不過，我們可以從一名負責1596年宮廷修建項目的官員留下的上奏中找到一點線索。這名官員就是工部郎中（Section Chief）賀盛瑞。當項目仍然處於計畫階段時，賀盛瑞檢查漕河北部終點的收稅情況，發現不知在什麼時期裡，有44,000件原木和木板由木料商運入北京了，其中一些原木的周長不到5英尺[71]。顯然，是北京的木料價格使商人得到可觀的利潤。隨著木料貿易的發展，許多船主選擇在張家灣附近拆解其船隻，以便以較高價格將可再利用的木料賣掉。

我們在第五章探討宮廷供應品時已經作了部分討論，在1596年的宮廷修建專案中，明廷一度決定專案所需木料全部由購買所得。正是專案主事者賀盛瑞終止了該項決定的實施。兩個不同文獻對此事作了詳細的敘述。其中一個文獻是賀盛瑞的兒子所寫，另一個是賀的一個欽慕者所寫，材料都取自賀自己的記述[72]。這個事件在歷史上雖然並不是什麼重大事件，但反映了那個時代的慣例和官僚常規。它們對總體上的商業發展、尤其是木料貿易產生了決定性的影響。

作為修建主事人，賀盛瑞一直反對購買木料政策。他計畫木料由南方省份供應。根據賀盛瑞自己所說，許多木材商對明廷有影響力的官員遊說、行賄。這些官員反過來就勸說萬曆皇帝下令購買。皇帝下令後，賀盛瑞郎中看來遭受政治的挫敗了。但是，他大膽地對購買加上了一系列條件，以致導致契約對木材商完全沒有什麼吸引力。為了

71　〔明〕項夢原，《冬官紀事》，頁4。

72　〔明〕賀仲軾，《兩宮鼎建記》，收於《叢書集成》，第1498冊（上海：商務印書館，1937）；〔明〕項夢原，《冬官紀事》。

宣布他的新規定，他把「數十名木材商」召集起來，要他們跪在自己
的案桌前，毫無保留地告訴他們。他宣布說，木料不能視爲「皇
木」，僅是一種普通商品。是故，在過漕河的緩斜水面和水門時，不
能享有優先權，在航行時也不能享受官府勞役的幫助。此外，無論是
雇用官船運輸還是民船運輸，一路上如果因事故而導致船隻損壞、損
傷，木材商都要負責並賠償。木料只有在運到張家灣之後，才能以皇
帝批准的價格購買，而不能預先支付。還有，木材商不能免納一般的
貨物稅，而這貨物稅達到貨物所值的20%。正如他所預料，「新規
定」終止了購買政策的實施，沒有一名木材商願意以這樣的條件供應
木料。他的專斷處理激怒了許多站在木材商一邊的朝廷官員。後來，
他們以莫須有的指控將賀盛瑞逮捕下獄。不過，他的努力成功了，大
批的木料通過官府代理人從南方獲得[73]。

　　從此一事件中可知，儘管一些官吏採取抑商態度以及運輸困難，
木材商在漕河地區的生意仍然發展良好。在16世紀最後幾年裡，資本
集中的程度顯然較高。捲入與賀盛瑞對抗的木材商達「數十」。這個
數字雖然模稜兩可，但是，他們爲了準備向整個1596年宮廷修建供應
160,000根原木，能夠遊說明廷採取購買政策。這一事實表明，他們的
經營絕不是小規模的。

　　在淮安，最大的木料購買者也是政府。在第四章中，我們提到清
江浦船塢要爲漕船船隊打造船隻遞補船隻。在高峰時期，該船塢一年
內打造的船隻達746艘[74]。即使在低谷時期，每年也能打造500艘到600
艘。在16世紀和17世紀初期的大部分時間裡，所需木料要從私商手中

73　〔明〕項夢原，《冬官紀事》，頁4。
74　〔明〕席書，《漕船志》卷3，頁12-14。

購買。由於每艘船隻所需木料價值57.8兩銀子[75]，那麼全部所需木料的價值就應該在29,000兩到35,000兩之間。這一估計看來與船塢的預算相吻合。記載表明，在17世紀前25年間，船塢來自三個收稅站的收入每年達44,510兩[76]，其中主要部分用來購買木料。因此，政府購買為木材商的商業活動提供了廣闊的空間。

然而，相對於在北京，商人非常渴望與明廷簽訂購買契約的情況；而在淮安，只要有可能，商人就要避免與官府訂約。有資料指出，在1603年到1605年間，每根原木，官府付給商人6兩銀子，而且原木的大小沒有說明。銀兩是預先支付的，而木料有時在兩三年後才交貨[77]。但是，對木材商來說，這種交易似乎無利可圖。清江浦船塢負責官員抱怨說：「商人不招必不來，不強必不認。」[78]在另一份文件上，該官員寫道：「昔淮商供漕者陸拾餘家，今僅存柒、捌家耳。」[79]證據表明，在明代末期，政府撥付給船塢的資金拖欠時，木材商被迫供應的木料，不但不能獲利，甚至還要賠本。明政府交給淮安的供應契約，變成了一種木材商為維持許可證而必須完成的責任。這不可避免地阻礙了私人事業的發展，限制了商業的成長。

與此同時，南京附近的稅吏給木材商帶來了另外的困難。官方文件表明，南京附近的一個機關和清江浦船塢雖然都是工部的下屬機關，但彼此間偶爾發生爭吵。後者指責前者強行從根據契約向船塢提供木料的商人手中購買木料。負責徵收商品稅的官員也給木材商帶來

---

75 〔明〕周之龍，《漕河一覕》卷11。

76 〔明〕周之龍，《漕河一覕》卷11。〔清〕陳夢雷等編，《古今圖書集成》卷689，頁27。

77 〔明〕周之龍，《漕河一覕》卷7和卷8。

78 〔明〕周之龍，《漕河一覕》卷7(此句原文尚未找到，因而直譯——譯者)。

79 〔明〕周之龍，《漕河一覕》卷9(此句原文尚未找到，因而直譯——譯者)。

不必要的耽擱。文件中提到，除非水邊的木筏達到100多個，徵稅官員才不干涉，才准許通過[80]。提供給清江浦船塢的木料，也要像普通商品一樣納稅；清江浦船塢負責官員並未對此提出異議。只有在木料滯留和強行購買導致船塢船隻打造計畫落後時，他們才提出抗議。如果政府契約都擺脫不了這種官吏濫用權力行為時，那麼其他商人所遇到的問題就更糟糕。

的確值得懷疑的是，正如前面幾段提到一樣，在這樣的環境下木材商仍盡其職責，木料仍然大量運到北方去。雖然並不清楚木材商在一路上是怎樣解決所有問題，但是在清江浦，每年徵收的船隻打造原料稅所得收入達到11,000多兩銀子。該口岸按照貨物價值進行徵稅，實行三十稅一。是故，往北方運輸的木料，其價值應超過300,000兩。加上這些以及在清江浦南面出售的原木和木板每年貿易量，漕河上的木料交易每年價值可能接近50萬兩。

在明代經濟史上占有首要地位的食鹽，以特殊方式參與漕河運輸。兩大主要產鹽區都位於漕河的東面，都在海岸上。渤海灣每年的食鹽產量，價值180,000兩銀子，淮河河口灣和長江三角灣的總收入為680,000兩，渤海灣的收入介於後兩地的收入之間。在16世紀末和17世紀初期，三地的收入加起來在全中國總產量中占2/3多[81]。毫無疑問的是，這三地的食鹽，絕大部分首先要經由漕河運輸，才能分散運輸到內地各市場。滄州、張秋、清江浦、揚州和儀眞，都是批發商經常停靠的口岸[82]。但是鹽商在從官府代理人手中購買食鹽之後，所走的貿

80 〔明〕周之龍，《漕河一覰》卷8。
81 〔明〕周之龍，《漕河一覰》卷11。
82 〔清〕顧炎武，《天下郡國利病書》卷16，頁20；卷16，頁42。〔清〕陳夢雷等編，《古今圖書集成》卷70，頁27。〔明〕王恕，〈議開河修塘狀〉，

易路線大體上為東西向；這不同於其他商品沿著漕河南北幹線運輸。如此一來，即使大部分食鹽從漕河而來，但常常只是經由了其中一小段，走完漕河大段水道的食鹽很少[83]。

不過，由於到食鹽產地很方便，諸如醃肉和醃魚這些防腐食品在漕河地區非常普遍。此外，積極活躍於漕河地區的許多富商，是作為鹽商開始的。一旦發家致富後，他們就把自己的商業活動延伸到其他商品中去[84]。這種貿易的轉變，部分原因在於明政府的強迫。明政府收到鹽商的繳納後，鹽商常常發現自己不能運輸食鹽，而且有時是好幾年不能運輸，因此採取了這種轉變[85]。商人不得不在其他方面尋找生計。到明王朝統治末期，在漕河商業中占控制地位的有兩大著名商人集團，即徽商和晉商。徽商是以茶葉貿易起家的，晉商最初則作為鹽商發展起來的[86]。

（續）───────────────

    收於〔明〕黃訓編，《皇明名臣經濟錄》卷51，頁6a-7b。牧田諦亮，《策彥入明記の研究》，上冊，頁266。

83 有幾個例外情況：首先，產於山東半島頂段的鹽，根據行政命令，專門向徐州－邳縣地區供應。參見《明史》卷80，頁1-2。這部分食鹽的運輸或許是經由漕河的。在1505年間，明廷利用渤海地區所產食鹽收入來為購買絲織品提供資金。在1516年，宦官劉允到西藏所攜帶的食鹽，除了淮海地區所生產的12,000頓外，還加上了產於渤海地區的2,000頓。無論是淮海地區還是渤海地區，產品都需利用漕河很長一段河道來運輸。參見〔明〕李東陽，〈織造鹽對錄〉，收於〔明〕黃訓編，《皇明名臣經濟錄》卷23，頁3a-4b；〔清〕清高宗編，《明臣奏議》卷16，頁2788。（原書查無此條，但就引文內容來看，應該是〔明〕梁儲，〈請罷中官奏討鹽引等疏〉，收於〔清〕清高宗編，《明臣奏議》卷14，頁17a)據記載，成化皇帝的舅父周壽也經由漕河走私食鹽。參見《明史》卷300，頁13。

84 藤井宏，〈明代鹽商の一考察〉，頁66-67。

85 《明史》卷80，頁7。《明神宗實錄》卷322，頁3。

86 Ho Ping-ti(何炳棣)在"The Salt Merchants of Yang-chou: A Study of Commercial Capitalism in Eighteenth Century China," *Harvard Journal of Asiatic Studies*, 17(June, 1954), pp. 130-168. 對此作了很好的概括。作者在文章中指

上面所概述的，是構成漕河商業運輸主要部分的主要商品。其他種類的商品，或者只是小規模地在漕河上運輸，或者是運輸達不到上述主要商品那麼悠久的程度。《明史》在敘述16世紀俺答汗蒙古族部落的進貢貿易時，順帶提到，商人運到前線地區的皮革，來自於華中和華南[87]；但是至少有一個記載證明，在17世紀初期，牛皮從清江浦出發往南運去[88]。據記載，產於江南的桐油運到淮安地區出售[89]。甚至到清代中葉，一名天主教神父看到漕河上的船隻「裝載著木料、紙張和油」，往北「運到北京，作為建築之用」[90]。另一個文獻提到，1590年左右，坐落在淮安的煉油廠大批量生產桐油，其中一部分運到南方市場上出售[91]。

不過，產於北直隸和山東的水果，不斷運往南方。據記載，產於這些地區的棗子和栗子在浙江省的杭州出售[92]。在前面一部分探討徵稅時，我們提到了左僉都御史祁彪佳得到免稅經由漕河水道時，他所在的船隻就運載了棗子。水果以及產於山東和河南的糧食，有時由運輸漕糧而返的船隊運往南方。工部一名官員發現，這些船隻挑戰法律，裝載的大米、豌豆、梨、小麥、棗子、桃子、梅子和芝麻有時達

（續）─────────────

　　出，在18世紀，鹽商是「中國的不可匹敵的『鹽王』」，30家鹽廠每年可獲利200萬兩銀子，所有這些鹽商的家庭在明王朝統治時期都從事於食鹽貿易。同引文，頁152-153、156-166。參見中國人民大學編，《明清社會經濟形態的研究》(上海：上海人民出版社，1957)，頁222。

87　《明史》卷222，頁11。
88　〔明〕周之龍，《漕河一觀》卷8。
89　〔明〕周之龍，《漕河一觀》卷9。
90　D. Gandar, *Canal Imperial*, p. 52.
91　〔明〕周之龍，《漕河一觀》卷9。根據該文獻中所敘述的生產能力，每年的產量應超過150萬磅。
92　〔明〕王洪，《毅齋詩文集》(上海：商務印書館，1935，四部叢刊本)卷7。

「數百包，或數百石」。他在一個具體的事例中引證，漕軍的一名小旗就被抓住，在他的貨艙裡不但發現了40包梨，還發現了50箱豬鬃和60捆牛皮[93]。

　　漕河上的糧食運輸，主要從黃河和淮河到靠近長江的漕河入口處；這和宮廷進貢品的運輸方向相反，似乎是明代後期的一大發展。這些商品，主要有小麥、大麥、豌豆和少數的稻米。從淮安附近徵收糧食通行稅，始於1566年。在17世紀初期，稅率爲每石糧食0.028兩銀子。據記載，此項收入每年可得30,000兩[94]。這一數字，是以每年糧食運輸100多萬石爲基礎徵收所得的。由此看來，100多萬石的數字令人懷疑地過分高了。同時，30,000兩銀子的收入，與1621年明廷規定淮安府的港口稅徵任務總數幾乎相當[95]。很有可能的是，一些資料中出現了引用錯誤。這使得我們最後難以認定前面提到的估計是正確的。

　　食物（foodstuff）流動顯然出現在漕河的其他河段上（不知作者這樣劃分的邏輯原因到底在何處，因而將其所用「食物」一詞的英文附上——譯者）。這種流通，只是促進了區域供應，並未必然地建立什麼清楚的貿易路線，或者未發展出什麼特定的貿易方式。在1782年刊刻的《臨清直隸州志》記載說，臨清作爲商業都會，需要從其他地區輸入糧食（grain）。該地方志進一步指出，輸入的糧食來自臨清西面的河

93　〔明〕周之龍，《漕河一覩》卷8。
94　〔清〕顧炎武，《天下郡國利病書》卷11，頁43。
95　參見本文根據《續文獻通考》，頁2937所列出的附錄4。〔清〕孫承澤，《春明夢餘錄》卷35，頁42。吳兆莘在其大作《中國稅制史》，第1冊，頁175-176中所列圖表與本文所列類似。不過，在他所列圖表中，崇文門的資料寫爲48,900兩銀子。佐久間重男在其大作中也編了一組數據。參見其大作〈明代における商稅と財政との關係2〉，頁61。他的資料同吳兆莘所列和本文所列均不相同。

南，南面的濟寧，北面的天津，雖然從後者收入的糧食只是高粱[96]。在這一點上，我們可以確信的是，漕河內的糧食流通利用了所有可用方法，其結果在整體上是令人滿意的。利瑪竇的記述也證明了這一點。他就個人經歷寫道：「沿途各處都不缺乏任何供應，如米、麥、魚、肉、水果、蔬菜、酒等等，價格都非常便宜。」[97]

從有關其他並不在本文研究時代內的記述中，也可看到農產品在地方貿易占有重要的地位。1748年刊刻的《淮安府志》，列舉了漕河運輸有哪些主要商品。除了蘇方、胡椒、皮革、桐油、蜜餞、毛織品、絲織品和棉布外，水果、蔬菜、糧食、藥材、絲繭和動物骨也榜上有名[98]。在1778年刊刻的《淮關統志》提到的商品有草蓆、大米、酒、豬肉和蘿蔔[99]。在1879年刊刻的《通州志》記載說，通州城內外有8種市場。在附近的張家灣，市場有：糧食市、木材市、豬肉市、牛市、魚市、水果市和錢幣交易市[100]。

根據上述探討的一般情況，我們可以得出結論：漕河力所能及的商業運輸，促進了物品的交流；這種交流在地方層次上所起的作用，或許比在全國層次上所起的要大。然而，商業運輸所遭到的無數個困難，不可避免地阻礙了商業的成長。在這些困難中，除了金融制度混亂之外，主要有：無規律的稅收政策，政府官員一般採取抑商態度，可以在一定程度上給予商業法律保護的合理的司法制度缺乏。另外，僅僅是漕河水道的地理特徵，也能夠限制漕河地區商業的大幅度發

---

96 〔清〕張度等纂，《臨清直隸州志》卷2。
97 Mattew Ricci, *China in the Sixteenth Century: The Journals of Mattew Ricci, 1583-1610*, trans. from the Latin by L.J. Gallagher, p. 306.
98 〔清〕尹繼善，《淮安府志》(1748年刊本)卷14。
99 〔清〕伊齡阿，《淮關統志》(1778年刊本)。
100 〔乾隆〕《通州志》卷2。

展，不用說使用漕河來航行的主要是官府及其代理人，更不用說宦官和漕軍帶來的不正常競爭；而這些問題，都是商人不得不面對的。

雖然我們還未從原始資料中找到證據證明，但是，本文所探討的明代時期的商人，他們可以利用的交通工具，看來絲毫沒有漕河貿易所特有的商業運輸船隊的特徵。很有可能的是，直到中國近代時期，大多數船隻，同那些在內陸水域行駛的類似，是由農人駕駛的；而農人只是利用農閒季節受雇從事短途運輸。這個原因也會限制私有貿易的發展程度。

如果在經濟上漕河成功的將中國南北連在一起，結合兩大地域的購買力和生產力，受益於物資、勞力、生產品和生產技術能夠自由交流，那麼國民經濟就會發展提高到新的程度。可是無論如何，漕河都沒有達到這個期望。其他運輸系統，比如海運，對私有貿易的限制或許少些，可能組成更有效的聯繫。在16世紀和17世紀初期，漕河這條南北運輸幹線沿線的商業發展明顯落後於華南生產力的發展；關於此點，我們在前面部分中已經指出了。在明王朝統治的最後時期裡，這一趨勢更加明顯。大約在工部官員對木材商從六十多位減少到七八位感到悲傷的同時[101]，戶部尚書趙世卿於1602年報告說，在河西務，布匹存放量從160匹下降到大約30匹；在臨清，同時註冊的38名商人中只剩下兩人還在經商[102]。正如我們先前推斷，這種貿易下降是由許多原因導致的，其中之一就是北方省份購買力下降。但必須指出，與此點相聯繫的是，漕河的商業發展從未建立在健全而寬廣的基礎上，任何逆勢都容易將之推到完全崩潰的邊緣。

101　〔明〕周之龍，《漕河一覞》卷9。
102　《明神宗實錄》卷376，頁10。

三、旅行

漕河並不是唯一一條連接京城和南方的路線，卻顯然是最繁忙的旅行路線。在1524年，明廷公布了一個時間表，上面對從北京到全國各州各府的旅行時間作了規定，成爲政府官吏的指南。既然時間表如此規定，水路交通運輸就毫無例外地以此作爲計算基礎，所有從漕河開始的旅行據此而定[103]。明代旅人經常取道漕河的情況，在當時的詩文中也能得到證實。明代時期所寫的詩，提到漕河地區風景的數不勝數。在這些詩的作者中，有很多是著名人物，如薛瑄、鄭善夫、李東陽、劉大夏、韓文、嚴嵩、夏言、歸有光、黃道周、張國維、吳梅村和顧炎武[104]。雖然難以將旅行詩人遺留下來的詩編在一份完整的名

---

103 〔明〕《嘉隆新例》（玄覽堂叢書本），頁2-9。

104 除了明代作者的一些全集外，從《明詩紀事》和《古今圖書集成》各個部分中也可找到描述漕河旅行的詩詞。〔明〕王瓊的《漕河圖志》在卷7中也收集了一些。

正文中所提到的人物，他們所寫的詩詞名字、所出資料，列表如下：

作　者	著　作	詩　名
薛　瑄	《薛文清公集》	〈儀眞三詠〉、〈黃河阻風〉、〈高郵阻雪〉
鄭善夫	《鄭少谷全集》	〈南旺湖三首〉
李東陽	《懷麓堂全集》	〈過安平鎮減水石壩有懷〉
劉大夏	《明詩記事》	〈沛縣舟中〉、〈初至張家灣〉
韓　文	《韓忠定公集》	〈泊楊州〉、〈都門曉出〉
嚴　嵩	《南還稿》	〈南旺湖〉、〈過呂梁〉〈至徐州〉
夏　言	《明詩紀事》	〈張家灣阻風〉
歸有光	《震川文集》	〈壬戌南還作〉、〈寶應縣阻風〉
黃道周	《黃漳浦集》	〈關門待閘二章〉
張國維	《忠愍公集》（《張忠敏公集》）〈觀漕北發喜〉

單，但是根據美國現在可以利用的資料來估計，至少有50位明代作者在他們所作詩詞的證明下，曾經沿著漕河旅行過。

另一部分明代的要人，在他們傳記中的一些節錄，可以證明他們曾經於漕河旅遊。曾經於1500年官居戶部尚書的侶鐘，此前於15世紀70年代在南返途中，因非法雇用漕船運載他母親的遺體而被逮下牢[105]。曾經擔任過兵部侍郎的張敷華，所乘船隻於1506年在徐州附近急流中失事，倖免於難[106]。於1511年任職戶部尚書的費宏，因所乘船隻在臨清被縱火犯燒毀而成為犧牲者。他的船隻起火後，個人所有完全被毀[107]。鎮壓過寧王叛亂的著名學者王陽明，據記載他於1512年在南行途中，在船上同朋友談論古典研究[108]。曾經擔任過吏部郎中的周順昌，於1626年以武裝押回北京時，走的也是漕河水道[109]。

大量的證據使我們確信，漕河在整個明代一直是旅行的主要路線。在一些情況下，旅行者惱怒於水道經常耽擱而走陸路。但即使在這種情況下，不論是坐馬車，或是坐轎子，或是步行，他們所走的陸路也是同漕河水道並行的。只要水道情況有所改變，他們仍然恢復走水路。只是在很少的情況下，他們才經由陸路走完全部漕河地區。

（續）————————————

| 吳梅村 | 《梅村家藏稿》 | 〈清江閘〉、〈高郵道中〉、〈黃河〉 |
| 顧炎武 | 《亭林詩集》 | 〈清江浦〉、〈過蘇祿國王墓〉。 |

105　《明史》卷185，頁7。
106　《明史》卷186，頁7。
107　《明史》卷193，頁2。
108　〔明〕王陽明，《王文成公全書》(上海：商務印書館，1929，四部叢刊本)卷32，〈附錄〉，頁25b。
109　〔明〕周順昌，《周忠介公爐餘集》，收於《叢書集成》，第2165冊(上海：商務印書館，1936)卷21，頁25。〔明〕朱祖文，《北行日譜》，收於《叢書集成》，第3440冊(上海：商務印書館，1937)，頁6-8。

得到皇權庇護的道教領袖張眞人，每年都要到北京拜見皇帝，可能是爲皇帝主持祈福活動。政府總是爲他的來回提供官船。從1480年起，明廷又把這一特權賜予孔子後裔享用[110]。這進一步表明，漕河作爲一條明政府招待國賓的水道而發揮作用。

到北京參加科舉考試士子，大多數取道漕河水路。在1562年，歸有光在第七次到京應試途中，發現所乘船隻在大約離張家灣160英里的地方的興濟附近受阻於冰凍。他估計受阻的船隻接近1,000艘，都是向漕河北段終點駛去的。根據他所說，「半天下之士在此矣」[111]。在明代的後半期，科舉考試每三年於農曆三月舉行。有名官員在談論時間如此安排的優點時指出，士子參加完科舉考試後返回時，就不會因漕船運輸漕糧而耽擱[112]。據估計，到京城參加明政府舉行的最後科舉考試的士子，有4,000多名[113]。他們同時離開北京，可以想像會帶來交通的麻煩。

漕河還是許多藩屬使者到北京所走的官道。在這些藩屬使者中，最常見於記載的是日本幕府時代所派的使團。來華的日本使者經由漕河時，或者由於捲入了一系列事件，或者由於明人的偏見，聲名狼藉。據記載，於1453年派來的使團在臨清搶劫，並打傷了設法調查案情的明軍軍官[114]。在1469年派來的使團，購買了幾名漢人，男女都有，企圖帶到日本；只是到淮安時，由於漕運總兵干預，陰謀才未能

110 〔明〕陸容，《菽園雜記》卷8，頁83。
111 〔明〕歸有光，《震川先生別集》（上海：商務印書館，1936，四部叢刊本）卷6，〈壬戌紀行〉，頁7b。
112 〔清〕孫承澤，《春明夢餘錄》卷41，頁14b。
113 〔清〕陳夢雷等編，《古今圖書集成》卷65，頁30。
114 《明史》卷322，頁7。

得逞，被買漢人才獲得自由[115]。於1495年來到中國的使團，其首領於次年從北京返回日本途中，在濟寧進行謀殺活動[116]；日本人的記載也證實了這一事件[117]。其結果是，日本接著於1512年派遣使團來到中國到達漕河地區時，明政府的地方官員拒絕向他們提供勞力和食物[118]。

從今天的角度來看，日本人只有走完漕河整個水道才能到達北京，非常奇怪。但是在明王朝統治時期當海運實際上已經停止時，這是很容易理解的。此外，在1656年，或者說僅僅在超出本文所探討時期的12年後，荷蘭使團來到中國時，他們走的路線是從廣州到英德，然後溯著北河坐船到南雄，接著棄水路走陸路翻越山梁到達南安。從南安出發，沿著贛江到長江。到南京停留後，也走完漕河全段到達北京[119]。很明顯的是，我們所了解的地理觀點不能僅限於今日，才能了解漕河水道在本文所探討的時代中所具有的顯著地位。

漕河不僅僅是連接沿海地區的水道，還是連接邊遠地區的道路。在15世紀和16世紀，從北京出發的旅行者經由漕河到達陝西和吐蕃。據記載，在15世紀30年代，明廷任命一名官員到陝西擔任水利專使，他就走漕河到臨清，然後走陸路到新任所上任[120]。有記載說，在1506年以及1515年土蕃貢使朝見正德皇帝之後，由於皇帝對喇嘛所講的故事留下了深刻的印象，他於1516年派遣親信宦官劉允到吐蕃邀請活佛到北京。劉允此行，大概是以吐蕃地方使者為嚮導。他的隊伍由超過100艘的船隻組成。船隻運載著食鹽和茶葉，作為旅行費用開支。船隊

115　《明史》卷153，頁7。

116　《明史》卷322，頁8。

117　牧田諦亮，《策彥入明記の研究》，上冊，頁374。

118　牧田諦亮，《策彥入明記の研究》，上冊，頁374-375。

119　Antoine Francois Prevost, *Historie Generale de Voyages*, Vol. 5　Nieuhof Papers.

120　〔明〕余繼登，《典故紀聞》卷11，頁23b。

從北京出發，南行到儀眞，來到長江。然後溯江而上，到達四川。當
船隊在漕河航行時，所有「南北官民商旅舟楫，一切阻塞，不容往
來」[121]。

除了貢使外，至少有一名藩屬王在漕河上旅行過。蘇祿國王於
1417年到北京朝見。他返回自己國家的途中，死於德州，並被葬在那
裡[122]。

雖然在原始資料中還未找到專門敘述關於在漕河上旅行的作品，
但是那時所寫的旅行日誌和札記，有些得到保留。它們分別是下列人
物於下列時間所寫的：崔溥，1488年；策彥周良，1539年和1547年；
歸有光，1562年；利瑪竇，1598年到1599年，1600年；祁彪佳，1634
年、1636年和1643年；吉恩·尼尤霍夫（Jean Nieuhof），1656年；彼得
·馮·霍姆，1664年；李明神父，1687年[123]。

---

121 《明史》卷331，頁4。〔明〕梁儲，〈請罷中官奏討鹽引等疏〉，收於
〔清〕清高宗編，《明臣奏議》卷14，頁17a。作者所引與原文不符，今按
原文譯出。至於作者所說，意思直譯爲：「所有其他船隻，無論是北上的
還是南下的，無論是官船還是民船，都停留下來，不准航行。」——譯者
（原文應爲「南北官民商旅舟楫，一切阻塞，不容往來。」作者所引與原文
無誤）
122 〔清〕顧炎武，《亭林詩集》卷4，〈過蘇祿國王墓有序〉，頁16b-17a。
123 牧田諦亮在《策彥入明記の研究》中收錄了策彥周良的日記。歸有光所寫
的札記，收錄在《震川先生別集》卷6，頁1-14中。John Meskill把崔溥的
《漂海錄》譯成了英文。本文在前面幾章中引用了幾段譯文。至於原始資
料，則收錄在牧田諦亮的《策彥入明記の研究》下冊裡。本文在第四章裡
引用了祁彪佳的一則日記。可參看第四章註213。Antoine Francois Prevost在
其大作Historie Geńeŕale de Voyages中引用的3個文獻，雖然其時間同本文所
探討的時期稍有出入，但是許多觀察對我們的研究具有巨大的參考價值；
考慮到清代對明代建立的行政體系修改並不多，尤其具有參考價值。我們
可以從這些旅行日誌中追索同漕運體系運作有關的制度和慣例。我們相
信，漕運體系早已建立起來了。在三份文獻中，Nieuhof Papers是以Jean
Nieuhof 1656年的旅行日誌爲基礎而編輯的。Jean Carpentor將之譯成英文並

雖然上述作者所寫的旅行日誌和札記在背景上各不相同，但所持觀點有一點是相同的，即：在漕河上旅行並不是一件令人快樂、順利的事。歸有光從蘇州北上到北京，花了38天的時間。但是，正如前面已經指出，由於漕河冰凍，他不得不用5天時間走完最後的160英里[124]。祁彪佳，從他自己的日記中顯示他是一名有魄力、性急的人物，於1634年南下時，只花了28天時間。但是在最初的12天裡，從北京到濟寧，他是騎著馬旅行的。此外，在最後一段行程裡，他步行一小段，然後坐著轎子走完最後10里。在1636年的行程中，他坐船而下到達德州，然後走陸路；因此，水路在他此次行程裡僅占1/3。他在1643年的旅程總時間爲41天。在最後一天，即第41天，他抵達高郵附近；或者說，離漕河入口處還有60英里遠。這最後一段行程完全是水路，對他來說似乎是最難走；在這段路程的中段，他的船隻不斷擱淺。關於此點，我們從其日記中摘錄一段加以反映：

> 9月4日：辰刻，從上閘得水，舟方行三十里。……復阻淺。
>
> 　5日：遣奴子詢上閘無水，舟愈淺，竟不能行。乃作書與何任
>
> 　　　　白，封下閘以蓄水。
>
> 　6日：方睡，聽榜人報水已盈尺，亟起自行牽挽，乃過淺。然

（續）──────────────

編輯出版。Carpentor還指出，他對原稿自由地加上一些評論。*The Arnold Montanue papers*是以Peter van Hoorn所寫的旅行日誌爲基礎編輯的。Peter van Hoorn是荷蘭東印度樞密大臣和財政大臣（Dutch Privy Councillor and Treasurer of the East Indies），於1664年到達過北京。在他旅程中，以荷蘭使節的身分出現。最後一份文獻，是路易十四於1687年派到中國的一群天主教神父所寫的工作日誌，一般稱爲Le comte papers。Du Halde在其大作*General History of China*中也引用了這個文獻的主要內容。參見第二章註4。

124 〔明〕歸有光，《震川先生別集》卷6，〈壬戌紀行〉，頁7a-8b。

行不十數，輒遇回空糧舡阻塞。……予戎服率僮仆共牽
挽，夜行十餘里。……[125]

　　利瑪竇在其《札記》中指出，他於1598年第一次到北京時，明政
府拒絕他進入京城。返回南方時，他對自己的經歷作了這樣的記述：
「回程的空船裝載旅客幾乎是不要什麼錢的，但這一次船主的貪婪使
得這艘船非常不適於乘坐，因為它缺少武器的保護並且沒有足夠的水
手。」從北京到臨清，他花費了整整一個月的時間，才走完這段長500
英里的路程。關於這一點，他寫道：「一旦冬季來臨，中國北方地區
所有的河流都結厚冰，河上航行已不可能，馬車則可以在上面通
過。」從他的記述中，我們雖然難以判斷利瑪竇神父到底在臨清被耽
擱多久，但是可以得知，直到來年春天，他才能繼續南下[126]。
　　利瑪竇於1600年第二次前往北京途中，乘坐的是運輸絲織品的官
船。在中國文獻資料中，這種船叫「馬船」；利瑪竇神父則稱為「馬
快船」（cavalier）。利瑪竇寫道：「所謂的馬快船都由宮中太監指揮，
通常都運行迅速，八隻或十隻船一隊。」[127]在這裡，他又沒有寫出具
體的時間，但說明了馬船比普通船隻有優先通過權。他認為，它迅速
穿過「幾條狹窄的河道」，「大大縮短了他們的旅程」[128]。這些評論
只不過是進一步證明了享受不到此種優先權的旅行者，只能在過於擁

125　〔明〕祁彪佳，《祁忠敏公日記》卷5。

126　Mattew Ricci, *China in the Sixteenth Century: The Journals of Mattew Ricci, 1583-1610*, trans. from the Latin by L.J. Gallagher, p. 315.

127　Mattew Ricci, *China in the Sixteenth Century: The Journals of Mattew Ricci, 1583-1610*, trans. from the Latin by L.J. Gallagher, p. 307.

128　Mattew Ricci, *China in the Sixteenth Century: The Journals of Mattew Ricci, 1583-1610*, trans. from the Latin by L.J. Gallagher, p. 358.

擠的水道裡多耽擱幾天。

　　策彥周良所保存的日本貢使旅行日誌記載說，在1539年，使團在獲准啓程出發到北京之前，不得不在寧波停留195天[129]。在停留期間，寧波知府向使團說明他們長時間耽擱的原因在於「遞北多水，梓宮南來」[130]。「梓宮南來」這後一句，明顯指的是嘉靖皇帝母親的遺體經漕河運到南方安葬的事件。根據其他資料的記載，明廷這一年規定，爲了避開送葬隊伍，3,000艘漕船遲到北京[131]。漕河運輸很明顯的是因這一重要國事而完全停頓。

　　當日本使團最終得以成行啓程後，從長江進入漕河處算起到漕河北段端點張家灣，用了85天時間才穿越了整個漕河地區。返程時，同一路程用了66天。大約九年後，下一個日本使團走的也是同一條路線，但是其北上情況並不清楚，因爲我們手頭擁有的旅行日誌記載到中途時就突然沒有了[132]。

　　有趣的是，日本於1539年所派使團，準備於農曆十二月初一日渡過長江。但是，這一計畫因「潮水量不夠」而耽擱。從漕河南段換船進入長江，渡江並隨後換船進入長江北面的漕河，總共用了四天的時間[133]。1547年的使團在浙江省停留將近一年後，於1548年十二月下旬到達漕河的入口處。這支由五艘船隻組成的船隊，打算從儀眞附近的水門進入漕河。然而，明政府負責官員拒絕了。返回瓜洲時，絞盤機把船隻提升越過緩石坡。在這過程中，使團的行李不得不卸下。在農

129　牧田諦亮，《策彥入明記の研究》，上冊，頁53、99。
130　牧田諦亮，《策彥入明記の研究》，上冊，頁77。
131　《明史》卷144，頁10。
132　牧田諦亮，《策彥入明記の研究》，上冊，頁269。日記記載到達滄州時結束。
133　牧田諦亮，《策彥入明記の研究》，上冊，頁109-111。

曆元月十六日，旅程才告一段落[134]。諸如此類的記載再一次證明了本文第二章所作出的觀察，即船隻無論是進入漕河水道還是離開，只有在農曆每月中旬前半期潮水升高方便改道時，才能順利地進行。

大約在60年前(即1488年左右)，崔溥從瓜洲到張家灣，用了36天時間。但是他也遇到了船隻改道從漕河南部端點進入長江的困難。他在日記中寫道：「水淺，必待潮至……。」[135]

依賴潮水改道，以及在此過程中不斷卸下行李或貨物，經常導致了商船不能繼續航行。就非官員身分的旅行者來說，十有九個案例在漕河入口處要換船。他們北上到清江浦再次換船。因此，這種從漕河入口處行駛到清江浦的船隻，很少越過水閘繼續向北行駛；它們只是在這段水道航行，同在其他段水道的船隻一樣在各自水道裡提供短程運輸服務。

關於這一點，利瑪竇寫道：「從揚子江來的私商是不允許進入這些運河的，但居住在北面這些運河之間的人們除外。通過這項法律是爲了防止大量船隻阻礙航運，以便運往皇城的貨物不致糟蹋。」[136]不過，我們有理由相信，利瑪竇此點觀察是錯誤的。我們知道，當時明廷並未頒布什麼嚴格規定，禁止商船進入漕河。只是坐落在儀眞和清江浦由明政府修建和管理的水門，商船不能使用。民船只要願意，常常可以在繳納通行費後越過水閘。雖然花費需求被視爲過高。

在1571年，負責黃河水利的河道總督發現，與勢要官員有聯繫的

---

134 牧田諦亮，《策彥入明記の研究》，上冊，頁244-247。
135 在崔溥《漂海錄》的英譯本頁172中所指的日期是1488年陰曆二月二十一日。
136 Mattew Ricci, *China in the Sixteenth Century: The Journals of Mattew Ricci, 1583-1610*, trans. from the Latin by L.J. Gallagher, p. 306.

商船經常可以通過清江浦水門，這些商船的船主不是行賄，就是送禮物。在大多數情況下，花費七八兩銀子可以通過。由於這一做法普遍流行，河道總督因而建議最後向民船打開水門，納費後可以通過。明政府採納推行。隨後，清江浦水門的通行費為1至5兩銀子，收費標準按照船隻大小而定；在儀真，收費「大幅度減少」。這一政策推行了三年。在1573年，有人抱怨，由於水門常常打開，導致河道不能維持到可以行船的水平。明廷乃頒布一道命令，恢復到先前的嚴厲控制政策，並規定水門每年只能在夏季的三個月打開，讓漕船通過。其他種類的船隻則只能由絞盤機提起越過石緩坡[137]。即使是在明政府官員護送下的日本貢使，也不能通過儀真水門；這一事實說明了該命令嚴厲執行的程度。既然船主願意繳納七八兩銀子以通過水門，那麼越過石緩坡要繳納的費用就更多。結果，大多數的商船都不願意繼續往前航行。或許就是因為這個原因，利瑪竇確信的確存在著一個禁止商船進入漕河的政策。

　　根據上述情況，我們完全可以說，在漕河上旅行的經驗常常令人惱怒。這種惱怒在詩歌裡面不斷地得到反映。在正常情況下，詩歌並不是理想的歷史資料，因為詩人在作詩時常常帶著感情色彩，並不是從客觀角度來寫的；詩歌追求藝術的盡善盡美，可能會放棄客觀的描述。不過在目前情況下，我們並不是從一兩首詩歌來看問題的，而是對大量詩歌的內容作了比較。值得指出的是，抱怨和惱怒是無異議地提起。

　　明代時期有由二十八位旅行者所寫的四十二首詩歌，與本文關於論述在漕河旅行的情況有關，我們對這些詩歌作了研究。正如我們設

---

137 〔清〕顧炎武，《天下郡國利病書》卷12，頁77。

想的一樣，其中大多數是描述漕河風景和優雅情感，但是，在四十二首中，有四首描述了漕河水位下降導致船隻擱淺的情況，有三首敘述了風大導致船隻躲避的情況，有一首描述了結冰致使行程受阻的情況，有一首描述了河水氾濫導致行程延期的情況。此外，還有三首都提到了漕河沿線發生的自然災害，有一首談到了船夫的悲傷。

上述情況在清代很明顯地並沒有得到什麼改進。吉恩·尼尤霍夫書信集中提到：「有時，水位很低，船隻不能航行。」[138]當彼得·馮·霍姆使團於1664年到北京，走完漕河全段，用了68天。其旅行日誌到處有諸如「沙堤」、「風過大，尋找躲避場所」和「水深只有3.5英尺，難以航行」之類的記載[139]。清廷召集編輯明史的學者，至少有兩名於1679年指出，他們經由漕河旅行時遇到了許多困難[140]。清代一名官員於1836年所寫的旅行日誌進一步證明，即使在19世紀，冰凍、乾旱和強風交替發生，致使旅行者行程受阻[141]。在1876年，蓋達神父發現，漕河中段的一條支運河乾枯，其他地方的漕河河水只有2英尺深。在另一種情況下，他發現漕河北段完全冰凍長達15天到20天[142]。

由於牽涉到的不確定因素很多，不能冒險耽擱的旅行者常常棄水路，走陸路。利瑪竇指出，居住在南京、於1600年啓程前往北京的一

---

138 Antoine Francois Prevost, *Historie Generale de Voyages*, Vol. 5, p. 259.

139 Antoine Francois Prevost, *Historie Generale de Voyages*, Vol. 5, pp. 342-352.

140 〔明〕朱彝尊，《曝書亭集》(上海：商務印書館，1929，四部叢刊本)卷6，〈守牐清源驛凡五日不得度〉，頁8a。〔明〕汪琬，《堯峰文鈔》(上海：商務印書館，1929，四部叢刊本卷2，〈河水暴漲舟不能前謀捨舟從陸行〉，頁2a。

141 〔清〕李鈞，《轉漕日記》，收於〔清〕王錫祺所編，《小方壺齋輿地叢鈔》(1962年影印本)卷8，頁4549-4589。

142 D. Gandar, *Canal Imperial*, pp. 56-58.

名大臣，爲了在萬曆皇帝生日那天到場，就是棄水路，走陸路[143]。在1626年，位高權重的宦官魏忠賢下令逮捕在蘇州的周順昌[144]。與此同時，周的一位朋友、門徒急忙前往北京展開營救。這位朋友在日記中寫道，他取道漕河水路到清江浦，然後走陸路。從清江浦到北京，用了17天時間[145]。這段行程如果走水路，所需時間毫無疑問要多兩三倍。

　　但是在另一方面，對於那些有足夠時間的旅行者來說，棄水路走陸路就不完全值得。因爲正如利瑪竇所說，在漕河上旅行悠閒、舒服，一路上總有美酒佳餚提供[146]。除了在明王朝統治的最後數年外，供租船隻很多，價格合理。這些船隻通常在水面上等候著，在幾分鐘內就可以談好條件。歸有光就指出，他隨時都可以輕鬆地雇到船隻，無須事先訂約。根據他描述的情況看來，片刻就可以啓程。

　　旅行者可以雇乘的船隻，大多數是貨船，每艘可帶一兩名旅行者。這種船隻在歸有光的記述中得到充分反映。他對興濟附近受阻於冰凍的船隻數了一下，「幾及千艘」。他在南返途中，再次提到：

> 初，同行者常有百艘，南旺分而爲二，先行五六十艘，出會通河，舟皆散。是日風阻寶應，又以百數。[147]

143　Mattew Ricci, *China in the Sixteenth Century: The Journals of Mattew Ricci, 1583-1610*, trans. from the Latin by L.J. Gallagher, p. 301.

144　關於周順昌事件牽涉到什麼，可參見Charles O. Hucker, "The Tung-lin Movement of the Late Ming Period," in *Chinese Thought And Institutions,* ed. J.K. Fairbank (Chicago, 1957), p. 155.

145　〔明〕朱祖文，《北行日譜》，頁7-8。

146　Mattew Ricci, *China in the Sixteenth Century: The Journals of Mattew Ricci, 1583-1610*, trans. from the Latin by L.J. Gallagher, p. 306.

147　〔明〕歸有光，《震川先生別集》卷6，〈壬戌紀行下〉，頁13b-14a。

　　歸有光雖然沒有指出他所借宿船隻的類型，但是強調說，他在旅行中有幾個同伴，各人各租不同的船隻。在一路上，他們相互拜訪，在甲板上飲酒。當船隻停泊時，他們結隊觀賞風景。但是他們都沒有出現同朋友共用船艙的事。在任何情況下，這種船隻完全不像載客船。在前面一部分中，我們已經指出祁彪佳所乘的船隻就運載著妻子。

　　由於總是不知道在什麼時候會出現被迫耽擱情況，因而一有可能，船隻就全速前進，不論什麼氣候，白天還是黑夜。在歸有光的記述中，我們就發現有這樣的記載：「尤寒，刺舟者鬚眉皆白。」[148]在另一種場合，他寫道：「月出，九船順風張帆，檣皆掛燈如列星，迤邐行柳樹間。」[149]他還提到其他幾種情況，稱他從聽到「公雞晨叫」到船停。由於這樣努力，再加上環境最為有利時，船隻行駛的路程就會長得許多。歸有光在南返時指出，他所乘船隻有一次在24小時裡走了超過100英里。崔溥的日記裡也有類似船隻在公雞晨叫前就啟程的記載。在祁彪佳的日記裡，除了記載他個人在晚上使船隻擺脫淺水的阻礙情況外，關於1643年旅程，以這句開頭：「開舡，徹夜行。」[150]

　　在枯水季節期間，船隻總是全速航行經過位於中段、每次開放時間非常短暫的水閘。由於宦官操縱的特殊船隻總是可以直接通過水閘，因而有時其他種類的船隻就跟在後面。下面一段摘自歸有光的記述，就反映了此種情況：

---

148 〔明〕歸有光，《震川先生別集》卷6，〈壬戌紀行〉，頁6b。
149 〔明〕歸有光，《震川先生別集》卷6，〈壬戌紀行〉，頁7a。
150 〔明〕祁彪佳，《祁忠敏公日記》卷5，1643年農曆八月十七日。作者所引與原文不符，今按原文譯出。至於作者所說，意思直譯為：「離開張家灣，船隻徹夜行。」——譯者

夜爭新閘，舟樯雁翅間，前行者幾敗。止仲家淺，漏下二十
刻，聞閘下喧呼聲，乃龍衣船至。閘啓，又行。[151]

　　一名官品低微官員於16世紀早期所寫的一首詩，以更富生動且戲
劇性的色彩描述了類似情況。這首詩現在由筆者譯成爲英文。雖然英
文竭力在措辭上保留漢文原意，但是口氣更爲強調，目的是要把漢文
那隱約的抗議和表達的諷刺語調表達出來。這首詩的漢文如下：

過閘[152]

　　　　張合

日斜候得閘夫來，

鼓擊鑼鳴閘始開。

獨有龍舟先得行，

南都中使進鮮回。

　　與上述記載不同，策彥周良的日誌記載說，運載著日本貢使的五
艘船隻很少設法匆忙到達目的地。除非要躲避強風，這支船隊常常是
早上出發，晚上停泊，好像在按照一絲不苟的時間表安排行程。之所
以如此，部分原因在於這些由貢使使用的船隻是明政府提供的，每站
行程有勞役的幫助。正如日誌中所反映，這些船隻運載過重，每艘要
由四十名勞力幫助前進，還未計算在船板上駕駛的十一名水手[153]。這

---

151 〔明〕歸有光，《震川先生別集》卷6，〈壬戌紀行下〉，頁11a。
152 〔明〕張合，〈過閘〉，收於〔清〕陳田，《明詩紀事》，戊籤卷8，頁
　　4a。
153 牧田諦亮，《策彥入明記の研究》，上冊，頁241-242。作者沒有注明注釋

種壯麗的場面無疑地不適合夜遊。因此，只有偶然情況下，在進入月光明亮的夜晚，船隊才多前進一段時間。船隊本身並不盡力行駛，從來不像民船一樣日夜不斷設法前進。

顯然，並不是所有官船都要走完漕河全段。策彥周良一行於1549年北上期間，在揚州換船[154]。彼得‧馮‧霍姆使團占用了十五艘船（其中七艘有荷蘭人乘坐，八艘由明政府所派護送人員和翻譯人員乘坐）。雖然旅行日誌也提到了船夫一路上跟著使團到了北京，但是船隊在淮安和濟寧換了船[155]。這樣安排的原因並不清楚。

探討到這裡，用簡短的文字敘述驛站(the relay station)的情況似乎是合宜的。在儀眞和張家灣之間，總共有42站[156]。它們是平均設置的，每站平均距離25英里，這是正常一天的行程。驛站不但爲官船提供苦力，還向途中官員提供根據官品而定的食物。向日本貢使提供的物品，有米、肉、豆漿、酒、蔬菜、胡椒、茶葉、蠟燭和木炭。有時還提供雞蛋、鹿排和烏龜[157]。正如旅行日誌所指出，常常導致耽擱的原因，不是驛站沒有及時提供食物，就是苦力沒有了。

然而，驛站不僅僅是一種供應機構。它還是重要的通信中心，是明廷通訊系統的組成部分。傳遞官文和其他信件是其主要任務。他們所派出走陸路的信使，每24個小時可走110英里多，因而常常超越乘船的行人。藉由這種方式，它們爲途中官員提供寶貴的服務。在途中，日本貢使及成員可以收到信件，也可以寫信送出，信件先於他們到

(續)──────────

在何處，這是譯者根據判斷所加。──譯者

154 牧田諦亮，《策彥入明記の研究》，上冊，頁247。

155 Antoine Francois Prevost, *Historie Generale de Voyages*, Vol. 5, p. 343, 346, 352.

156 〔明〕王在晉，《通漕類編》卷6。牧田諦亮，《策彥入明記の研究》，上冊，頁300-303。

157 牧田諦亮，《策彥入明記の研究》，上冊，頁99-101、304。

達。他們一定行使了這種通訊特權。祁彪佳的日記也反映，在他到達一個重要口岸之前，他要來的消息早就傳開了，他的朋友和親信下屬能夠及時地接站，作禮貌性的拜訪。他一路上也使用信件聯絡。

關於漕河旅行者可以得到的其他服務，我們知之甚少。但是，李明的書信集有一段反映了耶穌會的神父於1687年到達淮安時的所見所聞及經歷：

> 水運、運河與河道的總理(現在的著作稱為漕運總督)在這裡下榻。他占據了驛站，而這種驛站應該為皇帝所派人員提供食物和住宿。由於驛站完全被他占用了，所以我們只能住進一家用草蓆和茅草搭成的骯髒茅房。這時是寒冬，寒風凜冽，雪花沖進我們睡躺的地方，難以抵禦。[158]

利瑪竇在其《札記》中提到，他在前往北京途中帶著一張在澳門購買的匯票。他發現，這張匯票在路上不適用，隨後在北京沒有一家客戶願意接收兌換。不過，他後來還是找回了本錢[159]。這看起來表明，在16世紀晚期，旅行者可以利用錢莊的服務了。

在17世紀後半期，來自歐洲的觀察家發現了幾點同漕河旅行有關的風俗習慣。彼得‧馮‧霍姆使團所寫的旅行日誌記載說，在長江南岸、正好面對著漕河入口處的地方，矗立著一座寺廟。在過江前，行人常常要到寺廟裡獻上供品。日誌強調說：「如果不事先祭祀就渡

158　Du Halde, *General History of China*, Vol. 1, p. 85.

159　Mattew Ricci, *China in the Sixteenth Century: The Journals of Mattew Ricci, 1583-1610*, trans. from the Latin by L.J. Gallagher, p. 314.

江,是難以想像的。」[160]渡過黃河時,使團又遇到了「自稱巫師、神靈的騙子」。荷蘭大使所在船隻的水手給了騙子錢,特使也不得不跟著給錢[161]。這些故事雖然是偶然觀察記下的,但的確反映了中國來往行人對通過江河極端不安。他們每次在渡過寬廣的水面時,總是要尋求超自然的保護。策彥周良所寫日誌中也有同樣禱告渡河平安的記載[162]。

法國使者把他們一路上觀察到的中國人「獨出心裁的欺騙手段」記載下來。有一個事例,指的是騙子用豬皮把木棍和泥土包好,偽裝成火腿。法國使者也提到:

> 小偷和強盜很少訴諸暴力;相反,為了達到目的,他們寧願採取陰謀詭計的手段。有一些盜賊,跟著帆船,神不知鬼不覺地混入船上。這些船隻沿著漕河,把他們帶到山東省境內。在這裡,他們每天都要換船,因而難以被發覺。……其中一些盜賊會跟蹤一個商人達兩三天,直到有機會下手偷盜或搶劫。[163]

這段敘述看來對本文研究並無什麼重要作用,但它把漕河上運輸繁忙、連續不斷的圖像向世人展現出來。若不是漕河上的旅行者人數過多,那麼如引文中明確描述的偷竊行為就不會常常發生。

「小偷和強盜很少訴諸暴力」的評論,或許適用於明代的大半時

160　Antoine Francois Prevost, *Historie Generale de Voyages*, Vol. 5, p. 341.
161　Antoine Francois Prevost, *Historie Generale de Voyages*, Vol. 5, p. 344.
162　牧田諦亮,《策彥入明記の研究》,上冊,頁306-308。
163　Du Halde, *General History of China*, Vol. 2, p. 135.

期。除了少有的幾次暫時中斷航行外，漕河一直比較安全，未遭到土匪威脅。但是，崔溥一行人於1488年在德州附近因土匪活動猖獗而短暫中斷夜行[164]。在明王朝統治的最後數年華北陷於混亂和無政府狀態時，旅行者不得不認真防備非法搶劫者。祁彪佳就遇到搶劫的經驗。他在1643年南下途中，組織了七艘船隻同路，互相提供保護，各船輪夜守望[165]。在1634年途中，有艘船隻跟在他的後面，大概被土匪侵襲了。幾天晚上後，當祁彪佳的船隻躲避強風時，他發現「有數人蹤跡可疑」，因而叫僕人和雜役抓住他們並捆綁起來。他顯然認為這是處理問題的最好方法，沒有進行更進一步的詢問。事情過後，他極力公正地寫在日記裡。由於找不到證據證明把他們捆綁起來是正確的，因而正如他的日記所說，僅僅這樣地結束此事：「至曉發舟，始釋去。」[166]

四、勞役

如果沒有勞役大軍的支援，漕運系統一天也不能運作。漕運行政系統，包括分支機構和附屬機構在內，所需全部勞役從漕河沿線百姓中徵召而來。他們各自被分派承擔特殊的任務，即充當閘夫、淺夫、船夫、造船廠木匠、磚廠工匠、驛站信使、收稅站雜役和護衛、壩夫、泉夫，以及充當組長和監督的所謂「老人」。於1507年擔任漕河總督的王

---

164 在崔溥的《漂海錄》（英譯本）頁199-200中，指的是1488年陰曆三月十七日。
165 〔明〕祁彪佳，《祁忠敏公日記》卷5，1643年陰曆八月二十日。
166 〔明〕祁彪佳，《祁忠敏公日記》卷5，1634年陰曆五月三日。

瓊計算在通州和儀眞之間漕河河道的法定勞役爲47,004人[167]。

勞役是由知縣徵召的。知縣也有責任維持所轄縣區內的漕河河段[168]。他在履行此項職責時，專門指派通判(judge)或典吏(a docket officer)來幫助。因此，從事維修漕河河段的勞役，仍然是在地方官員的直接控制之下。對於那些爲漕河各機關服徭役的勞力來說，所需人數永久地由有關各縣提供。這些縣份要不時地注意把許多徵召而來的勞役向所需機構輸送。在本文第三章中，我們提到過在清江浦收稅站服徭役的勞役就是由山陽縣輸送的。在徐州附近急流服徭役的勞力，也是用同樣方法從鄰縣即蕭縣徵召而來的[169]。此外，許多技術工匠及其家庭，按照規定是直接登記註冊分派給漕河各機關的。每隔一段時期，每戶家庭就需向有關機關提供一名勞役。服徭役是沒有報酬的，官府也不供應伙食。在清江浦船塢，每兩年就需134名這樣的勞役服務90天[170]。

藉由這一系列措施，日常的勞役輸送就完全由基層政府負責處理。在很大程度上，明廷自己就免除了人力規劃和分派等瑣事。

在一些特定情況下，必須徵召超過規定數額的勞役。例如在1453年徐有貞負責重修黃河時，召集了45,000名勞役[171]。在1516年，宦官劉允受命到吐蕃，就敦促徵召了10,000多名苦力爲他的船隊在漕河地區服務[172]。在1528年當漕運總督唐龍在邳縣附近修建新溝渠時，徵發

---

167 〔明〕王瓊，《漕河圖志》卷3，頁1。

168 參見本書第三章有關「判官」、「管河通判」的論述。

169 〔清〕顧炎武，《天下郡國利病書》卷11，頁59。

170 〔明〕席書，《漕船志》卷4，頁16。

171 《明史》卷85，頁7。〔明〕徐有貞，〈勅修河道功完之碑〉，收於〔明〕程敏政，《皇明文衡》卷67，頁6b。

172 《明史》卷185，頁16。

了50,000名勞役[173]。在這些事例下，雖然勞役徵召超出了本文現在探討的範圍，雖然動員方法各不相同，但是負擔毫無疑問落到了漕河沿線平民百姓的頭上。有時，明廷爲了緩解有關地區的負擔，會豁免一部分土地稅。有時，會爲勞力提供食物。但是無論如何，勞力在服徭役過程中的花費要由自己支付。

事實上，自16世紀晚期以來，勞役者很少親自應徵服徭役，而大部分是雇人代替。但是，這並不表明徭役制度就壽終正寢了。上面提到的有關各縣輸送勞役的責任仍然存在，它們同需要勞役服務的機關之間關係仍然未變，朝廷的匠籍登記政策仍然有效，甚至從先前提供工人的眞正的人力倉庫(the exact manpower pool)徵收銀兩。舉例來說，上面已經提到，在徐州附近急流處服徭役的苦力是由蕭縣輸送的。在徭役兌換成銀兩支付後，該縣知縣就無須再輸送勞役。但是按照每個勞役12兩銀子的兌換率計算，他必須把這筆稅收總額徵收上來，交給負責管理急流的漕河機構，使該機構能夠招募同樣數目的勞力[174]。在清江浦船塢服徭役的木匠，自己也可以不必服90天的徭役，但是作爲豁免，每個註冊登記的家庭必須向船塢繳納1.8兩銀子[175]。換句話說，除了可用錢幣支付取代應徵服徭役這點不同外，整個徭役結構與以前仍然一樣，沒有什麼變化。此外，在大多數事例下，以錢幣代替徭役並不是強制性的。有些地區願意服徭役而不願意以錢幣代替，仍然允許服徭役。

很明顯的是，要詳細地談論勞役情況，對勞力徵募制度作詳細處理超越了本文目的只在描述漕河行政體系顯著特點的研究範圍。另

---

173 〔明〕唐龍，《漁石集》，頁219。

174 〔清〕陳夢雷等編，《古今圖書集成》卷695，頁57。

175 〔明〕席書，《漕船志》卷4，頁16。

外，整體而言，明代的勞力徵召所涉及了許多複雜的問題。實際處理
情況，各府州不同，各縣也不同。雖然在缺乏一個與本課題密切聯繫
的特定的可以展開的話題的情況下，我們不得不討論一些概括性的一
般性問題，促進討論；不過，我們可以發現，這種討論能夠使複雜多
變的問題簡單化。

從根本而言，位於縣級層次上的漕河勞役徵召，來自三個不同但
互相重疊的管道。首先，土地擁有者有服徭役的義務。除了繳納土地
稅外，各縣的所有土地擁有者組成了「服徭役倉庫」（a service pool）
供應一種勞力。這些被徵召者，或是自己服徭役，或是雇人代替。但
是，這個倉庫的成員及其家庭是不能免除其他義務。第二種勞力，徵發
自各縣所有在服徭役年齡的男性公民。第三種勞力，從各縣各戶徵召而
來。不論財產多少，也不論家庭大小，都是以家庭爲徵收單位[176]。顯
然，這種制度有許多缺點。它起始於一種令人難懂的複雜設計，並對
全體社會進行有效控制，但根本不可能。在明王朝統治後期錢幣支付
通行時，幾種徵集方式同時存在。每一種都有其來源，都可以追溯到
先前已在的、可與其他種類區別開來的徭役。即便是以合併和簡化徭
役徵集手續的「一條鞭法」，這些累贅的特點從未得到全部消除[177]。

---

176 參看山根幸夫，〈明代華北における役法の特質〉，收於清水博士追悼記
　　念明代史論叢編纂委員會編，《清水博士追悼記念明代史論叢》，頁225。

177 參看Liang Fang-chung(梁方仲)，*The Single-Whip Method of Taxation in China*
　　(Cambridge, Mass., 1959), p. 65.《明史》卷201，頁14-15。參見Edwin O.
　　Reischauer & John K. Fairban, *East Asia: The Great Tradition*, pp. 339-340.
　　應該指出的是，「一條鞭法」這一詞語並不意味著明政府進行廣泛而統一
　　的改革。它一般指的是各省當局爲了在各自區域到達稅收和勞役兌換的目
　　的而發布的一系列行政命令，而這些行政命令，既不是系統化的，也沒有
　　一個全國統一的標準。「一條鞭法」或許包含了所有納稅人應該完成的任
　　務，或許沒有全部包含。一些地方在推行「一條鞭法」後，部分稅收仍然

　　對我們來說很幸運的是，爲漕河服務的大多數勞役屬於第二種勞力。他們是從有關各縣中處於服徭役年齡的男性徵集而來。爲漕運系統提供勞役的縣份總共有61個。其中一些縣份提供的勞役人數不過50人到80人，但是沛縣一地就提供了3,484名，濟寧2,259名，徐州2,227名[178]。有關各縣代表的不僅是指漕河經越的縣份，還包括臨近地區——它們的山中溪流被疏通向這條人工河道供給水源。在這些地區，徵收而來的勞役主要是充當泉夫，本文在第二章已經提到了。

　　各地的泉夫人數雖然各不相同，但是有資料提到，有一個特別的小鎮，就分配了426名泉夫駐紮在18條這種流入漕河提供水源的泉流沿線[179]。由於流入漕河的泉流總數爲「一百七十餘」[180]，如果以同樣比率來計算，那麼看起來就需要不少於4,000人來看管水源。

　　根據1576年的統計，漕河上總共有88座水閘。每座水閘需要一名低級官員負責，由他轉過來控制30名水閘起降夫。但是就水閘總數來看，僅僅有2,001名起降夫在值日[181]。顯然，其中一些水閘的勞役人數

（續）───────────

徵收實物，勞役徵收仍在進行。

還應該指出的是，國家財政在「一條鞭法」推行後改善了一些。爲了簡化行政程式，地方官員或多或少努力去「一條鞭法」。在15世紀中葉後，中央政府只是要求幾個省、府完成稅收任務，至於其中許多細節由各省官員自己去處理，這樣，地方官員可以隨意操縱。那麼就可以說，「一條鞭法」滋長了腐敗。雖然它反映了以錢幣代替實物和勞役進行徵收的總趨勢，但是對納稅人所產生的後果難以說明。在很大程度上，各地的推行情況不同。

178　〔清〕陳夢雷等編，《古今圖書集成》在卷689，頁44-45中列了一份漕河沿線服勞役人數名單。它與〔明〕申時行等編，《大明會典》卷198，頁3975-3985中所列名單極大不同。

179　〔清〕顧炎武，《天下郡國利病書》卷15，頁9-10。

180　〔清〕陳夢雷等編，《古今圖書集成》卷77，頁30。

181　〔清〕陳夢雷等編，《古今圖書集成》卷689，頁45。

顯然不到30人。

迄今為止，我們所指的「挖泥工」包括操縱所謂「挖泥船」的勞力；但是實際的挖泥工作看來完全是由人工進行。挖泥工的組織單位是「淺鋪」。每個淺鋪負責一段長1英里以上的河段。在「老人」的領導下，挖泥工不但要保持所負責的水道可供航運，還要維持和保護漕河兩岸的溝渠。在一些地方，他們還須供應維修材料。比如在寶應縣，每個挖泥工每年須供應10根木樁和1,000捆草[182]。在兗州，他們必須供應石灰、磚塊和黃麻袋[183]。雖然分派到各個淺鋪的勞役人數在10到40之間，但是大多數淺鋪看來都多於10人，接近40人。整個漕河河段，由709個淺鋪負責維修。如此一來，大約需要20,000名挖泥工。這還不包括揚州和儀眞附近漕河入口處的挖泥工；在這個地方，每三年需要徵發12,712名勞力來服徭役[184]。

在徐州和沛縣之間的黃河河段沿線，安排著與一般挖泥工相同，也是負責保護堤道的壩夫。但是，由於黃河在夏季不斷受到洪災威脅，從農曆五月中旬到九月中旬，他們必須生活在堤道上。在警戒期間，他們有權選擇把家人帶到工地上來一塊生活[185]。

在一些險要河道，專門安排苦力負責幫助官船通過；這些苦力要麼稱為「洪夫」，要麼稱為「溜夫」。徐州附近，洪夫總數達1,500人[186]。在濟寧附近的天井閘，分派了500名溜夫[187]。一份日期註明為1489年的文件指出，從天井閘到坐落在其南面的其他10個水閘，

---

182 〔清〕顧炎武，《天下郡國利病書》卷10，頁35。
183 〔清〕陳夢雷等編，《古今圖書集成》卷689，頁45。
184 〔清〕陳夢雷等編，《古今圖書集成》卷689，頁45。
185 岑仲勉，《黃河變遷史》，頁513註腳。
186 〔清〕陳夢雷等編，《古今圖書集成》卷695，頁57。
187 〔清〕顧炎武，《天下郡國利病書》卷15，頁10。

需要3,000多名苦力[188]。不過，這些洪夫不同於那些拉著官船前進的縴夫。縴夫沒有固定數額，甚至不屬於法定爲漕河服徭役的苦力。在大多數個案中，地方官員無論何時何地，只要找到農人，就強迫他們效勞。由於漕河不斷有運載著供應品到北京的所謂「馬船」，拉著它們前進就一直是沿線地區農人極爲痛苦的負擔。宦官控制的船隻，滿載著私貨，臭名昭著，每艘常常需要40到50名縴夫拉著溯流而上。在他們向運載宮廷供應品的船隊履行義務時，各地知縣屢屢發現他們必須召集數以千計的苦力[189]。

正如本文先前已經提到，清江浦船塢擁有一批註冊登記的技術工人，而這些人來自各府。至於總數，在1482年公布的一份官文說，有4,184名[190]；而另一份官文(雖然未註明日期，但大概要晚些)則說有5,390名[191]。這些工人是由十五個府提供的。他們類似於登記註冊直接向船塢輸送的工匠，每兩年需服徭役三個月。從勞役徵召的角度來看，這些工人很有可能屬於第三種勞力。即是說，他們似乎是從有關縣份的各戶家庭徵召而來。

在漕河的管理體系中，只有在驛站服徭役的普通勞力才屬於第一種勞力。即是說，這些勞力來自於土地所有者。明廷一直推行著誰爲官府提供某種特定的徭役服務，該種徭役所需工具也由其提供的政策。在驛站，要具備供信使騎坐的馬匹，供陸上運載物品的騾車和牛車，供水路運輸設備和載客的船隻；結果這些負擔結果都落到了富裕

---

188 〔明〕王瓊，《漕河圖志》卷2，頁40。
189 《明史》卷185，頁16；卷281，頁12。〔明〕余繼登，《典故紀聞》卷9，頁17a-18a；卷14，頁20b-21a。〔明〕李昭祥，《龍江船廠志》卷2，頁2。
190 〔明〕席書，《漕船志》卷6，頁8。
191 〔明〕席書，《漕船志》卷6，頁11-16。

的家庭身上[192]。在整個明代時期，習慣做法是，由有關各縣分派一些家境較好的家庭組成「勞力庫」，爲在所轄區域內的驛站服徭役。在前一部分中，我們已經指出漕河沿線共有42個驛站。根據明廷的規定，每個驛站需要五到二十艘船隻供換乘，每艘需要十到十一名船夫來駕駛[193]。以此來看，在驛站線上就大約需要3,000名到5,000名的這種船夫。

192 〔清〕陳夢雷等編，《古今圖書集成》卷761，頁54-55。
193 〔清〕陳夢雷等編，《古今圖書集成》卷761，頁54。

第七章

結論

　　在前面的討論中，我們似乎確立了一個穩固的地理決定論例證。首先，為了對付游牧在北部前線地區乾草原地帶的游牧部落，明廷選擇北京為首都。由於物品必須從1,000英里以外的南方運來，運輸就成為全國關注的事務。華北地區的黃土土層決定了要想維持一條陸上官道是不可行的，水路運輸仍然是唯一的解決辦法。由於缺乏一條貫穿南北的自然河流，決定了必須修建運河。漕河雖然因此而出現，但是地形因素和氣候因素限制了它的運輸能力。隨著歷史的發展，漕河未能使明王朝的國民經濟活躍起來。平民大眾從它身上享受到的利益未能達到原先期望作為一條南北交通幹線的程度。雖然它為明廷提供了頗有價值的服務，但是，它也反過來限制了明廷的財政經濟計畫範圍，致使明廷在最後的統治時期裡不能適當地作出調整，以適應帝國內外的形勢變化。正如我們所了解的一樣，歷史發展在相當大的程度是由地理決定的。看來，這種地理決定論在漕運體系的運作中得到了最有力的證據。

　　但是，這些觀察雖然看來令人信服，卻是完全依賴於現實因素的支持，拋下並未提到的當時主流思想所產生的影響。這個結論完全離開思想史研究的角度進行總結。

　　過於強調歷史的物質方面，有時不但未能澄清問題，反而變得更

加複雜。就漕運事例來看，人們會問：在向京城供應成問題時，爲什麼不以海運方式來解決呢？爲什麼明廷在其統治的兩個半世紀裡一直依賴於漕河這條充滿缺陷的內陸水道呢？即使明政府意識到漕河是一條更安全的運輸幹線，那爲什麼完全中止海運，甚至禁止臣民從事遠洋活動呢？在供應問題日益嚴重時，爲什麼在北京的明政府不減少不必要的人員，取消許多不必要的機構，禁奢尚儉，甚至把更多的權力下放給地方政府呢？爲什麼宮廷需要維持超過100,000名的人員，從事生產和分配消費品，而使得已經承擔著過重稅收的漕河運輸更加緊張？我們不會認爲明廷所採取的每一種政策，都是根據自然需要所決定的。

爲了把整個問題放入合適的角度加以透視，我們必須探討意識形態和全國性的傳統。只有這樣，才能給予上述問題確切的回答。

應該指出的是，明廷在處理運輸問題和具有重要性的國家事務一樣，明廷採取了一種以農爲本情況下所形成的門徑。即是說，穩定性總是拒絕了發展和擴張。就明代時人來說，雖然中國向來是世界的中心，但是必須保持其農業特點，不能相容並包發展商業和外國勢力。中華帝國對外並不尋求領土擴張。同時出於安全的角度考慮，明王朝當局非常想把國土與世界隔離開來。只要有可能，與世界各國的交往和聯繫盡可能減少到最低程度。很少以適當的眼光對待國家間的貿易[1]。海運的終止，不過是這種孤立主義政策的延伸表現。

雖然難以確定明廷是什麼時候發布第一道命令禁止海洋事業活動，但是毫無疑問，明廷在15世紀後半期嚴厲而清楚地推行了這一政

1　Edwin O. Reischauer & John K. Fairbank, *East Asia: The Great Tradition* (Boston, 1960), pp. 343-384.

策[2]。只是在1560年，由於遼東地區的糧食儲備短缺，明廷暫時准許渤海灣進行海運。隨著禁令解除，渤海沿岸商業發展起來[3]。但是，明廷從未准許這種發展繼續向前。一旦短缺得到緩解，明廷就再次禁止海運。如此一來，在推行禁海令時，明廷拒絕海上商人的支持，致使在後來的軍事行動中處於孤立的境地。明廷於1585年發布一道命令，進一步聲稱誰要是建造雙桅杆以上的船隻，誰就是要叛亂，就要受到死刑處罰[4]。這一系列法令，表明了明廷竭力永久地維持孤立的地位。在這種情況下，明廷依賴於沒有條件的內陸運輸，只不過是關門政策的必然結果；而關門政策，是有意設計推行的，而不是強迫中國依賴外在環境。

維持京城地位的方式，進一步反映了當時的國家思想觀念。朝廷，不僅僅是中央政府的辦公場所。它還是舉行慶典、儀式的中心，國家財富和富麗堂皇的展覽場所，甚至還有具有宗教意義的建築物。它的宏偉壯麗，是其神聖至高無上的表現。在這裡可以補充指出的是，傳統中國的政府，既不是採取互相承認的方式，也不僅是推行野蠻強迫同意的政策。它從意識形態的強制力中獲取大多數力量。它通過嚴密完整的倫理說教，向臣民灌輸忠誠，而這種倫理思想是把理性認識同神秘敬畏混合在一起的。在這樣的情況下，明廷並不把自己的活動局限於功利性職能。它為了確信自己的權威，必須要精心組織各種慶典和儀式，炫耀自己的富麗堂皇[5]。大部分供應問題強加於漕運

2　根據邱濬於1487年提交給成化皇帝的上奏。參見〔明〕邱濬，〈漕運議〉，收於〔清〕清高宗編，《明臣奏議》卷5，頁11b-16b。
3　〔明〕唐順之，《荊川文集》卷4，頁4。
4　〔明〕《明律解附例》，附錄，頁5。
5　Hucker, *Traditional Chinese State*, pp. 41, 66-68.

體系上，特別是解決本文在第五章中所描述的那些供應問題。

正如本文在前面幾章中所指出，明王朝統治時期的漕運體系的運作，很難被認為是經濟的。比如就漕糧來說，儘管為了運輸而付出了高昂的費用，仍然不時以低於最初價格在北京市面出售。勞力的消耗，尤其是維持漕河河道的勞力消耗，常常不在漕運當局的考慮之列。在全國竭盡全力把糧食運到北方的同時，商船卻在淮河地區把糧食運到南方。但是，如果從一個更廣闊的角度加以思考，這樣的濫用和錯誤做法只不過是一整套錯誤管理的一部分；而這錯誤管理，正是那個時代政府行政的特點。由於這樣的行政細節很少得到廣泛的注意，我們有必要費一點筆墨加以說明。

從整體上來看，明代帝王和臣僚在財政金融方面從來就不是有條不紊的以及有成本意識。從一開始，他們就沒有從實際上不可完整分割的整體角度設想國家預算。好像所有財政問題都是互不關聯的。正是由於鬆散地構建國家財政體系，所以在整個明王朝統治時期，從未發展出一套金融體系。不僅銀兩、銅錢和價值不確定的紙幣同時出現在政府分類帳上，而且許多種類的物品就以原樣繳納上來，又以原樣分發出去；這樣，國家預算單上充滿了雜七雜八的物品，讀起來就像一份倉庫清單。隨著這種情況的流行，明代官員無眼光看清實質問題，思維局限於一些瑣碎、無關緊要的問題上。為了維持其公平意識，經常把稅額提升到小數點下的8位數或10位數。在1632年，戶部尚書上奏明廷報告說，大量以實物繳納的稅收還未徵收上來；其中包括清單上由蘇州繳納的蜂蜜，它的所值還不到28兩銀子[6]。這份上奏是在全國納稅欠款超過1,700萬兩銀子的情況下提交的。此外，缺乏體系

6　國立北京大學研究院文史部編，《崇禎存實疏抄》卷1，頁102。

更進一步展現在現金的流通管理上。在1592年，北京所屬宛平縣向中央政府規定的27個兵站和機構(其中一些坐落在長城上)交貨。可是，全部物品所值不到2,000兩銀子；其中一些物品所含價值不到50兩，有一些甚至只有一二兩 [7]。我們並不感到吃驚的是，在漕河管理問題上，明代官僚同樣設置了許多代價高且浪費的手續。

　　從為明代官員辯護的角度，可以說當時他們管理的是世界上最大的帝國，既不能受益於統計技術，也無現代通訊設備可供利用。由於地域遼闊，一些隱藏的危險是難以避免的。但是，這樣的辯護並不能免除他們所有的錯誤管理的指控。我們在這裡要再次指出，導致錯誤管理的是被扭曲的思想觀念，而不是技術缺陷。

　　就明代官員的思維來說，他們採取的是一種停滯的經濟觀念。他們認為，中國總是擁有眾多的人民，他們生產出來的物品數不勝數，需要多少稅，都可以從他們身上徵收。固定的收入標準，可以使他們能夠支付固定的花費。這就是明代官員為什麼不斷指定某項收入用於支付某項開支並試圖逐項平衡的原因。他們的管理也受核心可以概括為「人性本善」的傳統儒家政治哲學引導。追求個人私利不過是一種阻礙的象徵 [8]。謀利是說不出口的罪惡。因此，追求物質享受舒適和生活奢侈，會損害人性是種誘惑，必須予以抵制。即使是朝著技術革新的目標，也不能鼓勵 [9]。明代的帝王和大臣常常把「子民」的康樂

7　〔明〕沈榜，《宛署雜記》(北京：北京出版社，1961)，頁49-50。
8　原文為prevertion，即使是大型漢英詞典，也無此單詞，可能是prevention。下面幾個單詞也未找到。——譯者
9　不同的觀點認為，花費是一種刺激經濟增長的方法。這種觀點在中國歷史中並不是完全沒有記載。參見 Yang Lien-Seng(楊聯陞), "Economic Justification for Spending–An Uncommon Idea in Traditional China," *Studies in Chinese Institutional History*(Cambridge, Mass. 1961), pp. 58-74. 但是，正如標

掛在嘴邊，但他們的目的是維持百姓在能存活水平上的安全邊緣，並不持續努力去改善「子民」的生活。正如我們在前面幾章探討各個問題時所指出的那樣，他們制定的政策和習慣做法嚴重地限制了商業活動，在一些情況下甚至把一些地方出現的自由市場扼殺在搖籃中。

是故，明代官僚從事無論在哪一方面都是同今天我們所了解的經濟基本原則是背道而馳的思想觀念，自然地使他們自己喪失了機遇，不知如何才能有效地進行商業管理。由於推行限制和消除商業競爭的措施，他們不再擁有任何標準去區別什麼是獲利事業，什麼不是。他們不情願改變國家的前景，不願意去進行任何發展實驗；這種情況可以說明為何那個時代難以產生「新」的政治和經濟觀念[10]。

在15世紀初期設置的漕運體系及其附屬機構，儘管調查[11]不足，仍然找到一些理性的方法處理問題。但是在16世紀，由於現存體系的僵化，其中許多設置明顯過時了。到該世紀末和17世紀初期，明代官員明顯落後於時代的發展。他們管理國家的思想觀念和現實之間的斷裂，再也不能以技術補救來解決。根本原因在於時代的精神惰性，已經僵化了。

漕河是一條人造河流。它的運作效率，不但與黃河的含沙量、高郵湖的水位和華北的冰凍季節有密切關係，而且在相當大的程度上取

（續）

題所表明，這種觀點從未流行。

10　相比來說，明代時期西歐誕生了幾位著名的經濟學家。Thomas Mun(1571-1641)、Edward Misselden(fl. 1588-1654)和Gerard de Malynes (fl. 1586-1641)都是當時和明代同時的西方人物。在他們時代，誕生了重商主義理論。參見E.A.J. Johnson, *Predessors of Adam Smith* (New York, 1937)、Max Beer, *Early British Economics From XIIIth to the Middle of XVIIIth Century* (London, 1938), pp. 82-129和Charles W. Cole, *French Mercantilist Doctrines Before Colbert* (New York, 1931).

11　原文為inquinsic，可能為inquisition。──譯者

決於時人的看法及對種種問題的反映。漕河占有突出地位並一直是唯一向北京運輸的幹線，主要原因是什麼？在漕河上運輸的物品數量及品種？管理漕河的方法？決定這一系列問題的，並不是自然環境，而是國家，是思想觀念。這表明，歷史既是人類思想實踐的結果，也是人類辛勤勞動的結果。這是人類勞動及命運的總結晶。經典的作者可能強調犧牲自由意志的宿命[12]，或者強調生產力對人類意識[13]具有決定性的影響。但是當我們在眞正的事實中只見這些因素同時存在於人類歷史中；它們混合作用的方式，使我們難以把它們相互區別開來，更不用說區分它們各自的重要性層級。

---

12 原文爲pedestination，可能爲destination。——譯者
13 原文爲conciousness，應爲 consciousness。——譯者

附錄

一、明代皇帝世襲表

洪武1368-1398

建文1399-1402

永樂1403-1424

洪熙1425

宣德1426-1435

正統1436-1449(後來復位時稱天順)

景泰1450-1456

天順1457-1464(正統帝復位後的帝號)

成化1465-1487

弘治1488-1505

正德1506-1521

嘉靖1522-1566

隆慶1567-1572

萬曆1573-1619

泰昌1620

天啓1621-1627

崇禎1628-1644

二、《明實錄》中所記載的輸送到京師的漕糧

年份	輸送漕糧數（石）	年份	輸送漕糧數（石）
1416	2,813,462	1442	4,500,000
1417	5,088,544	1443	4,500,000
1418	4,646,530	1444	4,465,000
1419	2,079,700	1445	4,645,000
1420	607,328	1446	4,300,000
1421	3,543,194	1447	4,300,000
1422	3,251,723	1448	4,000,000
1423	2,573,583	1449	4,305,000
1424	2,573,583	1450	4,035,000
1425	2,309,150	1451	4,235,000
1426	2,399,997	1452	4,235,000
1427	3,683,436	1453	4,255,000
1428	5,488,800	1454	4,255,000
1429	3,858,824	1455	4,384,000
1430	5,453,710	1456	4,437,000
1431	5,488,800	1457	4,350,000
1432	6,742,854	1458	4,350,000
1433	5,530,181	1459	4,350,000
1434	5,213,330	1460	4,350,000
1435	4,500,000	1461	4,350,000
1436	4,500,000	1462	4,350,000
1437	4,500,000	1463	4,000,000

年份	輸送漕糧數（石）	年份	輸送漕糧數（石）
1438	4,500,000	1464	3,350,000
1439	4,200,000	1465	3,350,000
1440	4,500,000	1466	3,350,000
1441	4,200,000	1467	3,350,000
1468	3,350,000	1501	4,000,000
1469	3,350,000	1502	4,000,000
1470	3,700,000	1503	4,000,000
1471	3,350,000	1504	4,000,000
1472	3,700,000	1505	4,000,000
1473	3,700,000	1506	4,000,000
1474	3,700,000	1507	4,000,000
1475	3,700,000	1508	4,000,000
1476	3,700,000	1509	4,000,000
1477	3,700,000	1510	4,000,000
1478	3,700,000	1511	4,000,000
1479	3,700,000	1512	4,000,000
1480	3,700,000	1513	4,000,000
1481	3,700,000	1514	4,000,000
1482	3,700,000	1515	4,000,000
1483	3,700,000	1516	4,000,000
1484	3,700,000	1517	4,000,000
1485	3,700,000	1518	4,000,000
1486	3,700,000	1519	4,000,000
1487	4,000,000	1520	4,000,000
1488	4,000,000	***	
1489	4,000,000	1522	3,560,000
1490	4,000,000	***	

年份	輸送漕糧數(石)	年份	輸送漕糧數(石)
1491	4,000,000	1532	1,900,000
1492	4,000,000	***	
1493	4,000,000	1542	2,614,115
1494	4,000,000	***	
1495	4,000,000	1552	2,332,837
1496	4,000,000	***	
1497	4,000,000	1562	2,632,610
1498	4,000,000	***	
1499	4,000,000	1567	3,522,982
1500	4,000,000	1568	4,000,000
1569	4,000,000	1620	2,631,341
1570	2,768,980	1621	2,474,723
1571	3,707,265	1622	2,688,928
***		1623	2,688,928
1577	3,122,265	***	
***		1625	2,998,240
1602	1,381,500		
***		***：原資料中未列數據	

三、《大明會典》中所記載的幾省和南直隸幾府州的漕糧份額

省或府	規定運輸數額(石)	附加運輸數額(石)	總數(石)
浙　江	600,000	30,000	630,000
江　西	400,000	170,000	570,000
山　東	280,000	95,600	375,600
河　南	270,000	110,000	380,000

湖　廣	250,000	0	250,000
南直隸	(1,500,000)	(294,400)	(1,794,400)
應天府	100,000	28,000	128,000
蘇州府	655,000	42,000	697,000
松江府	203,000	29,950	232,950
常州府	175,000	0	175,000
鎮江府	80,000	22,000	102,000
太平府	17,000	0	17,000
寧國府	30,000	0	30,000
池州府	25,000	0	25,000
安慶府	60,000	0	60,000
鳳陽府	30,000	30,300	60,300
淮安府	25,000	79,150	104,150
揚州府	60,000	37,000	97,000
廬州府	10,000	0	10,000
徐州府	30,000	18,000	48,000
廣德州	0	8,000	8,000
總　計	3,300,000	70,000	4,000,000

四、幾個內河河港的稅收份額

河　　港	1599年	1621年	1625年*
北新關(在杭州附近)	40,000	60,000	80,000
滸墅關(在蘇州附近)	45,000	67,500	87,500
九江	25,000	37,500	57,500
淮安	22,000	29,600	44,600

* 　單位：兩。

揚州	13,000	15,600	25,600
臨清	83,800	63,800	63,800
河西務	46,000	32,000	32,000
崇文門(北京)	68,929	68,929	88,929
總數	342,729	374,929	479,929

資料來源：《春明夢餘錄》卷35頁42；《續文獻通考》，頁2937。關於更多情況，可參見第六章注釋1。

文獻目錄注釋

一、參考書目

Wolfgang Franke提供了兩種含有漢文文獻的資料索引工具，即 The Preliminary Notes on the Important Chinese Literary Sources for the History of the Ming Dynasty及附錄。前者載於《專題研究論文系列選輯》，1948 年A輯第2號(*Studia Serica Monograph*, Series A, No. 2., 1948)；後者包含了漢文資料，載於《系列研究》，9.1：33-41(1950)(*Studia Serica*, 9.1: 33-41 (1950))。西方漢學家還用德文編輯出版了標題類似的文獻索引，即 "Der gegenwärtige Stand der Forschung zur Geschichte Chinas im 15, und 16. Jahrhundert," *Saeculum*, 7.4: 413-441(1956)。近來，山根幸夫用漢文和日文也編輯了性質相同的文獻，載於《清水博士追悼記念明代史論叢》(東京，1962)。它收錄了672個書目和論文題目，都是20世紀出版或發表的。有關明王朝時期出版的資料，可以參考*A Descriptive Catalog of Rare Chinese Books in the Library of Congress*, 2 Vols. (Washington,1957)。

二、明史概論和政府架構

雖然《明實錄》一直是主要的資料來源，但是數量巨大，又沒有索引，使用起來不方便，因而一般學者都不去用它。此外，《明實錄》最後一部分是在清王朝統治時期編撰的，非常草率，水準不如先前編撰的其他部分。《明史》的排列雖然有條理，但是存在許多不足。有時，同一個事件在相同著作的敘述不同。各章之間所寫的名稱不同，日期也不一致。有關政府機關組織的章節有明顯的省略，描述的方式也非常混亂，在閱讀時應該參考其他資料。

有兩部著作對研究明王朝統治時期的歷史具有主題性的作用。其中之一是龍文彬的《明會要》，它的概括乾淨俐落。另一部是谷應泰所寫的《明史記事本末》，它對一些主題進行了更全面的敘述。

孟森的《明代史》（台北，1957）力圖在簡潔的篇目中敘述明代時期發生的所有重大政治事件。它以簡短的文字提供了大量的資料。

中國大陸最近出版了一系列有關明王朝歷史的書籍，其中包括李光璧的《明朝史略》（武漢，1957）和李海的《明清史》（北京，1956）。

Edwin O. Reischauer & John K. Fairban, *East Asia：The Great Tradition*（Boston,1960），對明代時期發生的一些事件，特別是對明代後期的社會和經濟方面情況作了有趣的探討。

Charles O. Hucker研究明代政府機構的兩項成果可以互相補充。"Gorernmental Orgnization of the Ming dynasty," *Harvard Journal of Asiatic Studies*, 21.1/2: 1-66(1958)敘述了明政府所有門類、部院和司級機構，敘述時插入組織圖表。另一部著作*The Traditional Chinese State in Ming*

Times, 1368-1644(Tueson, 1961)則探討了明政府的組織方式、官場慣例和習慣。Hucker還寫了一部著作探討明代御史的行為,即 *Confucianism in Action*, ed. David S. Nivison and Arthur F. Wright(Stanford, Calif., 1959)。

在當時刊刻的著作中,能夠描述中央政府基本情況的著作是孫承澤的《春明夢餘錄》。這是一部有幫助的著作,因為它不僅描述了各種政府機構,還收錄了許多文獻檔案以說明這些機構的職能和行政中存在的問題。

向明代皇帝提交的奏摺是研究明政府運作的可靠的資料。有許多不同的集子可以利用。最早的集子是《皇明名臣經濟錄》,刊刻於16世紀中期。《昭代典則》、《皇明經濟文集》和《昭代經濟言》隨後出版,後者還包括明王朝建立前的資料。《明臣奏議》是清代的乾隆皇帝編輯的。除此之外,關於萬曆皇帝的資料可從兩部不同的集子中找到,一部是《萬曆疏抄》,另一部是《神廟留中奏疏類要》。關於崇禎皇帝的資料,收錄在《崇禎存實疏抄》中。有關明朝各個大臣所寫的東西,有些存放在美國國會圖書館所存罕見漢文書目文獻檔中,其中就有于謙、張居正、嚴嵩、畢自嚴和許多其他大臣的作品。詳細的情況,可以參見*A Descriptive Catalog of Rare Chinese Books in the Library of Congress*。

雖然明代許多作者的回憶錄、通信和個人作品都得以保存下來了,但是很難從研究興趣的角度全部加以分類。下列一份簡短的清單,只不過是涵蓋了對明史的學者普遍的關注,或者對於現今研究具有特別的影響。

唐順之的《荊川文集》提出了許多發生於16世紀後半期的行政問題。大約在同一時期歸有光所寫的記述,對長江下游作了許多生動的

描述。他關於日本海盜的報告，是非常可信的。他的所有記述，收集在《震川先生集》和《震川先生別集》中。於1577年科舉考試及第的余繼登，留下了一部著作《典故紀聞》。正如書名所指，這是一部收集典故紀聞的集子。作者參加《明實錄》的編輯，他的作品反映了他自己是如何廣泛收集材料的。何良俊的《四友齋叢說雜抄》對南京的官僚體制作了描述。王世貞的三部作品《弇州史料》、《鳳洲雜編》和《弇山堂別集》所包含的種類，對於研究明史的學者來說，既是具體的，又是必不可少的。王世貞還對錦衣衛(the Silk Robed Guard)作了簡略的敘述，取名《錦衣志》。他另外還有一部較小的著作，名叫《觚不觚錄》，描述的是官僚生活。吳寶箴所寫的《內閣志》，對於研究明政府的學者來說很有用。至於研究明代後期的財政金融制度，畢自嚴的《留計疏草》、鹿善繼的《認真草》以及該兩人的下屬官員所寫的集子《解綱錄》，是非常有用的參考資料。後兩部著作以較長的篇幅敘述了有關金花銀的情況。

三、經濟和社會背景

看來，還必須要談一下有關涵蓋整個明代的經濟或社會的通史的著作。李劍農所寫的《宋元明經濟史稿》雖然包含了明代整個時期，但他的討論僅限於幾個既定的題目。近年來，中國大陸出版了幾部關於晚明和清初的專題著作和研討會文集。雖然迎合政治教條的總體趨勢限制了研究，但是不能僅僅因為這一顯而易見的缺點而忽視每一部著作的優點。這些著作包括李光璧編輯的《明清史論叢》（武漢，1957）、中國人民大學編輯的《明清社會經濟形態的研究》（上海，1957）、《中國資本主義萌芽問題討論集》（2卷本，北京，1957）以及

傅衣凌的《明代江南市民經濟試探》（上海，1957）、《明清時代商人及商業資本》（北京，1956）和《明清農村經濟》（北京，1961）。

韋慶遠撰寫的《明代黃冊制度》（北京，1961），對於研究整體的明代社會結構具有一定的參考作用。梁方仲撰寫的《明代糧長制度》（上海，1957）在探討基層稅收情況的同時，也反映了農業社會的情況。中國人民大學編輯的《明末農民起義史料》（北京，1952）和李文治的專著《晚明民變》（上海，1948）雖然集中探討農民造反，但仍然提供了許多了解明代社會情況的線索。佐伯有一編輯，主要處理蘇州紡織工人起義的《明末織工暴動史料類輯》，也是如此。

日本學者似乎擅長於探討明代時期的貿易和工業化，並就這些問題在日文期刊上發表了許多文章。其中有代表性的如下：

西嶋定生在《東洋學報》卷31期2（1947年10月）上發表的〈支那初期棉業市場の考察〉和在《史學雜誌》卷57期4（1948年）上發表的〈明代に於ける木棉の普及に就いて〉，都對棉花和棉布生產、紡織情況作了探討。宮崎市定在《東方學》卷2（1951年8月）上發表的〈明清時代の蘇州と輕工業の發達〉，探討了蘇州地區的輕工業發展情況。藤井宏在《史學雜誌》卷54期6（1943年）上發表的〈明代鹽商の一考察〉，探討了鹽商問題。佐久間重男撰寫的大作〈明代景德鎮窯業の一考察〉，收錄在《清水博士追悼記念明代史論叢》（東京，1962），討論的則是景德鎮的瓷器工業發展。

在明代當時的資料中，各府州的地方志常常為社會研究提供了許多線索。這些地方志所包含的一些資料，在《古今圖書集成》和顧炎武所編輯的《天下郡國利病書》中都能找到。顧炎武自己的著作《日知錄》和《亭林詩文集》，包含了當時許多社會和經濟環境的資料。

沈德符的《萬曆野獲編》、焦竑的《國朝獻徵錄》和宋應星的

《天工開物》，對16世紀和17世紀的中國社會生活作了許多有趣的描述，可以參考。

四、大運河及其地理情況資料

迄今為止，有關對大運河，特別是對淮河和長江之間的大運河河段及航圖進行研究，最有代表性的成果是D. Gandar牧師的大作*Le Canal Imperial*(上海，1894)。

岑仲勉的大作《黃河變遷史》(北京，1947)，是一部專門研究黃河的大部頭著作。史念海的大作《中國的運河》(重慶，1944)，探討了中國歷史上各個時期的運河情況，其重點在於研究運河的地理情況。全漢昇的大作《唐宋帝國與運河》(上海，1946)，堅持嘗試探討運河環境與政府運作效能之間有何相互關係。宋希尚的大作《中國河川誌》2卷本(台北，1945)，敘述了中國主要江河和人工河流的背景情況；關於大運河部分，在該書第一卷。朱偰編輯的《中國運河史料選集》(北京，1962)，是一部收錄關於處理運河體系地理情況的歷史文獻資料集。

沈怡君撰寫的《黃河年表》(南京，1935)，以編年史的方法，描述了黃河情況。William Chapman 寫了一篇論文，附屬於Robert Fulton 編寫的*A Treatise on the Improvement of Canal Navigation*(London, 1762)，也討論了大運河，雖然作者有些反對發表其集中在負面批評的論點。Beinard Forest de Bolidor 所寫的*Architecture Hydraulique*(Paris, 1735)，也簡略地敘述了大運河的情況。

在明代當時的著作中，漕運總督王瓊所寫的《漕河圖志》(美國國會圖書館縮微膠捲第534號，根據1496年刻本複製)，是一部傑出的著

作。它不但敘述了地理情況，而且敘述了漕河的行政體系和其他有關問題。

傅澤洪的著作《行水金鑑》，雖然出版於1725年，但是包含了許多有價值的關於漕河水道地形特徵的資料。傅澤洪似乎是在個人經歷和觀察的基礎上撰寫此書的。他探討的情況非常具體，詳細到每一個特定的水門需要多少木板才能降低急流流速的程度。他在自己的著作中還向世人提供了水門最可靠的圖像。

麟慶的著作《黃運河口古今圖說》，刊刻於1832年。在該書航圖和注釋中，包含了一些有關漕河水道的資料。這部地圖集是在黃河於1855年改道前刊刻的，因而對於研究明王朝時期的有關情況應具有可用價值。

地方志的編者通常清楚地認識到有關水利治理資料的重要性。他們以極其濃厚的興趣記載了有關水渠的情況。《天下郡國利病書》就收錄了許多有關漕河水道的記述。《古今圖書集成》也收錄了一些漕河航圖。《大明一統志》也是一部有用的參考資料。

五、漕河的行政管理及相關制度

《大明會典》、《明實錄》和《續文獻通考》是必備的手邊資料。《明史》的有關章節雖然有幫助，但是必須謹慎地使用。王在晉的《通漕類編》（美國國會圖書館縮微膠捲第535號）也是一部被廣泛地引用的資料。

周之龍的《漕河一覕》（美國國會圖書館縮微膠捲第582號），收集了作者本人大約在1609年負責清江浦工部司時所寫的或處理的官文。

由席書所寫、朱家相擴充的《漕船志》，是一部描述清江浦船塢

情況的史書。李昭祥所寫的《龍江船廠志》，也是一部類似的史書，敘述的是南京船塢的歷史情況。

《明律解附例》和《嘉隆新例》收編了16世紀晚期的刑事法典和朝廷規定。前者還特別提到了如何裁處毀壞水渠溝渠罪、盜用屬於漕運體系的貨棧和倉庫罪等等的有關規定。

何士晉編輯的《工部廠庫須知》以較長篇幅列舉了北京的宮廷供應品。該書最後一部分收錄的資料，反映了17世紀初明廷在各省各府州通過供應渠道徵收了哪些物品，隨後通過漕河運輸到北京。

如正文中已經指出，明代當時的資料非常缺乏對稅收情況的記載。一位現代學者佐久間重男在《史學雜誌》卷65期1和卷65期2（1956年2月）上發表〈明代における商税と財政との關係〉，彌補了一些空白。不過，這僅是一個概略。

吳緝華的大作《明代海運及運河的研究》（台北，1961年版）雖然同本文研究一樣涉及的也是漕運問題，但是作者研究此問題的方法與本人的不同，他的敘述方法也完全不同於我的。該書的長處在於大量引用了古典文獻材料。

星斌夫在其大作《明代漕運の研究》（東京，1963）中收錄了他在過去25年裡關於明代漕糧問題的研究成果。該書探討了漕運體系所具有的許多優點，也討論了渤海灣沿岸的糧運問題。清水泰次也寫了一篇討論漕運的文章《明代の漕運》，發表在《史學雜誌》卷39期3（1927）上。

譯後記

　　本書是著名學者黃仁宇的博士學位論文。由於作者在第一章〈京杭大運河的背景和本文研究的目的〉中已經概括了本書的主要探討問題和研究思路，讀者從中可以了解，因而毋庸譯者多言。

　　我們在翻譯中，將一些句子認為有問題的加以注明；對於原始的引文資料，查無可找、只能直譯的，也作了說明。

張皓、張升

於北京師範大學歷史系

明代的漕運

2013年2月初版
2020年1月初版第四刷
有著作權・翻印必究
Printed in Taiwan.

定價：新臺幣320元

著　　者	黃　仁　宇
譯　　者	張皓、張升
審　訂　者	朱　祐　鉉
叢書主編	沙　淑　芬
校　　對	陳　龍　貴
	吳　美　滿
封面設計	蔡　婕　岑
編輯主任	陳　逸　華

出　版　者	聯經出版事業股份有限公司	總　編　輯	胡　金　倫
地　　址	新北市汐止區大同路一段369號1樓	總　經　理	陳　芝　宇
編輯部地址	新北市汐止區大同路一段369號1樓	社　　長	羅　國　俊
叢書主編電話	(02)86925588轉5310	發　行　人	林　載　爵
台北聯經書房	台北市新生南路三段94號		
電話	(02)23620308		
台中分公司	台中市北區崇德路一段198號		
暨門市電話	(04)22312023		
郵政劃撥帳戶	第0100559-3號		
郵撥電話	(02)23620308		
印　刷　者	世和印製企業有限公司		
總　經　銷	聯合發行股份有限公司		
發　行　所	新北市新店區寶橋路235巷6弄6號2F		
電話	(02)29178022		

行政院新聞局出版事業登記證局版臺業字第0130號

本書如有缺頁，破損，倒裝請寄回台北聯經書房更換。　　ISBN　978-957-08-3003-3 (平裝)
聯經網址 http://www.linkingbooks.com.tw
電子信箱 e-mail:linking@udngroup.com

The Grand Canal During the Ming Dynasty, 1368-1644 《明代的漕運》
By Ray Huang

國家圖書館出版品預行編目資料

明代的漕運/黃仁宇著．張皓、張升譯．初版．
新北市．聯經．2013年2月（民103年）．
248面．14.8×21公分
ISBN　978-957-08-3003-3（平裝）
[2020年1月初版第四刷]

1.漕運　2.明代

557.4709　　　　　　　　　　95007027